교육학개론

박선영 | 박종국 | 박주연 | 최옥련 | 최창섭

박영story

머리말

인간의 삶과 불가분의 관계에 있는 교육이란 말은 그 내용과 활동의 복잡성만큼이나 다양한 의미를 함유하고 있다. 따라서 시대와 사회 그리고 교육을 보는 학자의 시각에 따라 각각 다양하게 교육을 정의하고 있으나, 일반적으로 교육활동은 외부로부터의 단순한 지식을 주입하는 것만이 아니라, 학습자가 이미 가지고 있는 잠재적 능력을 발굴하고 계발하도록 도와주는 일이 그 중심 활동인 것이다.

이 책은 교원양성기관인 교육대학이나 사범대학, 그리고 일반대학 교직과정을 통해 교육학에 입문하는 학생들에게 광범위한 교육학에 관해 포괄적으로 소개하기 위한 교재로 집필을 기획하였다. 그간 수많은 교육학개론서가 출간되었지만 매년 교육학 강의를 시작할 때 어떤 교재를 선정할지를 놓고 고심을 하게 된다. 왜냐하면 교재마다 가지고 있는 다양한 특성으로 인해 교육학에 입문하는 학생들에게 알기 쉽게 쓴 교재를 찾기가 어려웠기 때문이다. 따라서 이번 집필에서는 2010년 2월에 도서출판 원미사에서 출판한 "교육학개론"을 수정 · 보완하여 처음 교육학을 접하는 학생들이 이해하기 쉽게 쓰기로 하였다.

본서는 교육학을 전공한 5명의 필자들이 의기투합하여 대학에서의 연구와 강의 경험을 살려, 각자의 관심분야와 세부전공을 고려하여 집필분야를 정하였다. 필자들은 기존의 교육학개론 서적을 분석하여 교육학개론서에 담긴 필수적인 지식의 체계를 확인하고 한 학기 강의에 적합한 분량으로 그 내용을 구성하였다. 그리고 학생들의 적극적인 수업참여와 논리적 사고력 배양에 도움을 줄 수 있도록 각 장의 앞에는 학습목표와 미리보기를 제시하고, 말미에는 토의주제를 선정하여 수록하였다. 그리고 새로운 이론이나 제도의 내용도 포함하였다.

제1장 교육의 이해와 제9장 교육행정의 이해는 최창섭 박사가, 제2장 교육역사의 이해와 제3장 교육철학의 이해는 최옥련 박사가, 제4장 교육심리의 이해와 제10장 생활지도의 이해는 박선영 박사가, 제5장 교육의 사회적 이해와 제11장 교직과 교사의 이해는 박종국 박사가, 제6장 교육과정의 이해, 제7장 교육방법과 교육공학의 이해와 제8장 교육평가의 이해는 박주연 박사가 집필하였다.

끝으로 여러모로 부족한 필자들이 원고 집필을 위해 여러 차례 토론과 숙고의 과정을 거쳤으나 원고의 완성도나 대학교재로서 부족함이 많을 것으로 사료되기에 선배, 동학, 후진들의 진솔한 질타가 있기를 기대한다. 그리고 본서의 기획에서부터 발간에 이르기까지 적극 지원해 준 (주) 박영Story 안상준 사장님과 임직원들의 수고에 감사드린다.

2015. 8.

집필자 일동

차 례

chapter 1 교육의 이해

CHAPTER

1

교육의 이해

1 교육의 개념
2 교육의 형태와 요소
3 교육의 필요성과 가능성 및 한계성
4 교육학의 이해

학습목표

- ☞ 한글, 한자 및 서양어의 교육에 관한 어원을 이해한다.
- ☞ 교육학자들의 다양한 교육의 정의를 이해한다.
- ☞ 교육의 요소와 형태를 이해한다.
- ☞ 교육의 필요성, 가능성 및 한계에 대해 이해한다.
- ☞ 교육학의 성격과 영역에 관해 이해한다.

미리보기

1. 교육의 어원은 서양어 'pedagogy'와 'education', 한자의 '敎育', 그리고 한글 '가르치다', '기르다', '배우다'에서 찾을 수 있다.
2. 교육의 형태는 형식적 교육과 비형식 교육으로 유형화 할 수 있다.
3. 교육을 구성하는 삼요소는 교육의 주체, 교육의 객체, 교육의 매체이다.
4. 인간은 교육이 필요한 존재이며 교육의 가능성과 함께 유전과 환경에 따른 한계성을 가진다.
5. 교육의 필요성은 개인적, 사회적, 문화적, 국가적, 경제적 측면에서 고찰할 수 있다.
6. 교육학은 응용과학이며 독자성을 가지고 교육철학과 교육과학으로 양분된다.

1

교육의 이해

제 1 절 교육의 개념

1. 교육의 어원적 정의

인간의 삶과 불가분의 관계에 있는 교육이란 말은 그 내용과 활동의 복잡성만큼 다양한 의미를 함유하고 있다. 따라서 시대와 사회 그리고 교육을 보는 학자의 시각에 따라 각각 다양하게 교육의 개념을 규정하여 왔다. 어떤 사물의 본질을 탐구하려 할 때 어원에서 그 실마리를 찾는 경우가 많다. 언어 속에는 그 사물의 본질이 담겨 있다. 따라서 어원의 탐색 또는 분석은 사물의 본질을 추구하는 데 귀중한 시사를 던져 준다. 따라서 여기서는 교육의 어원을 서양어, 한자어 그리고 우리말에서 찾아 그 말에 담겨있는 교육의 개념과 교육작용을 파악해 보고자 한다(강선보 · 김정환, 1997: 3–11).

서양어에서 교육을 뜻하는 단어는 pedagogy와 education의 두 가지가 있다. pedagogy의 어원은 희랍어의 paidagógos인데 이는 paidos(어린이)와 agógos(이끈다)의 합성어로 어린이를 이끈다는 뜻이다. pedagogy는 귀족 가정의 자녀들을 학교나 체육관, 기타 공공의 장소로 데리고 다니면서 교육을 시키는 가정교사, 특히 아동의 도덕과 예의 등의 성격형성에 커다란 책임이 있는 노예인 paidagógos로부터(유재덕 역, 1993: 11–114) 유래한다.

education은 라틴어 educo에 그 어원을 두고 있는데 이는 e(밖으로)와 duco(꺼내다)가 결합된 말이며, 속에 있는 것을 밖으로 꺼내어 키워준다는 뜻으로, 인간이 선천적으로 가지고 태어난다고 생각되는 여러 가지 잠재적 능력이나 자질을 길러 주는 것을 의미한다. 독일어의 erziehung이나 불어의 éducation도 동일한 의미이다.

서양어에서 교육을 뜻하는 말은 이와 같이 어린이를 바람직한 방향으로 이끌며 소질을 계발시켜 준다는 의미이다. 바람직한 방향으로 이끄는 작용은 기성세대가 자기들이 이상으로 여기는 행동 · 규범 · 사고방식 등을 후세대에게 익혀 몸에 배이도록 하는 일이며, 소질을 계발시키는 작용은 아동의 성장 및 발달을 아동의 앞선 세대가 도와주는 일이다. 이렇게 볼 때 두 용어는 교육작용이 서로 대립 · 모순되는 관계가 있음을 시사하고 있다.

다음으로 한자어에서 보면 교육(敎育)은 가르칠 교(敎)와 기를 육(育)의 합성어인데, 우선 '교(敎)'란 글자부터 보면 '교(敎)'는 '爻 · 子 · 卜 · 又'로 파자(破字)되는데 이는 '效 · 子 · 卜 · 手'의 뜻이다. 교사는 손에 매를 들고 바람직한 방향을 제시하며, 어린이는 공손하게 어른을 본받는다는 뜻이다. 한편 '육(育)'은 '子 · 肉'의 결합이며 어린이를 어머니 가슴에 따뜻하게 안아 주는 모습을 가리키고 있다. 이렇게 볼 때 '교(敎)'는 교사의 활동으로서의 상소시(上所施)와 학생의 활동으로서의 하소효(下所效)의 결합이며, '육(育)'은 어머니의 활동으로서의 출산 · 육아와 아이의 활동으로서의 성장 · 발달의 결합임을 알 수 있다.

한편 동양에서 교육이라는 하나의 합성어가 처음으로 문헌에 나타난 것은 중국의 고전인 『孟子』의 盡心篇 가운데 '君子有三樂章'에서 비롯된다. 즉, "君子有三樂이니, 而王天下不與存焉이니라. 父母俱存하고, 兄弟無故함이 一樂也요. 仰不愧於天하고 俯不怍於人함이 二樂也며, 得天下英才하여 而敎育之三樂也라"(군자에게는 세 가지 즐거움이 있는데, 천하에 왕 노릇을 함은 여기에 있지 않다. 부모가 모두 생존해 계시며, 형제가 무고한 것이 첫 번째 즐거움이요, 위로는 하늘을 우러러 부끄럽지 않으며, 아래로는 인간을 굽어보아 부끄럽지 않은 것이 두 번째 즐거움이요, 천하의 영재를 얻어 교육하는 것이 세 번째 즐거움이다)는 글귀에서이다.

이와 관련하여 중국의 성현들은 『중용(中庸)』에서 교(敎)를 다음과 같이 간단하게 정의하고 있다. 즉, "天命之謂性이요, 率性之謂道요, 修道之謂敎이니라"(성이란 인간이 타고난 바탕이요, 도란 사람이 지켜야 할 규범, 즉 인륜(공 · 맹)이며, 자연의 이치요(노 · 장), 교란 인간으로 하여금 본연의 바탕이나 자질을 살려 키워 줌으로써 인륜을 지키고 우주의 자연적 이치를 존중하도록 깨우쳐 주는 일이니라).

요컨대, 교(敎)는 교육의 대상인 아동에게 전통적인 문화와 생활기술, 풍습, 습관, 언어활동을 외부로부터 가르쳐 주는 데 대하여, 육(育)은 아동이 가지고 태어난 소질, 취미 등에 착안하여, 이것이 바르고 순조롭게 자라도록 길러 주는 것을 의미하여 교도(敎導)와 육성(育成)의 대립 · 모순(對立 · 矛盾) 관계를 함유하고 있음을 알 수 있다.

한글에서 교육을 의미하는 단어는 '가르치다', '기르다', '배우다' 등을 들 수 있다. 우선 '가르치다'의 사전적 의미는 타동사로 '지식 · 기능 따위를 가지도록 알아듣게 설명하여 인도하다. 상대방이 아직 모르는 일을 알도록 일러 주다. 타일러 경계하다. 지각 · 인식을 높여 주다'(민중국어사전, 2009)의 의미이다. '가르치다'의 고어인 'ᄀᆞᄅᆞ치다'는 본래 '가르치다(敎)'와 '가리키다(指)'라는 두 가지 의미를 가지고 있었다. 'ᄀᆞᄅᆞ치다'의 어원은 ᄀᆞᄅᆞ(粉), ᄀᆞᆯ다(鍊磨), ᄀᆞᆯᄒᆡ다(選別), ᄀᆞᄅᆞ다(分, 破, 岐), 갈다(耕) 등의 다양한 의미를 갖고 있었다. 또한 이 말은 'ᄀᆞᄅᆞ' 또는 '갈다'와 '치다'로 구분하여 고찰할 수 있는데, 'ᄀᆞᄅᆞ다'는 'ᄀᆞᄅᆞ샤ᄃᆡ'로 오늘날의 의미로 '이르시되'나 '가라사대'로 교훈(敎訓)이나 훈계(訓戒)의 의미이다. '갈다'는 '교체, 연마, 마분, 경작' 등의 의미를 가지고 있다. 그리고 '치다'는 교육과 연관하여 보면 다양한 사전적 의미를 가지고 있다. 즉, '손 · 물건을 가지고 목적물을 때리다(加擊). 쇠붙이를 달구어 연장을 만들다(冶金). 배게 들어선 물건 속에서 얼마쯤을 골라서 깎거나 베어 내다(剪枝). 판단 · 평가하다. 체질을 하여 고운 가루를 뽑아내다. 돗자리 · 가마니 · 멱서리 · 덕석 등을 틀거나 엮어 만들다. 동물이 새끼를 낳아 퍼뜨리다(繁殖 · 飼育). 불필요하게 쌓인 불결한 물건을 파내거나 그러내어 그 자리를 말끔하게 하다(除去)'(민중국어사전, 2009) 등이다.

한편 '기르다'는 '동식물에 양분을 섭취시켜 자라게 하다. 육체나 정신이 쇠하지 않게 하다. 사람을 보살피면서 가르쳐 키우다. 기술이나 버릇 따위를 몸에 익게 하다'(민중국어사전, 2009) 등의 의미를 가진다. 또한 이는 '길'과 어원이 같은데 '길'은 도로, 도리, 도정을 의미하며, 빤짝빤짝하게 윤이 나게 하는 것이며, 짐승을 쓸모 있게 가르쳐 길들이는 것이고, 그리고 어떤 일에 익숙하게 된 솜씨를 말한다.

끝으로 '배우다'는 '지식을 얻거나 기술을 익히다. 남이 하는 일을 보고 그와 같이 하다. 학문을 닦다. 경험하여 잘 알다. 습관이나 습성을 몸에 익히다'(민중국어사전, 2009) 등의 의미를 가지고 있다. 또한 배우는 일은 배우게 하는 일이며, 이는 아이를 뱃속에 배는 일이나 진리의 싹을 아동에게 배게 하는 일(孕胎)과 상통하는 개념이라고 할 수 있다.

이상과 같이 우리말인 '가르치다, 기르다, 배우다'는 서양어나 한자어보다 더 다양하고 심오한 의미를 함유하고 있음을 알 수 있는데, 그 담겨진 의미는 방향제시(方向提示), 선별(選別), 분별(分別), 판단(判斷), 경작(耕作) 연마(鍊磨), 사육(飼育), 제거(除去), 생성(生成), 성장(成

長), 잉태(孕胎) 등으로 요약할 수 있다.

다양한 어원을 통해서 알 수 있는 교육작용의 본질은 학습자의 발전가능성에 대한 믿음과 교육자가 지녀야 할 교육의 가치에 대한 신념, 교육자와 학습자 사이의 사랑과 존경을 바탕으로 한 인격적인 상호관계를 전제해야 함을 알 수 있다. 따라서 진정한 의미의 교육은 두 인격이 하나가 되어 아름다운 목적을 향하여 동반자로서 전진하는 삶 그 자체가 되어야 한다(강선보 · 김정환, 1997: 10-11).

따라서 교육은 외부로부터의 단순한 지식의 주입만이 아니라, 학습자가 이미 가지고 있는 잠재적 능력을 발굴하고 계발하도록 도와주는 일이다. 이러한 생각은 소크라테스의 산파술(産婆術)에 비유할 수 있고, 동양의 줄탁동시지(啐啄同時之)란 글귀나 맹자의 진심편(盡心篇)의 여시우화지자(如時雨化之者)라는 글귀와도 상통한다.

2. 교육의 정의

교육이란 무엇인가에 대한 해답을 얻고자하는 노력은 교육학자 및 교육실천가들의 오랜 과제였고 성찰의 대상이었다. 인류의 출현과 함께 교육은 다양한 형식의 교육활동이 이루어져 왔고, 한 개인의 인생사도 요람에서 무덤까지 부단한 교육작용의 연속선과 같다. 교육을 인간형성 작용이라고 볼 때 그 강조점을 어디에 둘 것이냐에 따라 교육의 정의도 확연하게 달라진다. 여기서는 지금까지 많은 학자들의 교육에 관한 정의 가운데 몇 가지를 살펴보고자 한다(한방교 · 윤길근, 2007: 42-44; 김범준 · 구병두, 2007: 17-19).

첫째, 인격성에 중점을 둔 규범적 세계관에서의 교육의 정의이다. 이는 다른 말로 강령적 정의, 목적론적 정의, 가치지향적 정의라고도 한다. 인간이 이상을 향해 도덕적 · 인격적으로 도야하는 활동이 교육이라는 이상주의적 규범교육, 인격교육에 바탕을 둔 본질관이다. 칸트(I. Kant)는 『교육학강의』 첫머리에서 "인간은 교육을 필요로 하는 유일한 동물이다. 교육이란 무엇인가? 그것은 양육(어린이의 간호와 생육), 훈련, 그리고 문화를 익히는 일을 포함하는 교수로 이해되어야 한다. 교육에 의해서 인간은 차례로 (양육을 필요로 하는) 젖먹이에서 (훈련을 필요로 하는) 어린이가 되고 드디어 (교수를 필요로 하는) 학생이 된다"고 기술하고 있다.

이 교육작용이 바로 인간을 다른 동물과 결정적으로 구별하는 것이며 또 인간이 오늘날과 같이 찬란한 문화를 구축하게 만든 원동력이 되었던 것이다. 인간을 교육의 산물로 간주하고 교육은 '인간을 인간답게 형성하는 작용'으로 정의하고 있다. 이 점은 동양의 유교적 교육관과 일맥상통한다.

둘째, 자연성에 중점을 둔 자연주의 교육관에서의 교육의 정의이다. 인간은 자연적 인간으로 태어났다는 점과 인간본성의 발달을 강조하며, 사회적 전통이나 외부적 · 인위적인 영향을 배척하여 자기 목적적이며, 개인의 발달도 자연적 · 자율적인 것이라고 주장하는 자연주의 철학에 바탕을 둔 입장이다. 루소(J. J. Rousseau)는 교육은 인간의 자연적 발전을 위한 조성작용이라고 하였다. 인간의 자연성은 신의 섭리에 의하여 이루어졌기 때문에 완전하고 선한 것이라고 하였다. 이 자연성이 자발자전(自發自展)할 수 있도록 조성하는 것이 교육의 본질이라고 하였다. 또한 스웨덴의 자연주의 사상가이며 여성 운동가인 엘렌 케이(Ellen Key)는 아동의 세기에서 아동의 개성의 계발과 자유로운 자기발전을 주장하였다. 그는 전통적 주지주의 교육을 '정신적 살인'이라고 통박하고 '교육의 비결은 교육을 하지 않는 것이다'라는 소극교육을 역설하였다.

Jean-Jacques Rousseau(1712 – 1778)
출처 : http://ko.wikipedia.org/wiki

셋째, 사회성에 중점을 둔 사회적 세계관에서의 교육의 정의이다. 인간은 일정한 사회에서 태어났고, 사회속에서 보람과 가치를 느낄 수 있다는 사실에 주목하고 있다. 페스탈로치(J. H. Pestalozzi)는 사회적 입장에서 교육은 사회개혁의 수단이라고 정의하였다. 그는 한 개인의 인간성을 완성하여 인간개조를 도모하고, 개조된 인간을 통하여 사회개혁을 이룩하려는 데 목적을 두었다. 인간정신의 3대 근본동력(인간성)인 정신력(知, Head), 심정능력(意, Heart), 기능력(行, Hand)을 조화 · 발달시키는 것을 교육목적으로 삼았다. 그리고 그는 교육은 인간을 자연적 상태에서 사회적 상태로, 나아가서 도덕적 상태로 승화시키는 작용이라고 하였다. 그리고 브라멜드(T. Brameld)는 교육을 통해서 사회를 개혁함으로써 위기에 처한 인류사회를 구원하여야 한다고 주장하였다. 나토르프(Natorp, 1854–1924)는 인간이란 인간 사회를 통해서만 인간으로 되는 것이며, 사회없이는 인간은 전혀 인간이라고 볼 수 없다고 하여 교육의 사회성을 강조하였다(김필식 · 오만록, 2002: 20–21).

넷째, 문화성에 중점을 둔 문화적 세계관에서의 교육의 정의이다. 이는 교육이란 인류가 오랜 역사를 통해서 축적해 놓은 문화적 유산을 다음 세대에 계승시키고, 나아가 이를 확충 · 발전시키게 하는 문화 창조작용 내지 문화 번식작용이라고 보는 입장이다. 슈프랑거(Spranger, 1882–1963)는 교육을 "비교적 성숙한 사람이 문화재를 매개로 비교적 미성숙한 사람을 자연의 상태에서 문화적 이상의 상태로 끌어 올리는 문화작용"이라고 하였으며, 교육작용의 본질은 '문화번식'에 있다고 하였다. 그리고 노작교육론을 주장한 케르센슈타이너는 교육을 '문화의 전달과 갱신의 과정'으로 보았다. 한편 최근에 페르더슨(P. B. Perderson, 1991)을 중심으로 한 다문화주의자들은 교육을 인간의 다문화적 이해로 보고 있다(장대운, 1995: 20).

다섯째, 종교성에 중점을 둔 종교적 세계관에서의 교육의 정의이다. 이는 교육은 신의 의사를 실현하는 과정으로 보는 종교주의적 입장이다. 따라서 여기서는 인간으로 하여금 신을 믿고 그 복음을 접촉하고, 그의 생활이 신의 품성과 행위에 드러난 것과 같은 신격화된 생활로 변하게 되는 것을 바로 교육이라고 본다. 근대 교육의 비조(鼻祖)라고 불리는 코메니우스(Commenius)는 교육의 목적을 "신과 더불어 영원한 행복을 가지는 데 있다"고 하였다. 그는 인간 생활을 태내의 생활, 지상의 생활, 천국의 생활 등 세 단계로 나누었는데, 태내생활은 지상생활을 위한 준비이며 지상생활은 천국생활을 위한 준비라고 보았다. 그리고 유치원 교육의 창시자로 불리는 프뢰벨(Fröbel)은 만물의 근본에는 신성이 지배하고 있으므로 인간의 사명은 이 신성을 계발하고 실현하는 데 있으며, 교육의 목적은 "인간에게 내재한 신성을 자각하고 생명력을 발전시키는 데 있다"고 하였다. 마리땡(Maritain: 1882-1973)은 "우주는 신에 의해 주관되고 모든 인류는 신앙에 의해 구원받을 수 있는 존재이기 때문에 신의 모방으로서의 인간영혼의 완성이 필연적으로 요청된다"고 하였다.

John Amos Comenius(1592-1670)
출처: http://ko.wikipedia.org/wiki

Friedrich (Wilhelm August) Fröbel(1782-1852)
출처: http://ko.wikipedia.org/wiki

여섯째, 조작주의적 입장의 정의이다. 이는 객관적으로 관찰할 수 있는 행동의 변화를 조작적이고 기술적으로 정의하려는 입장이다. 듀이(J. Dewey, 1916)는 교육을 경험의 재구성(reconstruction of experience)이라고 하였고, 정범모(1994)는 인간행동의 계획적인 변화라고 하였다. 이때의 행동은 가시적 동작과 기억, 사고, 판단 등 내면적인 것까지를 말한다. 변화란 가치로우며 계획적인 바람직한 전체의 변화를 말한다. 그리고 경험의 재구성이란 교육은 생활이며 성장으로서, 계속적이고 사회적인 과정으로서의 계획적인 행동의 변화이다. 인간행동의 변화는 객관적이며 수량적인 연구가 가능하다는 장점도 있지만, 인간의 질적인 면과 인간의 절대가치성에 관한 접근의 어려움과 인간의 기계화를 배제할 수 없다는 인간주의의 비판을 받고 있다(장대운, 1995: 18-19).

제 2 절 교육의 형태와 요소

1. 교육의 형태

교육의 형태는 교육의 의도나 목적, 교육의 장소, 교육의 대상, 교육의 내용, 교육의 단계, 교육의 방법, 교육의 기간, 교육의 성격 등 이를 분류하는 준거에 따라서 다양한 형태로 유형화 될 수 있다. 다양한 교육의 형태는 인간을 바람직한 모습으로 형성하려는 우리 인류의 노력의 산물로 구체적으로 나타난 것이다. 시대적 상황이나 주류 사상에 따라 주류 교육 형태는 다양하게 변화되어 왔고, 이들은 각각 고유한 의미를 가지고 있다. 여기서는 교육의 의도나 목적에 따른 교육형태분류에 해당하는 형식적 교육(formal education)과 비형식적 교육(informal education)을 중심으로 살펴보기로 한다.

가. 형식적 교육

형식적 교육이란 특정한 목적을 가지고 교육주체, 교육객체, 교육매개체를 중심으로 일정 기간 동안 교육기관에서 의도적이고 체계적으로 교육을 실시하는 것을 의미한다. 형식적 교육이라고 할 때, 형식을 구성하는 요소에는 교육목적, 교육자, 학습자, 교육내용뿐만 아니라 학습활동, 시설과 설비 등도 모두 포함된다.

형식적 교육의 대표적 예는 학교교육, 즉 제도교육을 들 수 있다. 그 외에도 학원이나 강습소, 양성소 등 평생교육기관에서 의도적으로 실시하는 교육도 넓은 의미에서는 형식적 교육에 포함시킬 수 있다.

동서양을 막론하고 모두 고대사회에서 학교교육이 생기게 된 이유는 인류 문화유산이 증가하고 축적됨에 따라 이를 체계적이고 효율적으로 전달할 필요가 있었다는 점과 고대국가가 형성되면서 국가 운영을 위한 관리양성이 필요하게 되었다는 점이다. 영국에서의 산업혁명 이후 사회문명이 더욱 발달하고 복잡해지면서 사회 각 영역이 분업화, 세분화, 전문화됨에 따라 교육적 기능은 주로 학교에서 수행하는 경향이 나타났다. 그러나 아이들이 학교에서 보다는 학교 밖에서 보내는 시간이 더 많다는 사실과 성장기 아동들에게는 형식적인 학교교육 보다 비형식적인 교육이 때로는 더 효과적이라는 주장, 그리고 지식정보화 사회에서 사이버 학습의 대두 등은 오늘날 학교교육의 입지와 위상에 일대 변혁을 요구하기도 한다.

나. 비형식적 교육

비형식적 교육이란 교육기관에 의하지 않고 일상생활 속에서 자연이나 사물 또는 인간관계에 의해 지식이나 가치관, 규범, 행동양식 등을 자연스럽게 그리고 우연히 무의도적으로 습득하면서 교육이 이루어지는 것을 의미한다. 인류사회의 초기에는 가정이나 사회를 중심으로 비형식적 교육이 이루어졌으나 원시시대에 사회적, 집단적으로 거행된 성년식과 함께 고대사회에서 학교교육이 출현함으로써 비형식적 교육의 형태는 형식적 교육과 공존하게 된다.

가정교육, 매스컴이나 인터넷 등의 평생교육의 일부, 나아가 인간의 삶 전체가 비형식적 교육의 예에 해당한다고 볼 수 있다.

넓은 의미에서의 교육은 형식적 교육과 비형식적 교육을 모두 포함하지만, 좁은 의미의 교육은 의도적, 계획적인 형식적 교육만을 의미한다. 고대사회에서 학교가 출현한 이래로 현대사회까지 대체로 교육적 기능은 주로 학교라는 형식적 교육기관을 중심으로 이루어지고 있으나 교육이 인간의 바람직한 성장 발달을 돕는 활동으로 이해할 때, 학교교육만이 이러한 기능을 독점적으로 수행하기를 기대해서는 안 된다. 오히려 오늘날의 인간 형성은 가정이나 이웃 또는 또래집단이나 매스컴, 인터넷 같은 비형식적인 교육 요인에 의해 더 지대한 영향을 받는다고 할 수 있다. 따라서 학교교육뿐만 아니라 인간의 삶 전체의 장 속에서 이루어지는 비형식적 교육의 의미와 가치 그리고 그 중요성에 대해 새로운 인식과 관심을 기울일 필요가 있다.

2. 교육의 구성요소

교육활동이 성립하기 위해서는 교육을 행하는 교육주체인 교육자와 교육을 받는 피교육자인 교육의 객체, 그리고 이들의 상호작용을 연결하는 매개체인 교재가 있어야 한다. 이 세 가지 요소를 흔히 교육의 삼요소라고 한다. 오늘날과 같이 지식정보화 사회에서는 교육활동에 이들 세 가지 요소가 반드시 요구되지 않는 상황이 있을 수 있지만, 바람직하고 이상적인 교육이 이루어지기 위해서는 이들 세 요소가 필요하며, 이들 세 요소의 관계는 일방적인 관계가 아니고 상호작용적일 것이 요구된다. 이와 같이 교육의 삼요소 사이에 상호작용이 이루어진 상황을 교육이 성립했다고 할 수 있으며, 교육의 장(field of education)이 성립하였다고 할 수 있다. 교육의 장은 건물이나 체육장과 같은 물리적 공간만을 지칭하는 것이 아니라, 교육활동이 올바르게 진행되어 가는 상황 또는 장면을 뜻하며, 오늘날의 교육에 있어서는 물리적인 장 보다는 사회 · 심리적인 장이 보다 더 중요시되고 있다.

가. 교육의 주체

일반적으로 교육의 주체는 교육을 하는 자로서 가르치는 입장에 있는 사람을 의미한다. 그 대상은 주로 교사이지만 경우에 따라서는 부모나 형제 또는 매스컴, 사회인사 등이 될 수 있다. 교육은 미성숙자를 성숙한 상태로 변화시키려고 노력하는 일련의 과성이라고 볼 수 있다. 이러한 과정에서 계획적이고 조직적으로 미성숙자를 바람직한 방향으로 이끌어가는 사람이 곧 교사이다. 교사는 미성숙한 자를 이끌어 가는 사람이기 때문에 교사에게는 바람직한 가치관, 높은 도덕성 그리고 투철한 교육관이 요청된다. 아무리 훌륭한 교육내용이라고 하더라도 학습자에게 제대로 전달되지 않으면 무의미한 것이다. 교육내용을 학습자에게 전달하는 사람이 교사이다. 그래서 학생 교육의 성패는 교사에게 달려 있다고 해도 과언이 아니다. 따라서 효과적인 교육을 위해서는 여러 가지 요소가 필요하겠지만 교사의 인격, 교사의 학문적 자질 그리고 교수방법 등이 학생들의 성취에 결정적으로 영향을 미치기 때문에 동서고금을 막론하고 교육현장에서는 전문성과 인격을 제대로 갖춘 교사들을 요청하고 있는 것이다.

나. 교육의 객체

교육의 목적은 아직 미성숙한 학습자를 교육내용을 매개로 하여 성숙자로 변화, 즉 바람직한 방향으로 변화할 수 있도록 안내해 주는 데 있다. 따라서 학습자를 교육의 대상, 즉 교육받을 대상, 피교육자 또는 교육의 객체라고도 한다. 그러나 듀이(J. Dewey)와 같은 진보주의 교육철학자들은 교육의 주체를 아동이나 학생으로 보기도 한다. 비록 학습자가 신체적으로나 정신적으로 미성숙하다 할지라도 존엄한 한 인격체이다. 전술한 바와 같이 진정한 의미의 교육은 학습자가 본래 가지고 있는 잠재적 능력 즉, 재능을 가르치는 사람이 가능하면

조기에 발견하여 이를 바람직한 방향으로 계발시키는 활동이다. 그러므로 지금까지 오랫동안 교육현장에서 행해진 기성세대의 가치관을 바탕으로 교육내용을 일방적으로 주입시키는 방식의 교육은 하루 빨리 청산되어야 할 과제인 것이다.

다. 교육의 매체

흔히 교육의 매(개)체는 학교교육에서 교육의 주체(교사)와 교육의 객체(학생)를 연결하는 교육내용을 일컫는다. 교육내용은 곧 교과를 연상하게 하며, 이러한 교과는 오랜 역사를 통하여 인류가 쌓아 올린 방대한 경험 가운데 가치있는 것을 선정하여 조직한 지식의 체계인 것이다. 각 학문영역에 독특한 체계와 탐구방법을 중심으로 구분한 것이 학과(disciplines) 혹은 교과목(subject matters)이다. 따라서 고대 희랍시대의 7자유과(seven liberal arts)를 바탕으로 하여 현대의 초등학교 · 중학교 · 고등학교 · 대학교의 다양한 교과가 생기게 된 것이다. 형식적 학교교육이 시작된 이래 교과는 항상 중요한 교육내용이며 지침이 되어 왔다. 교과는 교과중심 교육과정기, 경험중심 교육과정기, 학문중심 교육과정기나 인간중심 교육과정기에도 중요한 교육내용이었다. 다만 교과를 어떻게 보느냐에 따라서 교육내용을 무엇으로 할 것인가에는 다소간의 입장의 차이를 보일 수는 있다.

제 3 절 교육의 필요성과 가능성 및 한계성

1. 교육의 필요성

인간은 만물의 영장이라고 하지만 출생 시에는 나약한 존재로 다른 동물과 비교할 때 독립적인 생활을 영위하기 위해서는 상대적으로 장기간의 보호와 육성이 필요한 존재이다. 인간이 스스로 보행을 할 수 있기 위해서는 약 1년의 기간이 필요하며, 청년기 이후가 되어야 비로소 사회의 일원으로서 독자적인 생활을 할 수 있다. 만일 인간이 신과 같이 전지전능하다면 교육이 필요 없을 것이며, 동물과 같다면 역시 교육이 필요하지 않을 것이다. 그러나 인간은 나약하게 출생하지만 무한한 잠재가능성을 소유한 존재라는 본질적 특성 때문에 이러한 잠재가능성을 계발하기 위해 교육이 필요하며 따라서 인간만이 교육을 향유할 특권을 가지고 있다고 할 수 있다.

인간은 교육에 의해서만 그 생명을 보존하고 가치를 발휘할 수 있다는 점을 입증하는 여러 가지 실증적 보고가 있다. 예컨대, 1779년 남부 프랑스 아베롱의 숲속에서 12–13세로 추정되는 소년(야생아)을 발견하여 교육을 담당한 이따르(J. M. Itard)의 보고는 다음과 같다.

첫째, 인간은 고유의 기능과 감각을 빼앗기게 될 때 다른 동물에 비하면 열등하다. 둘째, 인간이 본래부터 가지고 있는 것으로 생각되었던 사회성 · 도덕성은 문명의 혜택이다. 문명은 인간을 다른 동물의 생활로부터 이끌어 올린 것이다. 셋째, 기관의 발육, 언어의 습득은 나이가 어릴 때일수록 효과가 크다. 특히 음성의 결합은 유아기 이후가 되면 비능률적이며, 많은 장애에 부딪히게 된다. 넷째, 인간의 욕구와 관념 사이에는 일정한 관계가 있으며, 욕구가 증가하면 관념의 범위도 확대된다. 문명은 인간에 의해 만들어진 것에 불과하다. 다섯째, 교육의 진보는 현대 의학에 의해 이루어진다. 모든 과학 가운데 의학은 개인의 신체적 · 기능적 특질을 분명히 하고, 인간을 사회적으로 높일 수 있다. 이 야생아에 내한 실험직 연구보고는 인간이 인간으로서 생명을 보존하고 인간으로서의 제반 가치를 발휘하여 살아가기 위해서는 교육이 절대적으로 필요함을 보여 주는 사례이다.

이상과 같은 '아베롱의 야생아'에 관한 사례 외에도 1920년경 인도지방에서 발견된 아말라(Amala)와 카말라(Kamala)라는 두 여아의 사례, 그리고 1931년 파라과이에서 발견된 마리 이본느(Marie Yvonne)라는 여아의 사례 등도 교육이 인간에게 얼마나 중요하고 필요한지를 반증하고 있다.

여기서는 교육의 필요성을 보다 구체적으로 개인적 · 사회적 · 문화적 · 국가적 · 경제적 측면에서 고찰하고자 한다(신붕섭 · 윤은성 · 강태훈 · 김정겸, 1995: 29–32).

가. 개인적 측면: 개인의 완성

가능성을 가진 자연적 존재로서의 인간을 바람직한 인간으로 육성하는 일은 교육에 의존할 수밖에 없는 것이나. 그리고 사회 · 국가 · 문화 · 경제 등의 발전도 결국 개인의 발전 내지 완성에서부터 출발한다고 할 수 있다. 따라서 개인의 완성은 다른 모든 발전의 원동력이 되는 것이다. 그러므로 개인의 완성을 위한 교육은 다른 어느 것보다 중요하다 하지 않을 수 없다. 왜냐하면 개인의 완성은 결코 자신만을 위한 일이 아니기 때문이다.

칸트(I. Kant)는 "인간은 교육을 필요로 하는 유일한 존재이며, 인간은 교육적 산물 외에는 아무것도 아니다"라고 역설함으로써 인간다운 인간이 되기 위해서는 교육이 필요함을 강조하였다. 그리고 루소(J. J. Rousseau)는 『에밀』에서 "인간은 연약하게 태어난다. 우리들에게 힘이 필요하게 되는데, 우리들은 커가면서 필요한 모든 것을 교육을 통해서 얻는다"라고 하여 인간의 교육필요성과 교육가능성을 설명하면서 개인의 인격과 개성의 존중을 교육적으로 역설하였다.

그리고 오늘날 민주주의 교육은 인간존중주의에 입각하여 인간이 갖고 있는 모든 특성이 고루 신장된 인간으로서의 인간육성, 즉 전인적 인간의 육성을 중요한 과제로 삼고 있으며, 이러한 것들은 모두 개인완성을 위한 교육인 것이다.

나. 문화적 측면: 문화유산의 계승 · 발전

교육은 문화를 전달하고 보존하며 발전 · 창조시킨다. 그러므로 교육이 없으면 문화는 중단되거나 말살 될 것이다. 교육은 문화 속에서 내포된 것 중에서 가치있는 문화만을 문화유산으로 계승하고 그것을 다음 세대에게 전달함으로써 그들로 하여금 기존의 문화를 수용하게 할 뿐만 아니라, 새로운 문화창조에 참가하여 공헌할 수 있는 힘을 길러주는 작용을 하는 것이다. 넓은 의미의 사회화 기능에 속하는 이러한 교육의 문화유산 전달기능은 사회구성원의 행동규범의 동질성 유지를 위해 중요하다. 그러므로 교육은 문화활동의 하나인 동시에 문화창조의 원동력이 된다는 점에서 교육의 중요성은 자명한 것이다.

교육의 문화적 기능을 강조하여 슈프랑거(Spranger)는 교육작용의 본질은 문화의 번식에 있다고 하였으며, 케르센슈타이너(Kerschensteiner)도 교육은 문화의 전달과 갱신의 과정이라고 하였다.

다. 사회적 측면: 사회화와 통합, 사회적 충원

교육과 사회의 관계에는 교육의 사회적 기능과 사회의 교육적 기능이 있다. 전자는 교육을 통하여 사회적 필요를 충족시키는 것을 뜻하며, 후자는 사회의 여러 가지 활동이 교육행위를 대행한다는 뜻이다. 그러므로 교육과 사회는 상호 유기적이고 보충적이며 불가분의 관계에서 영향을 주고받는다.

구체적으로, 사회적 측면에서의 교육의 필요성은 앞서 설명한 문화유산 전달기능을 포함하여 교육의 사회통합기능, 사회충원기능, 사회적 지위이동기능 그리고 사회개혁기능이라는 교육의 사회적 기능을 이해함으로써 가능하다.

교육은 한마디로 사회가 사회구성원들에게 요구하는 공통의 가치관, 행동규범, 생활양식 등을 습득시켜 사회가 해체되지 아니하고 존속 · 발전하도록 하는 기능(사회통합)을 담당하면서 한편으로 교육은 산업 사회에서 필요로 하는 인력을 양성하여 적재적소에 배치하는 기능(사회충원)을 담당한다. 나아가서 교육은 한 개인의 사회적 지위를 결정해 주는 요인으로 간주되고 있으며(사회적 지위결정), 사회가 안고 있는 현실적인 문제를 개선하고 이상적인 사회를 건설하는 중심적인 토대를 마련해 준다(사회개혁).

그리고 교육을 사회화라고 볼 때 현재 중심적 입장과 미래지향적 입장의 둘이 있다. 전자에 따르면 보수적인 면이 강조되고 후자에 따르면 진취적인 면이 강조된다. 미국의 교육학의 특색은 교육의 사회성의 강조인데, 여기에는 전자를 강조하는 듀이(J. Dewey)와 후자를 강조하는 브라멜드(T. Brameld)의 이념이 공존하고 있음을 주목해야 할 것이다(김정환 · 강선보, 1997: 65).

라. 국가적 측면: 국가발전의 토대

교육을 국가적 차원에서 볼 때, 교육은 국가의 흥망성쇠와 밀접한 관련이 있으며, 그러므로 모든 국가는 국민교육을 국가의 가장 중요한 사업으로 삼고 있는 것이다. 즉, 현대의 국가는 교육받은 국민을 필요로 하고 있으며, 따라서 국가는 국민에게 교육을 요구하고 국민은 국가에 대하여 교육받을 의무를 지닌다. 또한 국가는 국민교육을 질적으로 향상시키기 위하여 충분한 시설을 갖추어 주어야 하며, 국민은 이것을 국가에 요구할 수 있는 것이다. 그 뿐만 아니라 교육을 질적으로 향상시키기 위해서는 국민정신과 애국심을 고취시키는 데 있으며, 여기에 기반을 둘 때, 건전한 국가발전이 기대될 수 있는 것이다.

피히테(J. G. Fichte, 1762-1814)는 '독일국민에게 고함'이란 강연을 통하여 교육입국론을 주장하였는데, 특히 국민교육을 하지 않으면 안 된다고 역설하였고, 진정한 노작교육의 실천을 주장하였다. 그리고 우리나라의 개화기에 고종이 교육입국조서(教育立國詔書)를 발표하여 풍전등화의 위기에 처한 국가를 구하기 위해 공교육의 의무화를 천명한 것도 이러한 입장과 맥을 같이 하는 것이다.

마. 경제적 측면: 인적 자본의 공급

고도의 경제성장은 생산의 기본요소인 자원, 자본, 노동에 의해서만 달성될 수 있는 것이 아니라, 외적요소인 개인의 심리적 특성, 사회의 특성, 교육 등의 요소에 의하며 특히 교육에 의한 인간능력, 인력의 개발을 중시함으로써 달성될 수 있는 것이다. 리스트(F. List)는 교육은 생산력을 생산한다고 하였고, 마샬(A. Marshall)은 교육을 고차생산을 위한 수단으로 생각하였으며, 교육수준이 경제성장을 추진하는 제1의 힘이 된다고 강조하였다. 즉 교육은 전문적 기술과 직업적인 창의력 그리고 직업윤리의식의 신장을 통하여 경제적 인력과 생산력을 창조하게 된다.

특히 슐츠(T. Schultz)는 경제적 생산에서의 인적요인을 중시하여 인적자원론을 주장하였는데, 인적자원론에서는 바로 교육을 통한 기술발전과 혁신 등이 생산의 중요한 요인임을 밝히고 있다. 교육을 위한 비용은 낭비가 아니라 인적자원의 질을 높이기 위한 가치있는 투자라는 것이다.

여하튼, 모든 나라들이 경제발전을 이룩하기 위하여 과학기술수준을 향상시키려고 노력하는 중에 바로 이러한 노력의 중심토대로서 교육수준의 발전을 중시하는 까닭이 바로 여기에 있다.

2. 교육의 가능성 및 한계성

가. 교육의 가능성

교육의 가능성(educability)은 교육의 효과성, 잠재가능성(potentiality), 가소성(可塑性: plasticity), 또는 도야성이라고도 하는데, 이는 외부로부터 영향을 받아 변화할 수 있는 성질, 즉 교육에 의해 변화될 수 있는 성질을 말한다. 교육이 자연적 존재인 인간을 이상적 가치를 지닌 인간으로 성장 · 발달시키는 작용이라고 볼 때 여기에서 야기되는 것은 교육의 가능성 정도의 문제이다. 여기에는 교육의 가능성을 절대적으로 확신하는 '교육만능설'과 교육의 가능성을 신뢰하지 않거나 과소평가하는 '교육부정설'이 있다.

교육만능설은 환경만능설이라고도 하는데, 이는 교육을 통하여 인간의 모든 면을 형성 · 변화시킬 수 있다고 보는 입장으로, 교육의 효과성을 절대적으로 믿는 견해이다. 이러한 입장을 취하는 학자로는 칸트(Kant), 라이프니츠(Leibniz), 리센코(Lysenko), 로크(Locke) 등이 있다.

칸트는 인간은 오직 교육에 의해서만 인간이 될 수 있다고 하였으며, 라이프니츠는 사람이란 교육방법에 따라 의도하는 대로 변화시킬 수 있다고 주장하였다. 그리고 리센코는 환경의 변화에 의하여 새로운 성질을 가질 수 있다고 주장하면서, 이러한 성질은 새로운 소질로 첨가되어 그만큼 능력이 풍부해질 수 있으며, 또한 환경 여하에 따라 결국 다른 소질을 가질 수 있다고 주장하였다. 끝으로, 로크는 백지설(Tabula rasa)을 주장하여, 모든 인간은 후천적 경험에 의해 제반 특성을 갖추어 나가게 된다고 하였다. 이러한 주장은 인간이 장래에 어떻게 될 것인가 하는 것은 환경에 의하여 결정되는 것이며, 인간은 교육에 의하여 변화될 수 있다는 견해이다.

그러나 이러한 교육만능설은 너무 극단적이라고 할 수 있다. 개인은 각각의 종족과 개체적 의미에서 개인으로서의 선천적인 소질을 가지고 있으므로 그 환경을 변화시켜도 그 타고난 소질로부터 완전히 자유로울 수 없기 때문이다.

이에 반해 교육부정설은 소질만능설이라고도 하는데, 이는 인간의 제반 특성은 그의 유전적 소질에 의해 결정된다고 보기 때문에 교육만능설과 대립되는 입장에 있다. 교육의 효과성을 부정하는 입장을 취하는 학자들에는 쇼펜하우어(Schopenhauer), 롬브로소(Lombroso), 멘델(Mendel), 모르간(Morgan) 등이 있다.

쇼펜하우어는 지성은 교육이나 환경을 통하여 어떻게 도야될 수 있으나, 정의(情意)의 방향은 유전적 소질에 의하여 결정된다고 보았으며, 롬브로소는 범죄자의 골상은 선천적으로 타고나 있으므로, 교육의 힘으로 어찌할 수 없다고 하여 교육부정론을 지지하였다. 또한 멘델과 모르간도 생물의 특질은 생식세포 중에 있는 염색체상의 유전형질 또는 유전자에 의하여 결정되므로 환경에 의하여 유전형질을 변경할 수 없다는 입장을 취하였다. 이러한 주장은 사람은 날 때부터 능력이나 성격이 이미 정해져 있어서 어떠한 교육을 받아도 선천적으로 결정되어 있는 대로 밖에는 발달이 되지 않는다고 하는 입장이다. 이에 대한 조사연구로는 에드워드(Edward)가의 가계연구(우수가계연구)와 쥬크(Juke)가의 가계연구(불량가계연구) 등을 들 수 있다.

그러나 이러한 주장 역시 유전적인 면을 지나치게 강조한 반면, 교육이나 환경의 효과를 도외시하는 입장을 취하고 있기 때문에 완전하게 정당화되기는 어렵다고 하겠다.

나. 교육의 한계성

앞서 설명한 바와 같이, 교육의 가능성은 어느 정도 인정되지만, 그 효과가 절대적이거나 무한한 것은 아니다. 즉, 교육의 효과에는 일정한 한계가 있는 것이다. 교육의 가능성은 내적 요인인 '유전'과 외적 요인인 '환경'에 의해 영향을 받는다고 볼 수 있다.

우선 유전은 교육의 효과를 결정하는 선천적인 요인이라고 할 수 있다. 인간의 생식세포는 유전형질에 의하여 결정되며, 후천적인 영향은 이 유전형질을 변화시키지 못한다. 즉, 인간이 본래 태어날 때의 소질인 신체구조, 의지 등의 잠재능력은 후천적 영향에 의하여 외관상으로는 변한다고 하더라도 근본적인 변화는 곤란하다.

그리고 교육의 효과를 결정하는 또 하나의 요인은 환경이다. 여기서 말하는 환경은 교육을 포함한 후천적인 요인을 말하는데, 이는 자연적 환경과 사회문화적 환경을 포괄하는 개념이다. 성숙자에 의하여 미성숙자에게 작용하는 교육은 그에게는 환경의 일종이며, 성숙자는 교육적 의도를 가지고 환경을 조성 · 개선하게 된다. 교육의 한계를 결정하는 요인으로 환경을 드는 것은 교육만능설과 통한다. 개인들이 동일한 유전적 요인을 가지고 있다고 하더라도 그들이 자라온 가정환경, 문화환경, 교육환경, 경제환경에 따라서 성장 · 발달이 다르게 나타난다.

이상을 종합해 보면, 교육의 한계성은 이와 같이 유전과 환경의 상호작용에 의해서 결정되는 것이라고 볼 수 있다. 왜냐하면 인간의 발달은 유전과 환경의 상호작용의 결과이기 때문이다. 레빈(Lewin)은 장이론(field theory)에서 인간의 행동(B: behavior)은 인간의 개체(P: person)와 심리적 환경(E: environment)의 함수관계로 보았다. 즉 B=f(P · E)라는 공식을 제안하였다. 또한 우드워스(Woodworth)는 인간의 발달(D: development)은 유전(H: Heredity)과 환경(E: environment)의 함수관계라는 D=f(H · E)라는 공식을 제안하였다. 즉, 유전을 사각형의 횡축으로, 환경을 종축으로 놓고 인간의 발달은 횡축과 종축을 곱한 사각형의 넓이로 설명하였다. 인간의 심리적 · 정신적인 근본은 유전적인 것이나, 그것을 실현하게 하는 것은 환경의 작용이라고 할 수 있다.

이상에서 고찰한 바와 같이 교육에서는 유전과 환경이 모두 중요하다. 유전과 환경은 서로 상승적 작용을 하여 구체적인 교육의 결과를 산출하기 때문이다. 그러나 여기서 명심할 사항은 우리는 유전적 영향을 쉽게 통제할 수 없다는 점이다. 따라서 교육에서 일차적으로 관심을 가지게 되는 것은 환경의 변화에 있는 것이다. 우리에게 있어 교육을 통해 아동과 청소년의 성장 · 발달에 도움을 줄 수 있는 1%의 환경조성이라도 소홀히 할 수 없는 이유가 여기에 있으며, 적절한 교육환경 조성을 위한 노력은 아무리 강조해도 지나치지 않을 것이다.

제 4 절 교육학의 이해

1. 교육학의 성격

모든 학문은 고유한 연구대상과 연구방법을 가지고 있다. 교육이란 인간을 가르치고, 인간이 배우는 일이라고 본다면, 교육학이란 이러한 가르치고 배우는 일에 대한 학문이라 할 수 있다. 우리나라의 대표적인 교육학사전인 『교육학용어사전』에서는 교육학(Education, pedagogy, science of education)을 "교육의 현상과 행위에 관한 학문적 탐구과정과 그 과정을 통해 획득된 지식의 체계를 통칭한 말"(서울대학교 사범대학 교육연구소 편, 1994: 130)이라고 정의하고 있다.

헤르바르트(J. F. Herbart, 1776-1841)가 『일반교육학(Allgemeine Pädagogik: 1806)』에서 교육학을 하나의 독립된 학문영역으로 만들려는 시도를 한 이후 오늘날까지 교육학에 대한 학문적 논쟁이 끊임없이 이어져 왔다. 교육학은 과연 응용과학인가, 독립과학인가에 대한 논쟁을 소개하면 다음과 같다(이병승 외, 2002: 32-34).

우선, 교육학을 응용과학의 입장에서 바라보는 학자들은 헤르바르트의 교육학은 엄격히 말해서 독립과학적 성격을 띠기보다는 응용과학적 성격을 띤다고 주장한다. 그들은 헤르바르트가 교육학을 하나의 학(學)으로 성립시킨 공적을 인정하면서도 그가 교육의 목적을 윤리학의 연구대상인 '도덕적 품성의 도야'에 두었고, 이 도야의 방법을 심리학에서 찾았기 때문에 그의 교육학은 심리학과 윤리학의 응용과학에 지나지 않는다고 주장한다.

Johann Friedrich Herbart(1776 – 1841)
출처:http://ko.wikipedia.org/wiki

나토르프(Natorp)는 교육의 목적을 순전히 윤리학에 둔 헤르바르트의 이원론에 반대하여 교육목적을 도덕, 과학, 예술의 조화로운 발전에 두고 이를 실현하기 위해 윤리학, 논리학, 미술이 그 기초과학이 되어야 한다고 주장하였다. 그러나 그 역시 교육학을 응용과학으로 이해했다는 점에서 헤르바르트의 입장과 크게 다를 바가 없다. 이들 외에도 슐라이어마허(D. E. Schuleimacher)는 교육은 정치학과 마찬가지로 논리학의 응용분야에 지나지 않는다고 주장하였으며, 베버(E. Weber)는 교육학은 미학의 응용과학에 지나지 않는다고 하여 교육의 학문적 자율성과 독립성을 인정하려 들지 않았다.

반면에 교육학을 응용과학이 아니라 독자적인 학문분야임을 강조했던 학자는 모이만(E. Meumann, 1862-1915)이다. 그는 『실험교육입문강의』(1907-1920)라는 저술에서 교육학이 여러 가지 기초과학과 보조과학을 가지고 성립하긴 했으나, 이 때문에 학문의 독립성이 손상되는 것은 아니라고 주장하였다.

크리크(E. Krieck)는 교육의 본질이 명백하고 교육이라는 사실을 정립하게 하는 법칙과 교육과정이 뚜렷하여 독자적인 연구대상과 목적과 방법이 있기 때문에 교육학은 독립과학으로서의 '교육과학'이라고 주장하였다. 이런 관점에서 그는 종전의 헤르바르트 교육학은 독립과학이라기보다는 응용과학에 지나지 않는다고 비판했다.

오늘날 교육학의 독립성과 자율성을 의심하는 사람은 거의 없다. 하나의 학문이 독립된 과학으로 인정받기 위해서는 독자적인 연구분야가 있어야 하고, 독자적인 연구목적이 있어야 하며, 독자적인 연구방법이 있어야 하고, 고유한 평가방법 등을 구비해야 한다. 이제 교육학은 이러한 조건들을 구비하고 있다는 점에서 독립과학으로서의 손색이 없다. 즉, 미성숙한 존재를 이상적인 상태로 발달시키려는 교육학의 독자적인 관점은 다른 어떤 학문분야에서도 찾아볼 수 없는 것이며, 교육과정 안에서 나타나는 여러 가지 교육현상 및 사실들을 독특한 방법으로 관찰, 실험, 평가하려 한다는 점에서 연구방법의 독자성을 확보하고 있다.

교육학은 크게 교육철학과 교육과학으로 양분된다. 교육과학은 교육활동이나 과정 안에서 일어난 교육현상을 관찰, 실험하여 결과를 정확하게 기술(description)하는 데 목적을 두는 데 반해, 교육철학은 이루어져야 할 당위적인 판단을 문제 삼는다. 즉, 존재하는 인간과 사회에 대한 연구가 아니라 존재해야 할 인간과 사회에 대해 규범적인 탐색을 해 간다. 교육과학과 교육철학은 동전의 양면과 같은 것이어서 어느 한 쪽만이 지나치게 강조될 경우 교육학이 균형있는 발전을 이루기가 어려워진다. 교육의 궁극적인 목적이 전인(全人)의 양성에 있다고 할 때 이 두 분야의 균형있는 발전이 있어야 한다(한상길 외, 2009: 31-32).

2. 교육학의 영역

교육학이 독립된 학문으로서의 위치가 정립된 이후 많은 양적 · 질적 발전이 이루어짐에 따라 교육학의 분야 또는 학문적 체계는 다양화되었다.

한기언(1990)은 교육학의 다양한 하위 영역들을 크게 '기초교육학, 교육방법학, 교과교육학'의 세 영역으로 구분하고 학문적 구조도를 제시하였다. 그는 교육활동이란 역사적 상황과, 정치, 경제, 사회, 문화, 종교 등의 사회와 자연현상 속에서 이루어지는 것이라고 하였다.

교육학의 연구분야 내지 영역은 어떤 교육현상을 어떤 시각으로 다루느냐에 따라 많이 달라진다 할 것이다. 이를 크게 나누면 교육철학(교육원리), 교육사학(한국, 동양, 서양), 교육사회학, 가정교육학, 학교교육학, 사회교육학, 특수교육학, 교육과정학, 교육방법학, 교육공학, 교육심리학, 비교교육학, 교육행정학, 교육재정학, 각 과 교육학 등이다(김정환 · 강선보, 1997: 33).

정범모(1994: 274-276)는 교육학의 연구분야를 3층의 중층 구조로 보고 6가지로 분류하였다. 그리고 김정환(1995: 27)은 교육학의 영역을 ① 교육목적론, ② 교육내용론, ③ 교육방법론, ④ 교육체제론, ⑤ 교육연구론의 다섯 가지로 구분하고 있다.

이와 관련하여 듀이(J. Dewey)는 『민주주의와 교육』(1915)에서 교육의 논제로 26가지를 제시하고 있는데 이들 각각이 하나의 교육의 연구분야라고 할 수 있다. 한편 오욱환(2003: 29-31)은 학문속성별, 교육단계별, 교과별 등으로 교육학의 영역을 구분하고 있다.

실제적으로 우리나라에서 교육학의 분야 혹은 체계는 대학에서 독립된 전공으로 자리 잡고 있으며, 대체로 교육학개론을 포함하여 10개의 하위영역으로 구성되어 있다. 이들 하위 전공영역은 예비교사들을 위한 교직과목의 주요내용을 이루고 있는데 이들 교과목을 상술하면 다음과 같다(이지현 외, 2005: 31-35).

'교육사'에서는 교육의 제도, 사상, 이념에 대한 역사탐구를 한다. 어떤 학문에서든 대상을 역사적으로 탐구하는 것은 학문과 연구의 기본 전제이다. 장소에 따라서 교육사는 동양교육사, 서양교육사로 구분될 수 있다. 과거, 현재, 미래로 이어지는 교육의 통사를 파악하는 일은 교육학의 다른 전공영역을 공부하기 위한 하나의 준비과정으로도 볼 수 있다.

'교육철학'은 교육의 목적과 이념을 탐구하는 학문이며, 사람들이 갖고 있는 교육관에 관심을 기울인다. 교육이란 무엇이고, 교육의 목적은 무엇인가 하는 물음이 논의의 출발점이다. 교육철학은 교육현상에 대한 본질적 탐구를 목적으로 한다. 교육의 개념, 교육사상, 교육사조 등은 교육철학의 탐구주제가 된다.

'교육심리학'은 교육의 대상인 학습자를 이해하는 데 필수적인 학문이다, 교육철학이 교육의 목적(What)에 대한 답을 구하는 것이라면, 교육심리학은 교육의 방법(How)에 대한 해답을 찾는 노력으로 볼 수 있다. 심리학의 여러 분야 가운데 발달심리학과 학습심리학은 교육과 긴밀한 연관을 지니고 있다. 인간의 발달단계에 따른 교육적 처방을 제시하고 학습조건과 기억, 연상, 파지, 재생 등의 문제를 다룬다. 지적, 정의적 특성들의 발달 양상과 이론, 성격과 적응의 문제도 교육심리학에서 연구하는 내용들이다.

'교육사회학'은 프랑스의 사회학자이며 교육학자인 뒤르껭(E. Durkheim)이 창시한 학문이다. 사회와 교육, 문화와 교육의 관계를 연구한다. 교육을 사회화의 과정으로 간주하게 되면서 사회화 이론, 사회화 기관, 유형 등에 관한 광범위한 연구들이 진행되고 있다. 계급, 계층, 교육기회의 문제 등도 마르크스주의의 영향을 받은 학자들이 지속적으로 탐구하고 있다. 또한 평생학습사회로의 교육에 대한 요구가 변화하면서 사회교육이나 평생교육에 대한 관심이 높아지고 있다.

'교육과정'은 교육내용에 관한 학문으로, 비교적 인접학문에 의존하지 않는 영역이다. 국가 단위의 교육과정, 교과서와 교재의 편찬 및 개발, 교육과정 운영 등이 하위영역에 포함된다. 교육과정은 교과중심교육과정, 경험중심교육과정, 학문중심교육과정, 인간중심교육과정으로 변천해 왔다. 교육과정의 변천은 배후의 사회, 문화적 변동과 밀접한 관련이 있으며, 교육과정의 기본 내용에 국가와 사회의 요구를 반영한다.

'교육평가'는 교육에서 검사의 비중이 높아짐에 따라 그 중요성이 날로 더해 가는 분야 가운데 하나이다. 교육평가의 영역, 유형, 절차 등을 기초적으로 학습한 후 교육목표 분류에 따라 인지적, 정의적 영역을 평가하게 된다. 평가를 위해서는 다양한 검사도구의 특성과 활용방법을 터득해야 한다. 평가결과를 정확하게 산출하기 위해서는 통계처리의 도움을 받아야 한다. 조사연구, 관찰연구, 실험연구와 같은 전통적 연구방법 외에도 다양한 '질적 연구방법'이 개발되어 있고, 양자를 통합하는 통합적 방법도 늘어나고 있는 추세이다.

'교육방법'은 가르치고 배우는 일에 관한 전반적인 내용을 그 연구대상으로 한다. 수업에 관한 다양한 이론, 수업설계, 수업모형 등을 여기서 다룰 수 있다. 설명기술, 동기유발, 발문기술 등은 수업을 담당하는 교사의 핵심능력으로 간주되며, 교육방법에서 간과해서는 안 되는 주제이다. 최근에 들어 탐구수업, 창의성 개발수업, 문제중심학습, 시뮬레이션, 역할학습 등이 소개되고 있다.

'교육공학'은 현재 교육학의 하위영역 가운데 가장 수요가 많은 분야이다. 교육공학에서 기본적으로 다루는 내용은 교수체제 개발과 교수매체이다. 대표적인 매체로 정보화 사회를 선도하는 컴퓨터와 인터넷의 교육적 활용에 초점을 두고 있다. 멀티미디어를 활용하여 매력적인 교수 자료를 개발하고, 효율적인 프리젠테이션 기법을 개발하는 일도 교육공학의 몫이다.

'교육행정학'은 학교조직, 학제, 교육행정기구, 단체활동 등을 포괄적으로 다루는 영역으로, 교육의 지원시스템에 관한 학문으로 볼 수 있다. 우리나라의 경우, 교육부에서 정책을 결정하면 시 · 도교육청을 통해 전달되고, 단위학교에까지 구속력을 가지게 된다. 지방교육자치의 확대로 권한이 상당부분 이양되고는 있으나, 중앙의 결정은 무시할 수 없는 구속력을 갖게 된다. 교원단체활동에 관한 사안이나 장학행정, 교육인사행정, 학교시설 및 사무관리, 학교와 학급경영 등도 교육행정의 범주 안에 포함된다. 교육예산의 운용과 관리를 다루는 교육재정 분야와 교육의 법적 기초를 다루는 교육법 분야도 교육행정의 하위 영역이다.

이 밖에도 교육학의 분야로 교육인류학, 교육정치학, 교육경제학과 같은 분야들이 사회, 경제 변화와 함께 급부상하고 있고, 교육과정사회학, 교육행정철학과 같은 학제적 연구도 늘어 가고 있는 추세이다.

토의주제

1. 교육에 대한 개념을 동서양의 관련 용어의 어원에 따라 설명하고 우리말에 함유된 심오하고 포괄적인 교육적 의미와 교육작용의 본질에 관해 토론해 보자.

2. 교육에 관한 다양한 정의를 살펴보고, 각각의 관점에서 강조하고 있는 점과 그들 정의가 갖고 있는 장점과 단점을 비교하여 토론해 보자.

3. 교육학의 학문적 성격과 영역 그리고 연구대상이나 주제를 중심으로 그에 적합한 연구방법은 무엇인지 토론해 보자.

4. 교육이 성립하기 위한 중요한 요소는 무엇이며, 이들 요소간의 바람직한 관계는 어떤 것인지 토론해 보자.

5. 우리 인간은 교육이 필요한 존재라고 하는데, 교육이 필요한 이유를 개인적, 문화적, 국가적, 사회적, 경제적 측면에서 설명하고 이에 대해 토론해 보자.

CHAPTER

2

교육역사의 이해

1 교육사 연구의 중요성
2 한국교육의 역사
3 서양교육의 역사

학습목표

☞ 교육사의 학문적 성격을 이해한다.

☞ 한국교육사를 원시사회의 교육에서 근대의 교육까지 이해한다.

☞ 서양교육사를 고대 그리스시대부터 현대의 교육까지 이해한다.

☞ 15세기 구인문주의 교육과 19세기 신인문주의 교육을 이해한다.

미리보기

1. 삼국시대의 대표적 관학은 고구려의 태학과 신라의 국학이 있고, 사학에는 고구려 경당이 있다.
2. 고려에 관학교육기관으로 중앙에는 국자감, 지방에는 향교와 학당이 있었고, 사학으로 12도와 서당이 있었다.
3. 조선시대에는 관학교육기관으로 중앙에 성균관, 지방에는 향교가 있었고, 사학으로 서원이, 그리고 초등수준 교육기관으로 서당이 있었다.
4. 서양의 고대교육은 집단주의 교육을 강조한 스파르타교육과 이에 대비되는 아테네교육이 있었다.
5. 서구에서 공교육체제가 형성된 것은 19세기의 일이다.

2

교육역사의 이해

제 1 절 교육사 연구의 중요성

우리는 역사를 공부하여 과거를 살펴봄으로써 현재를 이해하고 미래를 예측하고 대비하는 답을 얻는다. 교육사는 교육의 역사에 관한 지식이며, 교육사학은 그 역사에 관한 지식을 다루는 학문이다. 교육학에 있어서 교육사라는 분야를 공부하는 목적은 크게 두 가지로 나눌 수 있다.

첫째, 교육의 역사에 대한 사실적 지식을 구하기 위한 것이다. 교육이 언제부터, 어떻게 시작되었고 어떻게 발전해 왔는가를 탐구하는 것이다. 즉, 과거의 교육을 이해하는 데 그 초점을 두는 것이다.

둘째, 교육과 관련된 현재의 문제를 역사적 관점을 통해 해석하고 문제해결의 단서를 얻고자 하는 것이다. 예를 들어 현재의 한국사회는 공교육 붕괴와 사교육 열풍 등 여러 심각한 교육문제를 겪고 있는데, 과거에 있었던 유사한 교육문제들 및 그 당시의 대응책의 효과와 한계를 공부함으로써 현재의 문제를 해결하는 단서를 얻고자 하는 것이다.

역사는 본질적으로 현재의 눈을 통해 과거를 보는 것이며, 역사가의 주요 임무는 사건을 기록하는 데에 머무는 것이 아니라 현재의 기준으로 과거 사건의 가치를 재평가하는 데 있다. 이와 같이 현재의 눈으로 과거를 새롭게 이해하고 거기에서 새로운 지식을 얻을 때에 그 과거에 대한 이해를 통해 현재를 보다 더 잘 이해할 수 있는 것이다(이원재, 2005: 77).

지나간 시대의 교육내용과 의미, 성공과 실패를 현재의 눈으로 새롭게 이해하려고 노력할 때 우리는 교육의 위치와 가능성과 모순을 보다 잘 발견할 수 있게 되고, 따라서 보다 나은 방향으로 현재의 교육을 개선해 나갈 수 있다(김인회, 1994: 21-22).

교육사에 대한 연구는 이와 같은 현재적 관점 하에서 인간의 삶을 이해하여야 한다. 정연식(2001: 5)이 주장한 바와 같이 역사학은 사람들의 삶의 자취를 더듬는 학문이며, 사람의 삶이 빠지면 역사학이 설 자리도 없어지는 것이다.

역사에서 사람은 제도에 순응하기만 하는 수동적인 존재가 아니라 그 나름대로의 생각과 전략을 구사하여, 이것이 역사의 흐름을 좌우해 왔기 때문이다.

제 2 절 한국교육의 역사

1. 고대의 교육

가. 원시사회의 교육

인간의 역사에서 원시사회의 교육은 그 형태를 구체적으로 파악하기는 어렵고, 단지 문화적 유산 등에 의해 그것을 추측할 수 있을 뿐이다. 역사적 기록을 찾을 수 없는 선사시대는 전 세계 어떤 나라에서도 그럴 것이다.

원시 농경 및 수렵 사회의 교육은 단순하게 생명을 이어가는 과정을 선대로부터 물려받고 그것을 습관화하여 후대에 물려주는 학습이 반복되었다.

가정이나 집단에서 관습적으로 행해지던 당시의 교육은 수렵과 채집, 나중에는 농사 등 생활을 영위하기 위한 교육, 외적으로부터 집단을 지키기 위한 군사교육, 애니미즘 · 샤머니즘 · 토테미즘에 기반을 둔 종교의식을 함양하는 종교교육이 주가 되었다. 이러한 교육의 결과, 공동체가 점차 강화되었고, 삼국시대로 이어지는 고대국가의 성립이 이루어졌다.

나. 삼국시대의 교육

기록상으로 고대국가 삼국 중 가장 고등교육체제를 가장 먼저 확립시킨 것은 고구려였다. 소수림왕 2년(372)에 우리나라 역사상 최초의 관학이자 고등교육기관인 태학(太學)이 왕족의 교육 및 고급관리를 양성하기 위한 교육기관으로서 설립되었다(三國史記). 태학에서 오경(五經-시경 · 서경 · 주역 · 춘추 · 예기), 삼사(三史-사기 · 한서 · 후한서), 삼국지(三國志)와 진춘추(晋春秋) 등을 주요 교육내용으로 삼았다는 기록을 토대로 볼 때, 중국에서 들어온 유학이 학문사조의 중심을 이루었다고 짐작할 수 있다.

또한 고구려의 지방에는 우리나라 역사상 최초의 사학(私學)인 경당(扃堂)이 있었다(舊唐書, 新唐書). 경당은 국가가 세운 것이 아닌 민간이 세워서 운영하는 것이었고, 초등교육은 물론 대학교육까지 수행하였다.

경당은 비교적 열린 교육기관으로서, 지방의 유력자의 자제는 물론 서민과 평민의 자제도 교육을 받을 자격이 주어졌다. 교육은 독서와 활쏘기 등 문무를 함께 닦는 것이었고, 읽히는 책은 태학과 마찬가지로 오경, 삼사, 삼국지, 춘추, 문선(文選) 등을 가르쳤다.

백제에는 학교 건립에 대한 기록은 없으나, 기록을 토대로 추측해 보면 유학을 중심으로 한 학문이 발달했음을 알 수 있다. 우선, 백제에는 학문적 성취를 이룬 사람에게 주어지는 것으로 보이는 박사(博士)라는 호칭이 있었고, 특히 시경, 서경, 예기, 역경, 춘추의 5경에 밝은 박사에게는 오경박사(五經博士)의 호칭이 붙여졌다고 한다. 375년에 박사 고흥(高興)이 '서기'를 편찬했다는 기록과, 이보다 앞서 오경박사 왕인(王仁)이 일본에 '논어'와 '천자문'을 전한 기록도, 당시 백제에서 유학교육이 발달했다는 것을 말해 준다. 또한 오경박사 외에도 모시박사, 의박사, 역박사가 있었던 것으로 보아 잡학교육 역시 실시되었다고 추측된다.

신라는 고구려와 백제를 통하여 중국문화를 수입했던 만큼 유교 등의 교육의 수준이 이들 국가들보다 늦었을 것으로 추측되며, 학교설립도 이들보다 늦어졌던 것으로 보인다. 공식적인 중국 문화와의 접촉은 고구려나 백제보다 훨씬 늦은 640년으로, 당에 유학생을 파견하여 당나라의 국학(國學)에 입학시켰다는 기록이 최초이다.

그러나 신라의 교육 전반에 영향을 미친 '화랑도'는 신궁에 제사를 모시는 일 외에 도의에 힘써 어진 재상과 충성스러운 신하를 배출하고, 훌륭한 장군과 병사를 배출하는 것이 과제였다. 이것은 화랑도의 교육이 문과 무과가 서로 잘 조화된 교육을 실시하여 왕에게 충성을 다했으며, 전쟁에서 승리를 거둘 수 있는 교육을 실시하였다(최재성, 2005: 34). 화랑도의 세속오계(世俗五戒)는 유교, 불교, 도교의 종교 철학을 신라 특유의 사정에 입각하여 재정립한 주체적 교육철학이었다. 화랑들은 활쏘기, 검술, 씨름 등으로 무예를 단련하고 가무와 문학으로 교양을 쌓았으며, 고적지 순례와 교우관계를 통해 심신을 단련하였다고 한다.

다. 통일신라의 교육

삼국통일을 이루어 당나라와의 직접 교통로를 안정적으로 확보한 통일신라는, 당나라의 문물을 수입하며 문화 및 교육을 발전시켰다. 682년 설치한 국학(國學)이 대표적으로, 당나라의 국자감(國子監)을 모방하여 설립된 중앙교육기관으로 출발하였다.

국학의 주요 교육은 유학에 치중되었고, 9년 동안 논어, 효경, 예기, 주역, 춘추, 상서, 문선 등을 가르쳤다. 국학에서는 유학과 외에도 산학과 의학 등을 배우는 기술과가 있었는데, 이들 역시 논어와 효경을 필수적으로 공부하였다. 788년에는 국학 졸업생을 대상으로 관리를 선발하는 방법으로서 독서삼품출신과(讀書三品出身科)를 제정하였는데(이성무, 1994: 24), 이는 국학에서 이루어지는 유교교육 자체가 관료선발의 조건으로 자리 잡았다. 또한, 통일 이전의 화랑도를 통한 인재 선발과는 달리, 학벌 및 유학적인 지식 위주의 인재 선발 방법이 자리 잡기 시작하였다.

2. 고려의 교육

고려의 교육체제 정비는 태조 13년인 930년에, 북방정책의 요충지인 서경에 관리양성을 위한 학교를 창건한 것으로 시작된다. 이후 체제가 정비된 고려시대의 교육기관은 관학으로 국자감, 동서 및 5부 학당, 향교가 있었고, 사학으로는 12도(十二徒), 서당 등을 들 수 있다.

992년에 중앙의 교육기관으로서 설립된 국자감은 국자학, 태학, 사문학, 율학, 서학, 산학의 6학으로 구성되었다. 이중 유학을 가르치는 국자학(國子學), 태학(太學), 사문학(四門學)의 삼학(三學)은 입학자격의 제한이 있었다. 국자감은 1109년 국학(國學)이라고 개칭되었고, 무신정권 당시 폐쇄되기도 하였다. 1304년 재건되었는데, 이때 명칭이 성균관(成均館)으로 바뀌었다.

국자감 외에도 중앙의 또 다른 관학인 학당(學堂)과 지방의 관학인 향교(鄕校)가 있었다. 1261년에 설치된 동서학당(東西學堂)은, 중앙에 위치한 학교로, 지방의 향교와 비슷한 수준의 교육기관이었다. 1390년에 정몽주 등이 동서학당에 3개 학당(남, 북, 중앙)을 더 증설하여 5부 학당으로 확장할 것을 주장하였으나, 결국 북부학당은 설치되지 못하고 4부 학당으로 확장되는 것에 그쳤다. 이들 4부 학당은 조선시대까지 지속되었으며, 국자감에서 교육받지 못하는 학생들을 대상으로 주로 유가의 경전을 가르쳤다.

지방의 관학으로는 향교가 있었다. 향교가 언제부터 설립되었는지는 명확히 알 수 없으나, 성종 6년(987)에 12목에 경학박사와 의학박사 1명을 파견하여 지방 관리와 백성의 자제를 가르치게 한 권학관 제도가 시행되었고, 인종 5년(1127)에는 지방에 학교를 세우도록 명했다는 기록이 있어, 적어도 이 시기에 향교가 설립되기 시작했다고 짐작된다. 향교의 교육 역시 유학을 중심으로 이루어졌다. 정원이 몇 명이며 어떤 제도적 구조를 갖추고 있었는지는 기록상으로 알 수 없다. 향교의 교사는 초기에는 국가에서 파견하였으나, 나중에는 지방 관청에서 초빙하거나 지방의 수령이 직접 교육을 맡기도 하였다. 향교의 교육을 위해 정부에서는 토지와 노비를 지급했는데, 이 지원책은 고려 말기의 재정 악화의 한 원인이 되어 향교의 쇠퇴로 이어졌으며, 향교는 조선시대에도 계속 유지되었다.

고려시대의 사학으로는 12도가 유명하다. 1055년 최충이 세운 문헌공도(文憲公徒)로 사학이 시작되어 번성하게 되었는데, 여러 유학자들이 세운 사학들 중 특히 유력한 것을 12도(十二徒)라고 불렀다. 이들 12도는 과거시험 준비기관의 성격이었고, 주역, 상서, 예기, 춘추, 시경, 효경, 논어, 맹자, 주례의 9경과 사기, 한서, 후한서의 3사 등 유학을 주로 가르쳤다.

지방의 대표적 사학으로는 서당을 들 수 있다. 1003년 목종이 내린 교서에 있는 '천인자제'들의 교육에 대한 기록, 1124년 송나라 사신 서긍의 '고려도경'에 있는 당시 미혼 자제의 교육에 대한 기록 등을 보면, 당시 서당이 성행했을 것이라는 추정을 가능하게 한다(박의수 외, 2009: 57). 서당은 지방의 서민을 위한 초등교육기관의 역할을 하였고, 민간차원에서 설립되고 운영되었으며 교육내용은 비교적 자유로웠다.

고려시대의 인재 선발제도로는 과거제도와 음서제도가 있었다. 과거제도는 958년 중국 후주의 사신으로 왔다가 고려에 귀화한 쌍기의 건의로 처음 실시되었고, 인종 때 과거시행법인 과거절목을 제정함으로써 과거제가 완비되었다. 고려시대의 과거는 3년에 한 번 치러졌으며, 시, 부, 시부책 등을 써서 제출하는 제술업, 유학 경전을 다루는 명경업, 기술자를 뽑는 잡업의 세 종류가 있었다. 명경업보다 제술업이 우대되어 성행하였으며 제술업에 합격한 자를 진사(進仕)라고 불렀다. 공양왕 때 무과가 설치되었으나 실제 성과를 거두지는 못했다(이성무, 1994: 62). 고려시대에는 과거시험관(知貢擧)인 좌주(座主)와 응시자인 문생(門生)간의 인적 연결고리인 좌주문생(座主門生)의 관계가 당락에 영향을 주어 문제시되었다. 이에 따라 고려 말에는 시험관인 지공거(知貢擧)를 기존의 1명에서 6, 7명으로 늘리는 복수지공거제도(複數知貢擧制)로 전환하였으며, 1368년에는 왕이 직접 시험관이 되는 전시(殿試)를 만들어, 복시 합격자를 대상으로 성적을 매기는 과거삼층법(科擧三層法)이 도입되었다(이성무, 1994: 59-60).

3. 조선의 교육

가. 조선의 교육체계

조선은 성리학을 중심으로 유학자와 이성계를 중심으로 한 군부 세력의 결합으로 인해 성립된 국가이다. 이에 따라 조선은 숭유억불로 유교를 숭상하였고, 조선은 성리학의 황금시대가 되었다. 조선의 성리학은 도덕성을 갖춘 성인(聖人)을 양성하는 데 교육목적이 있었으며, 인간의 도덕성과 도덕적 관계를 명확히 하고자 했다.

조선의 교육은 양반 계급에 편중되었으며, 과거 응시가 주요 목적이 되어 경전 및 문장 중심의 교육이 성행했다. 이에 따라 여성 및 평민, 천민은 교육에서 소외되었으며 실업교육은 천시되는 문제점을 낳았다.

조선시대 교육의 가장 큰 목적이자 중심인 과거제도는 문과(文科), 무과(武科), 잡과(雜科)의 세 종류로 나뉘었고, 문과는 소과와 대과로 나누어졌다. 3년에 한 번씩 실시되는 것을 원칙으로 했으나 비정기적인 특별시도 있었다. 대과는 소과에 합격한 사람 및 성균관 유생에게만 응시 자격이 주어졌다(이성무, 1994: 115).

조선시대는 고려시대의 학제를 계승하면서 이를 더 발전시켰다. 관학으로는 성균관, 4학, 향교 등이 있었으며, 왕실 교육기관과 기술을 가르치는 잡학 교육기관이 있었다. 조선시대를 대표하는 최고 고등교육기관인 성균관은 태조 7년인 1398년에 설립되었다. 성균관에는 유학을 강의하는 명륜당(明倫堂), 공자(孔子) 등 성인을 모신 문묘(文廟), 학생 기숙사인 동서양재(東西兩齋)가 있고, 강학활동과 각종 의례(석전제, 입학례, 대사례, 양로례 등)들이 행해졌다(장재천, 2000: 17-35). 태종 때부터 성균관에 땅과 노비를 지급하였으며, 왕이 직접 문묘에서 제사를 지내고 왕세자를 성균관에 입학시켰고, 이것이 관례로 굳어졌다.

성균관의 입학자격은 소과인 생원진사시에 합격한 15세 이상인 자를 원칙으로 하였고, 정원은 200명이었다. 영조 때는 정원이 120명으로, 말기에는 100명으로 축소되었다. 성균관에서는 유학을 중심으로 주로 사서오경과 역사서를 배웠다. 경국대전을 비롯하여 원점절목,

권학사목, 학교사목 등의 학칙이 있어 엄격하게 지켜졌고, 일정한 조건을 충족시킨 성균관 유생에게는 문과 대과에 응시할 자격을 주었다. 반면 낙제생은 벌을 받았다. 성균관은 1894년 갑오경장 때까지 조선 최고의 교육기관의 역할을 하였다.

4부 학당은 고려시대의 4부 학당을 계승하였으며 성균관의 부속학교와 같은 성격을 지녔고, 정원은 동, 서, 남, 중학에 각 100명이었으며, 이 중 성적이 우수한 자는 성균관에 입학하기도 했다. 주로 사서오경과 근사록, 역사서 등을 공부했다. 성균관의 교관이 파견되어 가르치고 관리하였고, 향교와 비슷한 수준의 교육기관 역할을 하였다(장재천, 2000: 49-50).

교궁(校宮) 또는 재궁(齋宮)이라고도 불린 조선시대의 향교는, 4부 학당과는 달리 문묘, 명륜당 등이 설치되었으며, 지방의 관학이었다. 1392년인 태조 1년부터 향교의 발전을 지방관 인사 고과의 기준 중 하나로 삼고, 1읍 1교의 원칙을 세웠다. 향교 지원을 위해 국가에서 땅이 지급되었고, 그밖에도 지방에서 토지 등의 지원이 이루어졌다.

향교는 지방의 중등 교육기관으로서 중앙의 4부 학당과 대등한 존재였다. 16세 이상의 양반 및 향리 자제에게 입학자격이 부여되었다. 가르치는 것은 소학, 사서오경, 역사서, 여씨향약, 근사록 등이었다. 향교는 임진왜란과 서원의 증가로 인해 16세기 중엽부터 쇠퇴하게 되었다.

서원은 지방에 세워진 향교 수준의 사교육기관이자 특정한 위인을 기리기 위한 사당 역할을 하였다. 1543년 풍기 군수 주세붕이 백운동 서원을 지은 것이 최초이며, 1550년 풍기 군수로 부임한 이황이 국가의 재정 지원을 요청하여 소수서원 편액과 다수의 서적, 노비, 토지를 하사받은 것이 사액서원(賜額書院)의 시작이다. 서원은 지방교육을 활성화시키는 역할을 하였지만, 조선 말기에는 서원의 난립과 당파싸움의 악용, 군역도피의 방편으로의 전락, 사액서원의 증가로 인한 국가재정 손실 등 많은 문제점이 야기되어 1871년에 대원군에 의해 47개소의 서원을 제외하고 모두 폐쇄하였다(윤희면, 2005: 160).

고려시대부터 있어 왔던 서당은 순수한 민간의 힘에 의해 유지 운영되던 초등교육기관이다. 16~17세기까지는 주로 양반들이 설립하여 양반 자제가 교육을 받았지만, 임진왜란 이후 신분제가 흔들리면서 평민층에까지 광범위하게 퍼져나갔다. 서당은 주로 초등교육기관이었으며, 훈장의 학식과 서당의 규모도 일정치 않았다. 서당교육은 지방에, 특히 비양반 계층에게도 교육을 보급해 주는 역할을 하여, 읽기, 쓰기, 글짓기를 가르쳐 주었다. 설립이 자유로웠기 때문에 대부분의 마을에 서당이 있었다.

나. 조선 후기 변화의 움직임

조선 후기가 되면서 성균관, 서원, 과거제도 등이 당쟁 등과 연계되어 변질되기 시작하였고, 당쟁에서 밀려난 지식인들에 의해 성리학을 뛰어넘는 새로운 학문적 경향이 나타나기 시작하였다. 대표적인 것이 실학으로, 실학자들은 실사구시(實事求是)의 연구방법으로 학문의 현실성을 추구했으며, 교육내용이나 방법적 측면에서 새로운 논의들을 이끌어냈다. 특히, 유형원, 이익은 교육기회균등, 교육과정 및 과거제 개혁 등을 주장하면서 보편교육사상을 제창하였다. 홍대용은 국가의 행정조직을 9도(道), 9군(郡), 9현(懸), 9사(司), 9면(面)으로 개편할 것을 주장하고, 면마다 학교를 설치하고 각 행정단위마다 그에 적합한 상급 교육기관을 설치 운영하고자 제안하였다. 정약용은 천자문의 글자구성 등이 문자학습의 원리에 맞지 않음을 비판하면서 아학편(兒學編)을 제작하였다. 총 2,000글자로 된 아학편은 유형자 다음에 무형자를 배치하고 인간관계(인륜)를 포함한 실물적이고 구체적인 글자를 익히게 함으로써 보다 체계적인 방법으로 한자어를 익히도록 한 교재다(정세화, 1997: 263-304). 그러나 그들이 주장한 평등주의적, 보편주의적 교육제도는 그들이 정치적 주도세력이 아니라는 한계점으로 인해 실현되지 못하였다.

4. 근대의 교육

가. 조선 말기의 주체적인 교육개혁

한국의 근대는 서구열강과의 접촉과 그들의 문물의 수입, 기존의 성리학에 대한 천주교 등 서학 및 동학이 이루어진 시기였다. 전통적인 교육제도, 시험제도, 학문의 중심은 서구의 영향을 받으면서 변화해 갔고, '근대화'라는 이름으로 한국의 교육전반을 변화시켜 나갔다.

20세기 이후의 교육은 이 '근대화'의 역사 속에서 이루어졌다고 하겠다(이윤미, 2006: 159-160). '근대화'의 영향으로 인해 전통적 유교교육기관에서 중요한 지위를 차지하던 '제향 공간'의 교육적 의미가 사라져갔다. 관학에 설치된 문묘와 사당 등의 제향 공간은 선현의 모범을 닮겠다는 인격교육적, 도덕교육적 의미를 지니고 있었다. 근대화는 조선시대 교육의 중심을 이루던 이러한 도덕교육을 퇴색시키고, 교육의 주요 목표가 실용적 지식으로 전환됨을 알 수 있다.

한편, 동학의 출현과 확산은 '근대화'에 대한 조선 민중의 주체적 대응이었다. 유, 불, 선

3교와 천주교, 민속종교 등을 혼합한 종교인 동학은 인내천(人乃天)에 기반을 둔 평등사상을 전파하여, 기존의 신분제도를 타파하여 보편교육의 출현에 이바지하였고, 유교 중심 교육을 종식시키는 데도 기여하였다.

중앙정부는 근대화에 주체적으로 대응하기 위해 교육을 통한 국가와 민족의 성장을 추진하였다. 개화론자들은 서구열강의 힘이 교육에서 비롯되었다고 이해하였으며, 국민에 대한 교육을 통하여 현실의 패배가 미래의 진보로 전환될 수 있다고 생각하여(이윤미, 2006: 93-138) 교육개혁을 적극적으로 시행하였다. 대표적인 것이 1894년의 갑오경장 및 갑오경장의 교육적 시책인 1895년의 교육입국조서(敎育立國詔書)였다. 교육입국조서에 따라 중앙정부는 근대학제의 확립과 보편교육, 국민교육, 민족교육 등을 추진해 나갔다.

정부는 근대학교로서 동문학(同文學, 1883), 육영공원(育英公院, 1886)을 세웠으며, 민간도 이에 호응하여 근대학교인 원산학사(1883), 홍화학교(1895), 점진학교(1897), 보성학교(1905), 양정의숙(1907), 대성학교(1907), 오산학교(1907) 등을 설립하였다. 또한 기독교 선교사가 선교를 목적으로 세운 배재학당(1885), 이화학당(1886), 경신학교(1886), 정신여학교(1887) 등도 근대교육의 확립 및 남녀평등, 보편교육 의식의 확산에 이바지하였다.

특히 정부 측에서는 한성사범학교, 외국어학교, 한성고등학교 등을 설치하였고(윤완, 2003: 142), 1906년에는 보통학교령을 발표하여 초등교육의 학제를 개혁하는 등 근대적 교육을 꾸준히 추진하였다.

갑오경장으로 인해 900년 이상 존속된 과거제도가 철폐되었고, 유교 경전 중심의 교육내용이 교과중심의 교육으로 전환되었고, 근대적 학제에 따른 학력주의도 이 시기부터 제도화되기 시작하였다(이광호, 1996: 172-173).

나. 일제강점기의 교육체제

조선의 중앙정부 및 민간의 교육의 근대화에 대한 주체적 대응은 일본의 침략과 간섭에 의하여 좌절되었다. 러 · 일전쟁에 승리하여 1906년 통감부를 설치한 일본은, 1908년 '사립학교령'을 시행하여 이미 설립된 학교들의 재인가 과정을 거쳐 철폐를 유도하였다. 학교는 감시되고 탄압되었으며, 1911년 8월에는 후일 4차에 걸쳐 개정된 조선교육령을 선포하여, 학교설립에 총독의 인가를 필수사항으로 넣어서 학교교육을 규제하였다(이혜영 외, 1997:

15-16).

일본은 식민화에 중점을 두어 한국인의 교육을 실시하여, 각급 학교장은 일본인이 임명되었고, 교원은 군인 제복을 입고 칼을 차서 위압감을 주게 하였다. 일본인과 조선인에게는 차별교육이 실시되었고, 동화정책의 일환으로서 한국인의 일본으로의 유학을 유도하여 1931년에는 일본 유학생 수가 3천여 명에 달하였다. 학제는 보통학교 6년, 중학교 5년, 전문학교 3년, 대학교 4년으로 제정되었으나, 경성제국대학 등 대학으로의 진학은 조선인에게는 매우 어려웠다. 이 외에 실업학교 · 사범학교도 설치되었다.

한편 교과과정은 초기에는 한국사 교육과 한국어를 통한 강의를 허용했지만, 중 · 일전쟁(1937) 이후 민족문화 말살정책의 일환으로 국사와 우리말 강의를 철폐하고 '국어상용'이라는 명분으로 일본어 사용을 강요하였다.

또한 국체명징(國體明澄), 내선일체(內鮮一體), 인고훈련(忍苦訓練)을 사상교육으로 시행하여 조선인의 황국신민화를 기도하였다.

한편, 전쟁에 대비하기 위하여 제국대학의 문과의 정원을 최소한으로 감소시키고 이공과의 정원을 증가시켰다. 또한 전시에는 학생이 정규교육보다 근로봉사, 방공호 구축, 군사훈련에 더 많이 동원되었다.

일제침략기는 한국의 주체적인 교육개혁이 좌절된 시기이기도 하지만, 근대적 학제와 학력주의가 정착되는 시기이기도 하였다. 서당 등 전통적 교육기관에서 근대적 학교로 학생의 이동이 거의 완료되었고, 초 · 중등학교에서 입학난을 일으킬 정도로 학생들의 근대적인 교육 욕구가 급증하였다. 이러한 취학률 상승과 입학경쟁은 총독부의 제도 확대 결과라기보다는 조선인들이 근대적 교육을 권리로 인식하기 시작했음을 의미하는 것이다(오성철, 2000: 31-34).

제 3 절 서양교육의 역사

1. 고대의 교육

고대 그리스는 서양문명의 뿌리라고 할 수 있는, 종합적인 학문이 생성되고 발전한 시기였다. 도시국가인 폴리스(polis)로 구성된 고대 그리스의 세계에서는, 초기에는 교육이 소수

귀족들의 특권이었지만, 국가통치 및 방위를 위해서는 병역의 의무를 지는 시민의 협력이 필수불가결이었기 때문에, 교육은 차츰 시민 전체에게 확대되었다.

폴리스가 주도하는 국가 주도형 교육은 공통적으로 국가의 이익을 우선시하는 시민 또는 강한 전사를 양성하는 것에 주목적을 두는 '국가주의적' 관점을 취하고 있었다. 이는 영토전쟁 등이 빈번하게 이루어진 고대사회의 특징이라고 할 수 있다(오인탁, 2001: 32-42). 대표적인 폴리스의 교육은 스파르타와 아테네로 잘 알려져 있다.

가. 스파르타의 교육

스파르타는 북방에서 이주해 온 도리아(Doria)족이 라코니아(Locinia)에 세운 도시국가로서, 소수의 시민이 다수의 노예 및 외국인을 지배하는 사회였다. 지배계급의 통제력을 유지하기 위해서 시민들은 강한 전사가 될 필요가 있었고, 이에 스파르타는 유명한 집단주의적 교육을 실시하였다. 스파르타인은 병약하거나 장애가 있는 아이는 버렸으며, 건강한 아이는 7살까지 어머니가 기르다가 7살 이후에 군 숙소에서 공동생활하며 군사훈련을 받았다. 그들은 인내심, 애국심, 용기, 복종을 교육받았고, 씨름, 수영, 활쏘기, 승마, 격투술, 창검술 등을 배우며 강한 전사로 키워졌다. 이들은 20세부터 시민으로 인정되었고 평생 군사훈련을 받아야 했다. 심지어 여성들도 남성들처럼 군사훈련을 받아 강한 아이를 낳고 기를 수 있는 강한 어머니로 키워졌다. 반면에 스파르타인들에게 읽기 쓰기 같은 최소한의 교육을 제외하고, 인문학적인 교육은 중시되지 않았다.

나. 아테네의 교육

아테네는 이오니아(ionia)족이 세운 대표적인 폴리스로, 초기에는 귀족중심의 체제였으나 차츰 민주주의적 정치형태로 전환되었다. 국가가 교육을 관장한 스파르타와는 달리 아테네에서는 학교들이 재력이 있는 자들에 의해 설립되었으며, 교육도 재력과 권력이 있는 자에게만 제공되었다(Body, 이홍우 외 역, 2008: 46-47).

또한 강한 전사를 키우는 데 목적을 둔 스파르타와는 달리 아테네의 교육은 인간의 다양한 능력과 조화로운 발달을 이상으로 삼았다. 스파르타와는 달리 아테네는 개인의 다양한 교양을 쌓는 것을 중시하였다.

그러나 그 주요 목적은 스파르타와 마찬가지로 공동체를 위해 책임을 완수할 수 있는 시민을 훈련시키는 것에 있었다. 아테네인들은 7세가 되면 학교에서 읽기, 쓰기, 셈하기, 문학, 예술, 체육 등을 배웠다. 15, 16세부터 17세까지는 2년간 성인체육관(gymnasium)에서 신체훈련을 받았고, 18세부터 2년간 훈련을 받은 후 시민의 지위를 얻었다.

다. 고대 그리스의 교육철학

페르시아 전쟁 이후인 기원전 5세기부터는, 소피스트(sophist)라고 불리는 지식인층이 출현하였다. 이들은 자유민 출신으로서 지식을 주면서 사례금을 받는 직업적인 교사들이었다. 이들은 초기의 자연철학에서 후기 인간중심의 철학 등 다양한 학문을 다루었는데, 공통적으로 웅변, 변증법, 수사학, 대수학, 기하학, 천문학, 음악의 7개의 과목을 중시하였다. 이 7개 과목은 서양교육의 기본 교과의 원형이 되었다.

스승인 소크라테스(Socrates)의 가르침을 정리하고 그의 이론에 반영시켰던 플라톤(Platon)은 그의 저서 '국가론'에서 이상적인 국가와 이상적인 교육을 제시하고 있다. 플라톤은 인간의 능력은 차등적이어서 어떤 사람에게는 통찰력이 있고 어떤 사람에게는 그만한 수준은 못 되어도 용감한 전사가 될 수 있는 용기를 갖추었으며, 반면에 그런 것을 갖추지 못한 사람도 있다고 지적한다.

이러한 차등적인 인간을 적재적소에 배치하여 국가의 힘을 증강시키고 이상적 질서를 형성하기 위해서 플라톤이 주목한 방안은 스파르타식의 교육이었다. 그는 국가에 의한 공동양육과 공동교육, 그 과정에서 능력에 따라 통치자, 군인, 생산자를 각각 구분하여 역할을 부여하는 교육제도의 필요성을 주장하였다.

아리스토텔레스(Aristoteles)는 지성적 삶의 가치를 중시하면서, 자유인의 이성 연마를 위해 노동하지 않는 삶 혹은 여가(schole)의 중요성을 강조하였다. 즉, 그는 이성적 학문과 생활과 노동을 위한 실천적 학문을 구분하고, 이성적 학문을 더 높게 평가하였다. 인간의 덕을 실현하기 위한 이상적 학문은 "다른 것이 수단이 아닌 그 자체가 목적인 학문(knowledge for its own sake)"이어야 한다는 서양 인문교육의 기본적 전통이 여기서 형성되었다고 할 수 있다(Butts, 1955: 58-59).

라. 고대 로마의 교육

폴리스로 분열된 고대 그리스와는 달리 통합된 대국을 건설한 로마는 기원전 146년 그리스 정복을 기점으로 하여 교육의 형태가 크게 달라진다. 그리스 정복 이전에는 부유한 시민이 자제를 위해 가정교사를 데려다 쓰는 가정교육이 교육의 중심이었다. 가정교육은 읽기, 쓰기, 셈하기의 기초교육이 중심이었고, 법률도 중요시되었다. 농업, 종교, 도덕, 체육도 주요 교육내용이었다. 전기의 로마는 실리적이며 청빈하고 강건하며 애국심이 강한 인간을 기르는 것을 주요 교육 목표로 삼고 있었다.

후기의 로마의 교육은 그리스식 학교교육으로 대치되었다. 초등교육기관인 루두스(Ludus)에서 읽고 쓰는 법, 셈하기, 법률 등을 가르쳤고, 중등교육기관인 문법학교에서 앞서 언급한 7개의 기초과목을 포함하여 문법, 시와 외국어 등을 가르쳤다. 문법학교는 사립이었으나 국가의 보조가 있었다. 문법학교를 수료한 16세 정도의 학생들은 고등교육기관인 수사학교에 입학할 수 있었다.

수사학교는 국가의 지원으로 운영되었고, 문학, 철학, 과학, 문법, 외국어 등을 가르쳤는데 그 교육의 초점은 언어 능력, 연설, 토론 등의 교육에 맞추어졌다. 즉, 고등교육기관의 기능은 지식과 도덕성을 갖추고 웅변에 능하여 대중의 마음을 움직일 수 있는 능력을 기르는 데 있었다. 비록 전기와 후기의 교육내용과 교육제도는 차이가 있지만, 로마시대의 교육목적은 국가와 사회를 위한 좋은 시민, 군인, 일꾼을 기르는 것이라고 할 수 있다.

2. 중세와 르네상스기의 교육

게르만족의 대이동과 서로마제국의 멸망으로 중세시대가 시작되는데, 중세의 교육은 크게 두 시기로 나누어진다. 첫째, 기독교 사상의 교육내용과 제도가 지배적이었던 5세기부터 11세기의 시기이고, 둘째, 세속적 교육이 차츰 대두되기 시작하는 11세기 후반부터 본격적인 르네상스가 시작되는 14, 15세기까지의 시기이다. 중세시대의 교육의 형태는 크게 종교적 교육과 세속적 교육으로 구분할 수 있다.

가. 종교적인 교육체제

중세시대의 교육 중심은 종교였고 교회였다. 당시의 교육은 고대 그리스나 로마와는 달리 신체나 수사학적 능력 대신 도덕적인 규율 및 신앙인의 자세를 확립하는 데 치중하였다. 이를 위해 종교적 교육기관이 교육의 중심적이며 전반적인 역할을 담당하였다. 종교적 교육기관으로는 초등교육기관인 문답학교, 중등교육기관 및 문답학교의 교사양성기관인 고급문답학교, 고등교육기관 및 성직자 양성소인 사원학교(cathedral schools), 그리고 수도사 양성을 목적으로 하는 수도원학교가 있다(오성삼 외, 1996: 61).

문답학교는 이교도에게 기독교를 전파하기 위해 설립되었는데, 읽기, 쓰기, 셈하기의 기초교육이 실시되었다. 초기에는 성인들만이 교육대상이었으나 차츰 어린이들도 교육대상이 되었다. 수업기간도 차츰 길어져 나중에는 2, 3년의 기간이 지나야 졸업을 시켜주었다.

대교구의 성당에 부속된 사원학교에서는 성서, 신학, 철학, 과학, 그리스 문학을 깊이 연구하여 스콜라 철학이 발전하였고, 사원학교 중 일부는 나중에 대학으로 전환되었다. 수도원 학교는 수도사를 위한 교육 외에도, 8, 9세기부터는 외부의 일반인을 대상으로 하여 기독교 교육도 실시하여, 읽기, 쓰기, 셈하기 및 성경교육의 초등교육과 7개 과목(문법, 수사학, 논리학, 산수, 음악, 기하, 천문학)을 가르치는 중등학교의 역할도 하였다. 수도원학교는 수도사들에 의한 고전 필사로 인해 문서를 보존하는 역할도 하였다.

나. 세속적인 교육체제

세속적 교육으로는 기사교육, 도제교육, 시민교육이 있었다. 기사교육은 봉건영주 밑에서 정식 기사가 되기 위한 비형식적인 교육이다. 기존의 기사 및 가신의 자제가 아동기부터 봉건영주 부인의 시중을 들면서 귀족의 문화를 익히고 승마, 검투술 등 기사로서의 소양을 본격적으로 익힌 후 정식 기사가 되는 과정을 거친다. 보통 6살 때까지 가정교육을 받으면서 예의범절, 신앙을 배우며 신체를 단련하였고, 7살부터 13살까지 군주, 귀족, 고급 승려의 시동역할을 하면서 예의범절, 읽기, 쓰기, 셈하기, 음악, 체육 등을 배운다. 14살부터 20살까지는 기사의 시종일을 하면서 기사로부터 7가지 기예(승마, 활쏘기, 수영, 검술, 수렵, 체스, 시)를 배운다. 21세가 되면 '기사입문식'을 거쳐 기사가 될 수 있었다.

도제교육은 도시에서 조합을 만들고 활동하던 장인들 밑에 도제(apprentice)로서 들어가 그들에게서 기술과 조합원으로서 지켜야 할 룰(rule)을 교육받은 후, 임금을 받는 직공(journeyman)이 되고, 능력을 인정받으면 조합의 정식 구성원인 장인(master)이 되는 과정을 거치는 제도이다.

공식적인 제도로서의 세속적 교육이 나타나게 된 것은, 북부 이탈리아 등에 신흥 상업도시가 발달하면서 신흥 상공계급인 시민 계급이 출현하였기 때문에 가능했다. 시민들은 자신들과 그들의 자제들에게 필요한 교육을 요구하게 된다(송영경, 엄정희, 2001: 50). 시민계급은 종교를 중심으로 한 기존의 교육과는 다른 자신들에게 적합한 실용적이고 생산적인 교육을 요구하였고, 이에 따라 시민학교가 출현하게 되었다. 시민학교는 주로 실용적인 교육내용을 위주로 하여, 상류계급을 위한 문법학교, 공중학교, 라틴어학교 등이 있었고, 하층시민들을 위한 조합학교, 모국어학교, 습자학교 등이 있었다.

12세기부터는 도시를 중심으로 대학들이 형성되기 시작하였다. 중세의 대학은 스콜라 철학자 및 학생들이 학문자치조합으로 만들기 시작한 것을 시초로, 알프스 이남지역은 이탈리아 볼로냐대학처럼 학생들이 중심이 된 학생조합, 알프스 이북지역은 파리대학처럼 교수들이 중심이 된 교수조합의 형태로 시작하는 경우가 많았다.

중세의 대학은 여러 가지 특권을 부여받았다. 자신들만의 재판권을 행사할 수 있었으며, 학위수여권과 면세 및 부역과 병역이 면제되는 특권을 가지고 있었다. 중세대학에서는 7개 자유 과목을 비롯하여 신학, 법학, 철학, 의학 등의 전문학부들이 있었다. 7개 자유 과목들을 이수한 사람들에게 주는 일종의 교수자격이 지금의 석사학위를 의미하는 마스터(master)였다. 그 아래의 학사(bachelor)는 3년 정도의 기본 교육을 이수한 자에게 부여되었으며 보조교수의 자격을 부여받았다. 대학 수업은 주로 교재에 대한 주해를 위주로 한 것이었고, 논쟁과 변론을 통한 수업과 시험의 방식을 취하고 있었다(Haskins, 1990).

다. 르네상스기의 교육

14~15세기를 전후하여 이탈리아를 중심으로 문예부흥(Renaissance) 운동이 전개된다. 이 운동은 종교가 지배하는 중세의 세계관으로부터 벗어나 인간중심의 세계관을 되찾자는 운동이라고 정의할 수 있다. 즉 인간 본위의 인간중심 문화를 이룩하여, 신의 세계, 내세주의의 기독교적 세계관으로부터 '인간'을 해방시키고 '인문'을 부흥시키고자 한 것이다.

문예부흥기의 교육은 중세적 사고를 반성하고, 인간성을 회복하고자 했다는 점이 가장 큰 특징이다. 중세와는 달리 인간 사고의 자유 및 체육과 도덕교육 등 교양교육을 중시했으며, 고전을 중심으로 하여 특히 라틴어 등의 언어능력이 강조되었다. 이에 라틴어 중심의 고대 그리스 로마 문화 학습을 위한 학교들이 설립되는데, 프랑스의 리세, 독일의 김나지움

(Gymnasium), 영국의 그래머스쿨(grammar school) 등이 대표적이다. 이들 르네상스의 인문주의적 중등학교(humanistic secondary schools)는 7세 정도의 소년들이 입학하였는데, 대체로 7세부터 21세까지의 연령층이 이들 중등학교에서 라틴어를 배우며 고전 문화를 공부하였다(Brubacher, 1966: 398–399). 또한 라틴어를 중심으로 하는 이들 중등학교와 병행하여 모국어를 중심으로 하는 대중적 초등학교도 형성되고 있었다.

그리고 이미 사어(死語)화된 고대의 언어인 라틴어를 지나치게 중시했다는 점, 실용적인 지식보다 예술을 더 선망했다는 점, 언어교육에 치중하여 현실적인 교육을 소홀히 한 점 등의 한계도 있었다.

3. 종교개혁기와 근대의 교육

가. 종교개혁기의 교육

타락한 교회로부터 신앙을 회복하고자 한 운동이었던 종교개혁은, 중세부터의 교육에 있어서의 종교의 독점적 위치와 권위를 무너뜨리는 데 크게 기여하였다. 종교개혁 과정에서 나타난 대중교육에 대한 강조와 교육에 대한 국가의 책임이라는 이념이 부각되었다는 점은 주목할 필요가 있다(양금희, 1996: 341–389).

마틴 루터(Martin Luther) 등이 주장한 만인사제주의는 교회나 성직자의 매개 없이 개개인이 신과 직접적인 소통을 할 것을 주장함으로써, 대중에게 성경을 직접 읽어야 한다고 권면하였다. 이에 루터가 번역한 독일어 성경을 위시하여 기존의 라틴어 성경 대신 모국어로 번역된 성경들이 출판되고 유통되었다. 이로써 모국어 교육의 중요성이 부각되고 라틴어를 배울 환경이 안 되는 일반 서민계급에도 지식을 접할 기회가 활짝 열리게 되었다.

또한 칼뱅(J. Calvin) 등은 '모든 직업은 천직'이라는 사상을 설파하여, 실용적인 교육이 교육의 중심이 되는 계기를 제공하였다.

한발 더 나아가, 루터는 성경을 읽을 능력을 갖추기 위하여 모든 사람이 교육의 기회를 가져야 한다고 생각했으며, 역사상 최초로 의무교육제도를 주장하였다. 그는 정부가 학교를 설립하여 종교교육을 할 능력이 되지 못하는 가정을 위해 국가가 교육의 의무를 수행해야 한다고 주장하여, 대중교육을 강조하였다. 이러한 주장은 국가 주도의 대중교육을 확산시키는 개신교 국가들의 법령의 선포로 이어졌다. 국가에 의해 관리되는 교육체제를 의미하는 공교육의 이념이 이 시기에 원형이 형성되었다고 할 수 있으며, 종교개혁기에 만들어진 법령들과 학교들은 공교육 확대의 주요 기반이 되었다. 대표적인 것이 1642년 루터파의 고타 교육령, 칼빈파의 매사추세츠 교육령 등으로, 이 두 교육령은 세계 최초의 근대적 교육령이며 최초의 의무교육령이다. 종교개혁으로 인해 근대적인 보통, 의무교육제도가 자리 잡기 시작했다고 평가할 수 있는 것이다.

나. 실학주의 교육

절대왕정시대인 17세기에 대두한 실학주의는 문예부흥기의 인문주의와 종교개혁자들의 편협성에 대한 반발로 나타난 사상으로, 경험할 수 있는 사물에 대한 교육을 강조하는 사조이다. 즉, 교육에 있어서 언어주의적이며 형식주의적인 교육을 탈피하고, 교육의 내용과 방법에 있어서 언어 교육에 치중하는 언어주의에 반대하고 자연현상이나 사회의 실제적인 사물과 제도를 탐구하는 것을 중시하는 교육사상이다.

실학주의 교육은 인문적 실학주의(humanistic realism), 사회적 실학주의(social realism), 감각적 실학주의(sense realism)로 구분된다.

인문적 실학주의는 고전을 중심으로 실제적인 인문교육을 강조하여 실생활에 잘 적용할 수 있는 지적, 도덕적, 사회적, 종교적 훈련을 중시하는 사조이며, 사회적 실학주의는 고전교육보다는 실생활에 있어서 신사로서의 소양을 양성하는 데 중점을 두는 사조이고, 감각적 실학주의는 실물을 통한 감각적 경험으로서의 과학과 실제적인 교육을 강조하는 사조이다.

실학주의 사조의 영향으로 17세기에는 자연과학, 실용성, 합리적인 사고의 중요성이 강조되었고, 실제성과 실용성을 중심으로 모국어와 생활교육이 발전하였다.

다. 계몽주의 교육

영국의 명예혁명과 프랑스 대혁명 등 시민혁명의 시기인 18세기에는 계몽주의가 교육사조의 중심으로 자리 잡았다. 계몽사상은 인간의 이성을 통한 자유로운 사고와 연구로 지식을 증진시키고 보급하며, 과거의 비합리적이고 비과학적인 사회제도, 인간관, 세계관 등 전근대적인 권위를 비판하는 사조이다.

이를 통하여 인간과 사회가 가지고 있는 무지몽매함과 불합리성을 타파함으로써 합리적이고 이상적인 인간과 사회를 만들고자 하는 사조이다. 이러한 계몽주의 사조는 교육에도 반영되어, 인위적 인습에서 벗어나 자연적인 것을 회복할 것을 주장한 자연주의 교육사조와, 국가의 관념과 구속으로부터 벗어나 범애(汎愛)적 입장에서 교육을 하자고 하는 범애주의(汎愛主義)의 교육사조를 낳는다. 루소(J. J. Rousseau)로 대표되는 자연주의는, 교육에 있어서 기존의 관습적인 권위를 일체 부정한다.

자연주의는 인위적으로 형성된 지식체계가 아니라 자연스러운 흥미와 필요성을 중심으로 교육내용을 구성하여야 하며, 교육방법도 실물을 직접 보고 느끼는 실물교육과 직관교육을 강조한다. 즉, 자연을 거스르거나 뛰어넘지 않고 자연적 질서에 따라 단계 교육을 해야 한다는 입장이다. 바제도(J. B. Basedow)와 잘츠만(C. G. Salzman)은 루소(J. J. Rousseau)의 자연주의를 받아들이면서 이를 기독교적 박애주의의 입장에서 해석하여 범애주의를 성립시켰다. 범애주의는 빈부나 인종, 종교의 구별 없이 모두 범애정신에 의하여 교육하며, 직관적인 체험과 놀이를 중시하여 유쾌하고 자유로운 학습을 유도하고, 학습자의 행복을 위한 실용적인 교과를 중시하고, 신체발달을 위한 체육을 중시하며, 체벌을 하지 말고 칭찬과 상을 통해 학습에 흥미를 갖게 하자는 교육사조이다.

계몽주의 사상의 영향으로 이 시기의 교육은 자연의 질서에 순응하는 학습을 중시하는 자연주의, 이성과 지성을 중시하는 합리주의, 현실에서의 행복을 위한 실리적인 교육을 중시하는 실리적 현세주의의 특색을 가졌다.

라. 신인문주의 교육

1) 신인문주의 교육사조

19세기의 교육사조는 신인문주의가 주류를 형성하였다. 19세기 독일을 중심으로 프랑스, 영국, 미국에서 나타난 신인문주의 운동은, 르네상스 시기의 인문주의가 형식주의 및 언어주의에 치중했던 점을 반성하면서, 18세기 계몽사상의 이성지상주의에 반발하여, 이성 또는 지성으로 해명할 수 없는 인간과 사회의 감성적, 심미적 면을 탐구하려는 사상이다. 즉 계몽주의의 이성, 합리성의 절대적 강조에 비해 낭만주의적인 감성과 비합리성도 중시하여 양자간을 조화시키려고 하는 것이 신인문주의의 시대라고 말할 수 있다.

신인문주의의 사조는 크게 페스탈로찌(J. H. Pestalozzi), 헤르바르트(J. F. Herbart), 프뢰벨(F. Fröbel)이 중심이 된 계발주의 교육, 즉 심리적 교육론과, 피히테(J. B. Fichte) 등의 국가주의 교육론, 스펜서(H. Spencer)와 헉슬리(T. H. Huxely)로 대표되는 과학적 실리주의 교육론의 3가지가 중심이 되었다.

계발주의는 루소의 자연주의를 계승하여 발전시킨 것으로, 성인의 표준을 강제하는 대신 심리학적 방법으로 학습자 내부로부터의 발달을 조정하자는 사조이다. 즉, 학습자의 자발적인 교육을 유도하되, 일정한 단계를 거쳐 자연스럽게 학습자의 학습 증진이 이루어지도록 하는 것이다. 이를 통해 계발주의는 지식, 신체적 능력, 도덕적 품성 등 여러 능력을 조화롭게 계발하는 것을 교육의 목적으로 하였다.

'독일국민에게 고함(Reden an die deutschen Nation)'이라는 공개 강연으로 대표되는 피히테(J. B. Fichte)의 교육론은, 교육을 통하여 독일국민의 도덕적 결함을 시정하고 국민교육을 통해 개인적인 자아를 초월하는 전체적 자아에 도달하게 하는 교육의 필요성을 역설한다. 피히테는 계몽시대의 개인주의를 반대하고 사회에 의한 사회를 위한 교육을 주창하여, 특히 독일민족이 교육을 통하여 인류에 기여할 것을 강조하였다. 즉, 교육을 통하여 국가의 존속 발전을 꾀하고자 하는 사조인 것이다.

스펜서(H. Spencer)와 헉슬리(T. H. Huxely)로 대표되는 과학적 실리주의 교육론은, 과학적 지식을 습득하여 실생활에 유용한 지식의 획득을 중시하는 사조이다. 즉 자연과학 중시, 관찰과 실험으로 증명할 수 있는 실증적 방법론이 교육에 있어서 필수적이라는 주장이다.

2) 공교육체제의 형성

19세기는 국가에 의한 보통 · 의무 교육의 공교육체제가 교육의 근간을 형성하게 되는 시기이기도 하였다. 산업화의 영향으로 민족국가가 형성되면서, 교육을 통한 국민의식 함양 및 애국적 시민양성이 중시되었고, 우수한 노동력의 확보를 위해 문자 해독과 기능교육이 중시되었다. 시민혁명으로 신분제가 붕괴되었기 때문에 신분상승의 기능으로서의 교육의 학력(學歷) 관리 기능이 강조되었다.

또한, 정교분리와 세속화가 보편화되면서 교육체계도 탈종교적이고 세속적으로 굳어졌다. 신인문주의의 최초 발생지라고 할 수 있는 독일은 타 국가에 비해 일찍 초등교육체제를 정비하였다. 독일은 1808년에 초등교육체제를 정비하였으며, 1830년대에는 초등교육은 물론 중등교육까지 의무교육으로 정비되었다. 1868년에는 무상교육의 실시로 세금에 의한 완전한 공교육체제가 성립되었다. 또한 전통적 인문주의 교육기관인 김나지움과 새로운 중등학교(realschule)가 출현하였고, 1810년 베를린 대학의 설립 등 대학이 체계적으로 설립되었다.

프랑스에서도 시민혁명 이후 국가에 의한 교육체제가 정비되어, 국립중등학교 등이 설치되었다. 1806년에서 1808년 사이에 나폴레옹에 의해 중앙집권화된 체제가 형성되었고, 1852~1975년 사이에 국민교육의 법적, 행정적 기초가 정비되었다.

영국은 산업혁명이 가장 빨리 일어난 국가이지만 타국에 비해 국민교육체제의 발달은 늦은 편이었다. 1870년대부터 자유주의자들과 비국교도들의 연합세력이 국가교육연맹을 구성하여 의무무상교육 운동과 국가주도 교육을 강조하게 되었고, 1880년대 노동운동의 결과로 인해 의무취학의 내용이 노동법에 반영되었다. 1902년에는 국립중등학교가 설립, 국가 중심의 교육체계가 정비되었다.

미국에서는 북부의 산업화로 교육이 필요해졌기 때문에 대중교육이 비교적 일찍 자리잡게 되었다. 미국 동북부의 경우는 1830~1860년에 초등학교가 확대되고 1860년대까지 등록금이 폐지되었으며, 농업 중심인 남부는 다소 늦은 남북전쟁 이후에 초등교육확대가 이루어졌다.

1890년대에는 중등학교도 취학률이 비약적으로 상승하여 엘리트적 성격에서 대중교육적 성격으로 그 위상이 변화하였다. 이에 따라 1910년대 후반 생활중심 중등교육과정으로의 변화(Seven cardinal principles)가 일어났고, 단선제 학제가 자리 잡게 되었다(서재복, 2007: 263-264; 이홍우 외, 509). 국가에 의해 형성된 국민교육체제는 소수의 특권이었던 교육을 다수에게 확대하였다는 의의가 있다.

그러나 다른 한편으로는 국가의 지배적인 문화가 학습자에게 강제될 수 있다는 문제가 생겨났으며, 개인들의 신념, 필요에 따른 교육권보다는 집단교육의 원리가 강조되는 점도 국민교육체세의 문제점으로 꼽을 수 있다.

4. 현대사회의 교육과 사상

20세기에 전 세계적으로 진전된 정치와 사회의 민주화는 교육에도 큰 영향을 미친다. 모든 사람에게 교육의 기회를 제공하는 보편교육이 뿌리내렸으며, 교육의 초점도 민주적 시민의 함양에 초점이 맞추어졌다. 자유롭게 사고하고 권위주의적이고 주입식 암기교육에서 탈피하고 학습자 중심의 교육을 추구하는 새로운 교육개혁이 발생했다. 학습자의 자발적인 학습을 강조하는 새로운 교육개혁운동은 '새교육운동'(new education movement)라고 불린다.

유럽에서의 새교육운동의 단초는 1889년 10월 영국의 세실 레디(Cecil Reddie)가 세운 애버츠호움(Abbotsholme) 학교였다. 애버츠호움 학교는 전통교육에서 탈피하여 전원에 학교를 세우고 가정과 같은 훈육의 분위기, 24시간의 전인교육을 시행한 최초의 전원(田園)학교였다. 애버츠호움 학교의 영향을 받아, 영국의 배들리(A. Badly)는 1893년 비데일즈 학교를 세웠고, 독일의 리이츠(H. Lietz)도 1898년 알젠부르크(Altenburg)에 전원학교를 세웠고, 독일의 비네켄(H. Wyneken)과 게헤프(P. Geheeb)는 각각 1906년과 1910년에 비커스도르프, 오덴발트 학교를 세웠다. 페스탈로찌(J. H. Pestalozzi)의 교육내용을 정리한 케르쉔슈타이너(G. Kerschensteiner)가 '노작교육'의 사상을 공표하였는데, 이 노작교육이 전원학교들의 교육방침이었다. 전원학교의 학생들은 일반 수업은 물론 농장, 공장 등에서 노동을 하며 노동교육을 받으며 조화로운 인간이 되어갔다. 이탈리아의 몬테소리(M. Montessori), 벨기에의 데크롤리(O. Decroly), 소련의 샤츠키(S. Shatsky), 스위스의 페리에르(S. Ferriere) 등도 학습자를 억압하지 않고 학습자의 실천적, 자유주의적 교육을 각각 시도하였다.

미국에서는 메사추세츠 주 퀸시의 교육감인 프랜시스 파커(Francis Wayland Parker)가 학습자 중심의 진보적인 교육을 목표로 하는 '퀸시운동'(Quincy Movement)을 1875년에 시작하였다. 그리고 진보주의의 대표적 학자로 자리 잡게 되는 듀이(J. Dewey)가 새교육운동을 계승·발전시켜 실용주의 사조 및 진보주의 교육관을 발전시켰다.

특히 듀이가 중심이 된 진보주의 교육은, 전통교육에 대한 비판과 학습자 중심의 교육을 주장하면서, 미국에서 지배적인 교육철학의 위치까지 오르게 되었다. 이로써 미국에서는 교육의 민주화가 크게 진전되었고 권위주의·주입식 암기 교육의 문제점이 개선되었다.

그러나 진보주의는 항존주의, 본질주의, 재건주의 등의 거센 도전을 받았으며, 특히 1957년 소련이 인공위성 스푸트니크(Sputnik)를 발사하게 되자, 진보주의 교육이 미국 학생들의 학습능력을 저하시켰다는 비판을 받게 되면서 그 영향력이 쇠퇴하였다.

진보주의와는 별도로, 2차 대전 후에 실존주의 교육사조가 유럽에서 등장하였다. 실존주의 교육은 인간소외를 가져오는 교육현실을 비판하면서, 학생들의 개성과 창의성을 중시하고 지적교육, 정서교육, 도덕교육의 조화를 통한 전인교육을 목표로 하는 '인간주의 교육'을 외치며 유럽에서의 교육민주화에 큰 영향을 미쳤다.

20세기 중후반에는 교육철학을 과학적으로 분석하고 독자적인 학문으로 체계화하려는 운동이 등장하였고, 과학적 · 비판적 접근법이 채택되었다. 이때 제기된 대안은 분석적 교육철학, 비판적 교육철학 등이 대표적이다.

한편, 현대사회가 가지는 획일성을 지양하고 다양성, 다원성, 상대성을 추구하는 포스트모더니즘(Post-modernism)이 교육에도 영향을 미쳐, 차이와 다양성을 존중하는 교육의 중요성이 강조되기 시작하였다.

1. 삼국시대, 고려시대의 지배적인 종교는 불교였는데도 불구하고 지배적인 교육으로 유학이 자리 잡았던 이유는 무엇인지 토론해 보자.

2. 고려시대에 과거제도는 언제부터인가 부정과 결탁의 장으로 변질되어 버렸다. 왜 과거제도는 변질될 수밖에 없었으며, 올바른 관리임용제도로 계속 유지되기 위해서는 무엇이 필요했는지, 오늘날의 고시제도와 비교하여 토론해 보자.

3. 조선 말기의 실학을 비롯하여 우리 민족은 자주적이고 주체적인 교육개혁을 시행하였다. 만약 일제의 침략이나 다른 나라의 침략이 없었어도 개화파들이 바라던 교육을 통한 부국강병이 이루어졌을지 토론해 보사.

4. '종교로부터의 인간의 자유'를 주장한 르네상스와 '원래의 종교'로 돌아갈 것을 주장한 종교개혁은, 교육을 종교로부터 독립시키는 데 있어서는 함께 기여를 하였다. 그 원인이 무엇인지 토론해 보자.

5. 19세기에 이르러 서구에서는 공교육체제가 확대되고 정비되었다. 서구에서 공교육체제가 정비되게 된 배경이 무엇이며, 같은 서구 내에서도 국가 간의 공교육정비 시기의 차이가 크게 나는 이유가 무엇인지 토론해 보자.

CHAPTER

3

교육철학의 이해

학습목표

- ☞ 철학과 교육철학은 어떠한 관계에 있는지 이해한다.
- ☞ 교육철학의 기능을 이해한다.
- ☞ 전통적 교육철학의 개념과 내용을 이해한다.
- ☞ 현대교육사상을 비교하고 이해한다.

미리보기

1. 한국교육철학의 주요사상은 유학, 실학, 동학 교육사상 및 개화파의 교육사상이다.
2. 서양의 전통교육철학은 관념론, 실재론, 자연주의, 실용주의 등으로 구분하여 이해할 수 있다.
3. 20세기 전기의 대표적 교육철학에는 진보주의, 항존주의, 본질주의, 재건주의 교육철학이 있다.
4. 현대교육철학은 실존주의, 분석철학, 비판철학, 포스트모더니즘 교육철학 등이 있다.

3

교육철학의 이해

제 1 절 교육철학의 개념과 의의

교육철학(Educational Philosophy)이라는 말은 교육에 관해 철학적으로 탐구하는 학문이다. 그러나 '철학' 또는 '철학적'이라는 단어가 여러 가지 의미를 가지는 것처럼, 교육철학도 크게 세 가지의 개념으로 정리해 볼 수 있다(장찬익 · 노진호, 1998: 263).

첫째, 교육관으로서의 교육철학이다. 우리는 선거에 나온 후보가 형편없는 교육공약을 내세웠을 때 "저 사람은 교육철학이 없다"는 말을 흔히 한다. 이는 그 후보가 교육이 어떤 방향으로 나아가야 하는지의 지향점을 가지지 못했다는 것이며, 그러한 바람직한 것이라고 인식되는 교육의 지향점이 바로 교육철학의 개념 중의 하나로 인식되고 있다. 이러한 개념에서의 교육철학은 이론적으로 체계적이지 못하거나 단편적인 의견의 제시에 머무르기 쉽다는 단점이 있다(장찬익 · 노진호, 1998: 264).

둘째, 철학체계의 응용으로서의 교육철학이다. 즉, 철학적인 존재론적 연구의 결과물로 내놓은 바람직한 인간상이나 사회상을 현실화하기 위해 교육을 활용한다는 관점이다. 19세기 이전의 전통적인 교육철학들이 주로 이 범주에 속하는데, 군자(君子)를 목표로 하는 동양 유교의 교육이나 신국(神國)을 꿈꾸는 중세 기독교 교육 같은 것이 좋은 예이다.

셋째, 현대에 들어와 비판이론 등의 영향으로 새롭게 나타난 개념에서의 교육철학이다. 현대의 교육연구자들은 교육학을 하나의 독립된 학문으로 정착시키고 철학을 방법론으로서 규정한다. 즉, 철학적으로 교육현상을 분석하고 체계화하기 위하여 교육의 실천원리나 이론체계를 철학적으로 정당화하거나 이를 비판하는 일, 교육학의 개념과 주장들의 논리적 타당성과 가능성을 밝히는 일, 그리고 교육에 관한 여러 이론적 요소들을 통합된 지식체계로 조직하는 일을 의미한다(이돈희, 1985: 31).

현대의 교육사조인 진보주의, 본질주의, 항존주의, 재건주의나 비판적 교육철학, 분석적 교육철학이 이 범주에 속한다.

이상에서 언급한 교육철학의 세 가지의 개념은 각각 체계적인 정도의 차이는 있지만 '교육이 나아가야 할 바람직한 방향'을 고민한다는 것이 공통적으로 들어있다. 즉, '교육은 무엇이어야 하는가?', 교육의 의미와 바람직한 현재와 미래에 대해서 고민하는 것이 교육철학의 핵심이다. 이러한 관점에서 교육철학은 교육현상을 체계적으로 고찰하며, 교육학에 쓰이는 언어 및 전제를 다듬어 체계적으로 교육학을 구성하는 방법을 탐구하여 교육작용의 본질을 탐색하는 데에 그 의의가 있다.

교육철학은 철학의 여러 가지 기능을 응용하여 교육현상의 여러 문제를 철학적 수준에 의해 전체적이며 보편적인 입장에서 체계적으로 분석하고 연구하는 학문이라고 할 수 있기 때문이다.

현대의 교육철학에 있어서는 위에서 언급한 세 가지 개념 중에서 셋째의 개념으로 많이 쓰이고 있다. 그러나 셋째의 개념이 현대에서야 등장했다는 사실을 고려하면, 현대 이전의 사회에서 교육철학을 설명하고 분석할 때는 첫째와 둘째의 개념을 염두에 둘 수밖에 없다.

따라서 본문은 현대의 교육철학은 셋째의 개념을 기준으로 다루되, 현대 이전의 시대들의 교육철학에 대해서는 첫째와 둘째의 개념적 차원에서 그 특성을 분석하고 시대적으로 고찰해 보고자 한다.

제 2 절 한국의 교육철학

1. 유학교육사상

춘추시대 공자(孔子)와 그 제자들을 중심으로 성립된 유학은 신분제 사회를 옹호하는 동시에 신분에 맞는 도덕을 사회구성원에게 요구했다. 유학의 교육관은 수기치인(修己治人)으로,

자신의 인격수양을 기본적으로 이루어야(修己) 남을 다스릴 자격이 있다는 것이었다(治人). 즉, 만인의 위에 있는 왕을 비롯한 위정자들은 특히 높은 수준의 수양 및 도덕성이 요구되는 것이다. 수기치인의 극치를 이룬 성인(聖人), 군자(君子)가 유학의 이상적인 인간관이며 수신제가치국평천하(修身齊家治國平天下)가 유학교육의 목표였다. 유학은 가족윤리로서 부모 및 윗사람이 자식 아랫사람에게 자애롭게 대하는 자(慈), 그리고 자식 및 아랫사람이 부모 및 윗사람을 정성을 다하여 모시는 효(孝)를 기본으로 삼았고, 타인과의 관계에서는 좋은 것을 남에게 베풀고 자신이 싫어하는 것을 남에게 강요하지 않는 인(仁)을 최고의 덕목으로 삼았다. 예(禮)는 바로 자(慈), 효(孝), 인(仁) 등의 유교적 덕목을 실천하는 외면적 사회규범을 의미한다. 타인과의 관계에서의 인의 표출, 가족과의 관계에서의 자와 효의 표출이 바로 예인 것이다.

예치주의(禮治主義)는 이러한 예를 정치의 근본으로 삼는, 유학의 이상적인 정치 형태를 의미한다. 논어(論語) 안연편(顔淵篇)에 있는 "임금이 임금다워야 하고 신하가 신하다워야 하며, 아비는 아비다워야 하고 아들은 아들다워야 한다"(君君臣臣父父子子)는 문구로 함축되는 공자의 '정명론(正名論)'은 예치주의의 방향을 잘 말해준다. 예를 규범으로 각자 자신의 신분에 맞는 분수를 지키면서 수기치인을 하는 것, 그것이 유학의 교육철학이며 이상화하는 개인과 사회의 모습인 것이다.

우리나라의 역사에 유학이 가졌던 교육철학적 의미는, 유학이 지배적이라기보다는 불교 등 타종교와 공존했던 삼국시대 이래 고려시대까지 유학의 시기와 성리학을 중심으로 유학이 강력한 지배력을 행사하던 조선시대 유학의 시기로 크게 나누어 살펴볼 수 있다. 전자는 지배층의 교육철학이었다면 후자는 지배층은 물론 민중의 의식을 지배하는 교육철학이기도 하였다.

가. 불교와 공존하던 시대의 유학

불교 및 도교도 유학과 비슷한 시기, 또는 오히려 그보다 앞서서 우리나라에 들어왔지만, 우리나라 역사상 최초의 교육기관인 고구려의 태학에서 유학 경전은 불교와 도교 경전에 앞서 필수적인 교과로 자리 잡았다. 이는 고구려의 지방 학교인 경당에서도 마찬가지였다. 백제에서도 유학은 성행했고, 신라의 화랑들도 시경, 상서, 예기 등 유학 경전을 교과서로 삼아 공부하였다. 이미 삼국시대부터 유학은 지배층의 교육의 중심이었다.

유학이 삼국시대부터 일찍이 지배층 교육의 중심이 된 것은, 앞서 언급했듯이 신분제 사회, 특히 왕의 통치를 옹호하고 정당화하는 가르침이었기 때문이다. 강력한 중앙집권국가를 성립시키려는 삼국의 왕들에게는 자신의 충성스러운 심복들을 길러줄 교육철학으로서, 개인의 해탈과 깨달음, 자유를 강조하는 불교와 도교보다, 신분제 질서의 유지와 사회적인 책임감을 강조하는 현실적인 교육철학인 유학이 적합했다.

이는 삼국통일 후에도 마찬가지로, 교육의 중심이자 최고 교육기관이었던 통일신라의 국학(國學), 고려의 국자감(國子監)도 모두 유학 경전이 중심적인 교과목이었고, 불교 및 도교의 경전은 다루지 않았다. 특히 통일신라의 국학은 논어와 효경을 필수 과목으로 삼아 유교의 충효 사상을 중심적인 교육철학으로 채택한 반면에, 당나라의 국자감(國子監)을 모델로 삼았음에도 불구하고, 당의 국자감이 교과목으로 채택한 노자(老子)를 교과목으로 채택하지 않았다.

유학이 비록 삼국시대 이래로 지배층의 중심적인 교육철학이었지만, 사회전체의 중심적인 교육철학이라고는 단언할 수 없다. 도교의 세력도 컸고, 특히 불교는 고려시대까지 국교의 위치를 차지하고 있었다. 삼국시대와 통일신라시대에는, 유불선을 모두 받아들이고 조화시킨 화랑도의 예에서도 알 수 있듯이 어느 한 쪽이 지배적이었다기보다는 서로 큰 마찰이나 충돌이 없었고 공존 · 공생하는 관계를 유지하고 있었다.

유학과 불교 사이에 본격적인 갈등이 일어나기 시작한 것은 고려시대였다. 최승로(崔承老)가 고려 성종에게 올린 시무(時務) 28조를 보면, 주로 불교의 폐단을 비판하고 그 시정을 건의하는 내용이 중심이 되어 있다. 그는 오로지 유교를 숭상하는 것이 불교가 일으키는 폐단을 시정하고 태평성대를 가져올 수 있다고 주장하였다.

그리고 유학은 무신정변의 난으로 큰 쇠퇴를 겪었다. 1173년 정중부와 이의방 등을 중심으로 반란을 일으킨 무신들은 주로 유학사들이었던 문관들을 학살했고, 유학의 중심지였던 국자감(당시에는 '국학'이라는 이름이었음)을 없애버렸다. 무신정변 이후 유학자의 수는 크게 줄었으며, 국자감도 1304년 '성균관'이라는 이름으로 복원되기까지 약 130년 동안 폐쇄된 상태였다. 반면에 불교는 몽골의 침입시기에 만들어진 팔만대장경의 예에서 알 수 있듯이 여전히 강력한 영향력을 지니고 있었다.

나. 지배적인 교육철학이 된 시대의 유학

새로운 유학의 학풍인 성리학은 불교를 배척하면서 유교가 국가사회를 다스리는 대안이 될 것이라는 점을 강조하였다. 그리고 그들은 이성계를 중심으로 신흥무인세력과 손을 잡고 대안을 현실화하였다.

주자(朱子)가 집대성한 성리학은 자연과 사회의 발생과 운동을 이(理)와 기(氣)의 개념으로 설명한다. 기는 만물을 구성하는 요소이며, 기가 모이고 흩어짐으로써 만물이 생성되고 소멸된다. 그런데 기에는 맑은 것과 흐린 것, 무거운 것과 가벼운 것의 차이가 있으므로, 우주 만물에도 차별성이 생긴다. 그러므로 자연, 인간, 사회 모두 위계질서가 생긴다는 것이다. 이러한 성리학의 가르침은 엄격한 신분제 사회를 지키려고 했던 조선시대 지배층의 요구에 맞는 것이었다.

성리학의 인간관은 성선설에 가깝다. 성리학에 따르면, 인간 마음은 본연지성(本然之性)과 기질지성(氣質之性)으로 되어 있는데, 본연지성은 인간 마음속에 본래 존재하는 도덕적 본성이며, 기질지성은 기에 의해 형성되는 것으로 육체와 감각, 본능을 의미한다. 본연지성에 따르는 것은 선한 행위이며, 기질지성에 따르는 것은 인욕을 따르는 것으로 악한 것이기 때문에, 인간은 인욕을 억누르고, 즉 수기치인(修己治人)하면서 본연지성을 따르려는 훈련을 하여야 한다. 이에 성리학에서는 삼강오륜을 비롯하여 윤리도덕을 매우 강조하며, 사회의 신분질서와 가부장적 가족질서 등의 명분론적 질서의 준수를 주장하였다. 성리학은 유학의 예치주의를 구현하는 데 매우 적극적이었다.

조선시대 유학자들이 강조하던 교육철학은 이러한 성리학적인 가르침이었다. 조선시대의 성리학자들은 크게 3개의 파로 나누어지는데, 이기이원론(理氣二元論)을 주장하며 이가 기보다 우월하다는 이우위설(理優位說)을 강조한 퇴계 이황(李滉)의 학파, 우주만물이 기에 의해 형성된다는 기일원론(氣一元論)을 주장한 서경덕(徐敬德)의 학파, 이에 의해 기의 운동이 주재를 당하지만 이와 기는 함께 작용하고 움직인다는 이기이원적 일원론(理氣二元的 一元論)을 주장한 율곡 이이(李珥)의 학파가 있다.

그러나 이들은 세상을 구성하고 움직이는 이치에 이견을 가진 것이었을 뿐, 예치주의의 이상에는 동의하고 있었고 그 방법론으로서의 도덕적 수양인 수기치인(修己治人)에도 인식을 공유하고 있었다. 일례로, 율곡 이이는 자신이 쓴 성학집요(聖學輯要)에서 수기(修己)와 치인(治人)을 중점적으로 다루면서 조선시대 유학의 이상인 '수신제가치국평천하'를 말하고 있다.

조선시대 유학의 교육공간인 성균관, 향교, 서원 등에 설치된 문묘(文廟)는 가묘(家廟)와 종묘(宗廟)와 더불어, 유학이 불교를 대신하여 종교로서도 지배층의 의식을 지배하는 방안이었다(박재문, 2001: 276). 유학의 교육공간은 크게 학습이 이루어지는 강학 공간과 선현의 위패에 제사를 모시는 제향 공간이 있었는데, 강학 공간이 유교적 지식을 습득하고 지적능력을 함양하는 곳이라면, 제향 공간은 선현의 정신을 되새기며 그를 본받고자 하는 도덕적 훈육의 공간이었다.

조선시대의 유학은 고려시대 때까지와는 달리 지배층뿐만 아니라, 일반 민중의 의식도 지배하려고 하였다. 지배층의 의식 교육을 위한 수단이 과거제도, 성균관, 향교, 서원 등이었다면, 일반 민중의 의식 교육을 위한 수단은 삼강행실도와 훈민정음을 들 수 있다. 세종 때 훈민정음을 반포하면서, 가장 먼저 훈민정음으로 만들어 배포한 책이 효행록과 삼강행실도였다. 이들 책은 쉬운 훈민정음으로 썼을 뿐 아니라, 그림까지 넣어서 일반 민중의 이해를 도왔다. 삼강행실도의 편찬 취지를 보면 "삼대의 통치는 모두 인륜을 밝히려는 것이었는데, 후세에 교화가 쇠퇴하여 백성들이 군신, 부자, 부부의 큰 인륜을 가까이 하지 않고 모두 본래의 성품에 밝지 못하여 항상 각박한 곳으로 흘렀다."

유학에서는 아동기에 천자문(千字文)을 먼저 떼고, 소학(小學), 동몽선습(童蒙先習), 명심보감(明心寶鑑) 등으로 기초적인 한문과 유학적인 개념을 익힌 다음에, 대학, 중용, 논어, 맹자 등을 배우는 식으로, 쉽고 구체적인 서적에서 시작하여 난해하고 추상적인 서적으로 단계를 조금씩 올려나갔다. 그리고 앞의 배운 것은 반드시 이해하도록 복습을 한 후 다음 단계를 배우는 학습원칙이 강조되었다.

그러나 조선시대 성리학을 비롯한 유학의 교육은 신분제 질서를 주장하고 옹호한다는 점에서 봉건주의적인 한계점을 가지고 있었고, 천민 및 여성에 대해서는 교육의 기회를 박탈했다는 신분제적인 교육체제도 한계점으로 작용했다.

그리고 유학은 차츰 교조주의적으로 굳어져갔고, 지나치게 추상적이고 관념적인 학문으로 흐르게 되어 사회의 반발을 맞게 되었다. 대표적인 반발이 수평적인 개혁시도였던 실학, 수직적인 개혁시도였던 동학, 그리고 외세에 자극받아 일어난 개혁시도인 개화파의 운동이었다.

2. 실학교육사상

조선 후기로 들어서면서, 임진왜란과 병자호란으로 사회가 어지러워지고 신분제가 무너지면서 몰락한 양반이 증가하고 상공업 등으로 부유하게 된 평민과 해방된 천민이 증가하게 되었다. 그리고 청나라에서 새로운 문물이 들어오면서 조선사회를 자극하기 시작하였다.

이러한 사회의 변화 속에서 유교의 교육철학을 뒷받침하던 유교의 교육기관들의 기능이 변질되어 능동적인 역할을 못하는 상태였다.

이러한 혼란에 빠진 유교, 성리학식 교육철학에 대한 첫 번째 도전은 같은 양반 출신이 많았던 실학자들의 수평적 개혁 시도였다. 당쟁에서 밀려난 양반계급 출신, 양반대접을 잘 받지 못하던 서자 출신이 주축을 이룬 이들 실학자들은 너무 교조적이고 관념적으로 변질되었으며 현실과 괴리되어 버린 성리학을 비판하며 등장하였고, 실제적, 실증적인 학문을 추구하였다.

실학의 학파는 크게 세 가지의 부류가 있다. 토지개혁에 주목한 경세치용학파, 발달된 청나라의 문물과 기술을 수입하여 활용하고 상공업을 발달시킬 것을 주장한 이용후생학파, 사실적인 것에서 진리를 탐구하려고 했던 실사구시학파가 그들이다.

유형원(柳馨遠)과 이익(李瀷)을 필두로 하는 경세치용학파는 토지제도를 비롯하여 제도의 개혁을 강하게 주장하였다. 교육제도와 관련해서, 유형원은 과거제도를 폐지하고 학교교육을 통하여 관리를 등용할 것을 주장했으며, 그가 주장한 학제는 방상과 향상이 초등교육기관, 읍학과 사학이 중등교육기관, 영학과 중학이 고등교육기관, 태학이 최고등교육기관의 역할을 하는 근대적인 학제였다(윤관, 2003: 122-123).

유형원은 읍학에 입학할 수 있는 자격에 사대부 외에도 서얼과 서민의 자제에게도 주어야 한다고 주장하여 평등교육의 의식을 선도하였다.

또한 이익이 학교교육에서 강조한 것은 윤리와 예의의 회복을 강조하였다. 그는 교육을 통하여 윤리와 기강을 회복할 것을 주장하였다. 특히 예법을 강조하고, 개혁하고, 성균관의 체제를 바로 잡을 것을 주장하였다. 이익의 학제 개혁론은 기존의 것을 뒤엎는 것과는 거리가 있고, 오히려 기존의 것의 원래의 모습을 회복하자는 것에 가까웠다(박재문, 2001: 502).

상공업의 진흥을 주장한 박지원, 박제가, 홍대용 등의 이용후생파도 교육의 개혁과 실용성을 강조하였다. 박지원은 특히 천자문 등 당시 기초적인 교재로 사용하던 책자들의 교육상 문제점을 지적하였다. 그에 따르면 "천자문은 '天地玄黃'처럼 전혀 범주가 다른 글자들이 있어 효과적인 개념학습에 좋지 않은데도 불구하고 절대적인 교과서인 것처럼 숭배되는 것은 문제가 있다. 또한 사략과 통감절요가 초기 교육 과목으로 쓰이는 현실도 비판하면서, 교육과정을 학습자의 지성에 입각해서 적절히 편성해야 한다"고 주장하여, 서구 계몽시대의 자연주의와 유사한 주장을 펴기도 하였다. 그의 주장은 정약용의 아학편(兒學編) 편찬에 영향을 미쳤다.

홍대용(洪大容)은 유형원처럼 근대적인 학제의 도입을 주장하였다. 그는 국가의 행정조직을 9도(道), 9군(郡), 9현(懸), 9사(司), 9면(面)으로 개편할 것을 주장하고, 면마다 학교를 설치하고 각 행정단위마다 그에 적합한 상급교육기관을 설치할 것을 제안하였다. 김정희(金正喜) 등의 실사구시파는 학문의 방법론에 있어서 기존의 유학과 다른 새로운 길을 제시하였다. 실사구시론은 근거가 없는 추상적인 지식이나 선입견으로 학문을 하는 것을 부정적으로 보아 성리학의 형이상학적인 교육체제에 문제의식을 제기하였다.

정약용(丁若鏞)은 경세치용학파로 흔히 분류되지만, 그는 실학의 어느 한 파에 속했다기보다는 실학의 3파를 집대성했다는 것이 더 사실에 가까울 것이다. 그는 공허한 말에 불가한 이기설을 비롯하여 경전의 참뜻이 아닌 경전의 글자 그대로의 뜻에만 집착하는 성리학의 병폐 등을 바로잡으려고 노력하였다. 그의 이상적인 교육의 목표는 수기치인이었고, 수기치인을 위해서는 종래의 추상적인 교육이 아니라 구체적이고 실제적인 교육이 이루어져야 한다고 생각하였다. 정약용이 편찬한 아학편(兒學編)이라는 기존의 천자문을 대신하는 아동학습교재는 그의 그러한 정신의 실천이었다. 그는 박지원의 천자문 비판에 공감하면서 우선 아동이 감각기관을 통해 직관적으로 알 수 있는 개념을 먼저 학습하게 하고 그 후에 추상적인 개념을 학습할 수 있도록 2,000글자의 아학편을 만들었다.

실학은 성리학 중심의 사회를 비판하고 평등교육의 주장 등 근대 지향적 성격을 보였지만 그 본질은 유학의 범위를 벗어나지 못하고 있었고(박의수 외, 2009: 92), 지배계층 내부의 개혁 목소리라는 점에서 동학이나 개화기 때의 개혁에 비해서는 보편 교육사상의 미흡 등 분명한 한계를 보이고 있었다.

3. 동학교육사상

동학은 서양으로부터 들어온 서학에 대한 대응이자 유교 체제에 대한 아래로부터의 도전이었다. 동학의 교조 수운 최제우(崔濟愚)는 유교와 불교는 쇠퇴했으며, 특히 유학은 본래 목적인 수기치인이 변질되었다고 강력히 비판하였다. 최제우, 최시형 등이 중심이 된 동학은 조선시대 유학의 신분제 질서와 교육철학에 강력한 도전이 되었다. 동학은 훗날 천도교로 개칭하고 사회에 대한 영향력은 계속되었다.

동학사상은 모든 만물의 근원을 기(氣)라고 하고, 기를 생명으로 이해하는 일원적 인식론에 입각해 있다. 즉 기는 생명과 관련된 것이며, 생명은 본래 하나이며, 따라서 모든 생명은 독자적인 존재로 보이지만 서로서로 연결되어 있는 관계이며, 바로 그러한 관계가 절대자인 한울님의 형상이라는 것이다.

그러므로 인간 하나하나가 한울님의 개체라고 할 수 있으므로 서로에게 함부로 대하는 것은 한울님에게 함부로 대하는 것이 된다고 하며 서로를 존중할 것을 권면하였다.

동학은 유학과 불교, 도교, 서학을 반대하거나 극복하기 위해 만들어진 종교였으나, 그와 동시에 이들의 장점을 받아들인 종교이기도 하다. 특히, 동학은 서학에 대항하는 의미로 '동학'이라는 명칭을 썼으나, 서학의 개념인 만민평등을 그 사상의 중심으로 삼았다. '사람이 곧 하늘이다'는 서학의 그것과 마찬가지로 엄격한 신분제 체제인 유교교육체제에의 강력한 도전이었고, 보통 교육의 선구적인 지평을 연 주장이 되었다.

동학이 교육에 있어서 준 영향, 그리고 유학적 교육철학에 준 도전은 일반적인 평등사상을 넘어서서 남녀평등, 아동의 인격적 대우, 누구나 군자가 될 수 있는 새로운 방법론, 그리고 민족의식의 고양이었다.

당초 유학의 굴레 속에서 삼종지도(三從之道)를 따르는 것을 미덕으로 여기며 교육의 기회를 사실상 박탈당하고 있던 여성들에게도, 동학의 인내천은 그대로 적용되는 대상이었다. 동학의 교조 최제우는 여성 역시 남성과 마찬가지의 평등한 존재로 인식했고, 최제우 자신 역시 유교사회의 굴레를 인식하고 아내를 가정의 소외된 존재가 아닌 구성원임을 인식하였고 자신의 딸에게 교육의 기회를 제공하여 모범을 보였다.

동학은 천도교로 개칭한 후 1913년에 평안북도 철산교구의 여성신도들이 자발적으로 모여 여성강도회를 조직하였다. 천도교 여성들은 이 조직을 확대하여 평양 등 일부 지역에 천도교 여자청년회를 만들었으며, 1924년에는 전국을 전국조직으로 확대하여 천도교 내수단을 창립하여 여성 계몽 및 여성 해방 운동에 앞장섰다.

그리고 아동교육에 대한 새로운 시각을 제시한 점도 혁신적이었다. 당초 유학사회에서 아동은 같은 존재가 아닌 열등한 존재였고, 어른의 가르침을 순응해야만 하는 존재였다. 동학은 인내천 사상을 바탕으로 아동 역시 한울님과 연결된 동등한 인격체로 파악하였고, 어른과 마찬가지의 주체적 인간이라고 보았다. 단지 어른보다 힘이 약하여 보호가 필요한 대상일 뿐이었다. 동학은 서학으로 대표되는 서구 열강에 대한 반감을 강하게 가지고 있었고, 침략세력인 일본과 청나라에 대해서도 반감을 가지고 있었다. 이는 소중화(小中華)의식에 사로

잡혀 있던 유학 세력들에게 일침을 놓는 것이었으며, 근대적인 민족의식의 성립과 민족교육의 확립에 선구적인 역할을 하였다고 평가할 수 있다.

4. 개화파의 교육사상

개화파 세력은 실학파와 맥이 닿는 세력이며, 실학에 이어 두 번째의 수평적 개혁 도전 세력이었다. 실학파의 거두 박지원의 손자 박규수(朴珪壽)가 개화파의 1기를 형성하는 중심이 되었다는 점에서도 알 수 있듯이, 서로 밀접한 관련이 있었고, 개화파와 실학파는 모두 실사구시의 정신을 가지고 있었지만, 서구 열강이라는 강력한 외세에 대한 인식의 차이가 있었다. 실학파가 인식 자체를 못했거나 그냥 '먼 바다에서 보이는 이상한 배'(異樣船) 정도로만 여겼는데 비하여, 개화파에게는 서구열강 세력이 당면한 도전이었고 극복해야 할 대상이었다.

개화파들이 만든 최초의 근대적 학교는, 1883년 9월 28일 정부에 인가를 신청했던 원산학사(元山學舍)이다. 원산학사는 1880년에 개학한 원산의 정부 관리인 정현석이 관민의 협력을 얻어 설립한 것인데, 입학자격에 제한이 없었고, 문예반과 무예반의 두 반으로 편성하였다. 두 반의 공통과목으로 산수격치(算數格致, 격치는 물리) 기기(機器), 농업(農業), 양잠(養蠶), 광채(鑛採) 등의 실용과목을 공통과목으로 가르쳤다. 최초의 근대적 학교인 원산학사는 신분에 따른 교육자격의 차별을 두지 않았고, 실용적 과목을 공통과목으로 가르쳤다는 점에서 최초의 근대적 학교라고 할 수 있다.

1883년 8월 영어교육 학교인 동문학(同文學)이 정부에 의해 설립되었으며, 1886년 9월에 육영공원(育英公院)이 동문학을 대신하여 정부에 의해 만들어졌다. 육영공원은 언어교육기관인 동시에 국제적 안목을 위해 만국공법(萬國公法)과 정치경제학을 가르쳤다. 육영공원의 교육은 원산학사와 더불어 성리학 중심의 조선의 교육체제에 대한 도전이었고, 조선의 자주적인 교육 근대화의 효시였다.

선교사로 조선에 온 언더우드(Horace Grant Underwood)는 1886년 봄에 고아를 위한 야소교학당(耶蘇教學堂, 야소는 '예수'의 한자식 표기)을 설립하였는데, 이것이 훗날에 경신학교로 발전한, 선교사가 세운 최초의 근대적 학교였다. 미국인 교사 1명, 조선인 교사 1명, 조선인 조수 2명으로 구성된 교원들이 한문, 한글, 성경, 자연과학, 산수, 교회사, 생리학, 음악, 교련 등을 가르쳤다. 이보다 약간 늦은 1886년 6월에 선교사 아펜젤러가 배재학당을 세워 근대식 교육을 실시하였다. 경신학교와 배재학당은 남학교였는데, 최초의 여자학교는 1887년 6월에 개신교 선교사가 세운 정신여학교(貞信女學校)였다. 경신학교와 1년 정도밖에 차이가 나지 않는 정신여학교는 훗날의 이화학당과 함께 근대적 여자학교의 선두주자가 되었다.

선교사의 교육 중 가장 혁신적이었으며, 유학의 반감을 많이 산 것은 정신여학교, 이화학당 등의 여자학교의 건립이었다. 비록 '이화학당'이라는 이름과 편액을 명성황후로부터 하사받는 등 국가로부터 인정을 받았지만 여성이 남성과 같이 교육을 받는 것을 탐탁하게 여기지 않는 시선은 분명히 존재하였고, 그런 면에서 여자학교는 건립 자체가 유학 중심의 교육철학에 도전하는 근대화의 한 모습이었다.

개화파와 위정척사파를 위시한 유학세력 사이에는 분명한 갈등이 있었지만, 교육의 중요성에 대한 인식은 공유되고 있었고, 외세의 침략이 노골화되어 가면서, 일반 민중에게 교육을 개방할 필요성에 대해서 심지어 위정척사론자들도 동의하는 바였다. 단지 그들은 유학을 중심으로 하는 교육체제의 유지를 주장했다는 점에서 개화파와 차이가 있을 뿐이었다. 이러한 인식의 공유는 대중교육을 가속화시키는 계기가 되었다.

1896년 8월 12일에 선포된 '소학교교칙대강'(小學校校則大綱)은 개화파의 교육개혁이 유학교육체제에 대해 거둔 승리선언이었다. 이 대강은 기존의 유학교육체제에서 가장 중심에 두고 교육의 전반을 차지하던 유학적 도덕교육을 '수신'(修身)이라는 하나의 과목으로 편성했으며, 이로써 유학교육은 기존의 지배적인 교육이 아닌, 다른 근대적 교육과목들과 단지 대등한 관계의 과목으로 대우받게 되었다.

제 3 절 서양의 교육철학

1. 서양 교육철학의 배경

서양의 역사에서 교육철학이 처음으로 등장한 것은 고대 그리스 시대였다. 기원전 5세기 무렵에 출현한 소피스트들은 자연철학부터 인간중심철학까지 다양한 학문을 다루고 가르치면서, 서양사에서 본격적인 교육의 시대를 열어나갔다.

체계적인 교육이론을 정리한 철학자로 플라톤을 꼽을 수 있다. 그는 불변하는 진리의 세계인 '이데아(idea)'를 제시하면서, 이데아의 세계에 도달하기 위한 교육의 필요성을 주장하고 그 방법론을 제기하였다. 플라톤(Platon)이 제기한 교육철학은 이성을 통해 파악할 수 있는 관념의 세계를 제시했다는 점에서 관념론(idealism)의 효시가 되었다.

아리스토텔레스(Aristoteles)는 플라톤(Platon)의 이데아론을 부정하고, 인간이 인지할 수 있는 현실에 존재하는 것이야말로 실재하는 것이라고 주장하였다. 그는 세상은 본질적인 형상(form)과 형상을 구현하는 질료(material)로 이루어져 있다고 주장하며 형상의 파악을 위한 교육을 강조하였다. 아리스토텔레스(Aristoteles)의 이러한 주장은 실재론(realism)의 효시가 되었다.

제국을 건설한 로마의 교육철학은 그리스의 그것을 받아들이며 더욱 발전하였다. 로마는 실리적이며 청빈하고 강건하며 애국심이 강한 인간을 기르는 것을 교육의 목표로 삼았고, 제국을 건설한 이후에는 학교를 통한 교육을 발전시켰다.

로마가 멸망한 후 형성된 중세시대의 교육의 중심은 종교였다. 중세시대의 교육은 도덕적인 규율 및 신앙인의 자세를 확립하여 지상에 신국(神國)을 건설하는 것을 제일의 목표로 삼았으며, 이를 위해 교회나 수도원에서 운영하는 종교적 교육기관이 교육을 관장하였다. 이 과정에서 토마스 아퀴나스(Thomas Aquinas) 등이 신학과 아리스토텔레스(Aristoteles)의 철학을 접목시켜 종교적 실재론을 주창하기도 하였다. 한편으로는 기사교육, 도제교육 같은 세속적 교육도 중세시대에 존재했으며, 상공업의 발달로 산업도시가 생겨나기 시작하면서 시민계급을 위한 시민교육이 발달하게 되었다. 12세기부터는 이들 도시에 대학들이 형성되기 시작하였다.

세속적 교육의 성숙 등의 영향으로 일어난 문예부흥(Renaissance) 운동은, 중세 때의 종교 중심의 교육에서 인간을 해방하여 그리스 로마시대의 교육에 다시 주목하게 되는 계기를 제공하였으며, 체육 및 교양교육 등 비신학적인 교육의 중요성을 증가시켰다. 이와 비슷한 시기에 발생한 종교개혁은, 만인사제주의의 영향으로 종교교육에 있어서의 독점적 위치를 무너뜨렸고, 대중교육을 출현시키는 계기가 되었다.

17세기에 등장한 실학주의는 경험할 수 있는 사물에 대한 교육을 강조하는 교육철학을 낳았다. 그들의 영향으로 교육은 자연현상이나 실제적인 사물, 제도를 더 중점적으로 다루게 되었다.

18세기의 계몽주의 사조는 인위적 인습에서 벗어나 자연적인 것을 회복할 것을 주장한 자연주의 교육사조를 낳아, 학습자 중심의 교육관을 개척하는 시초가 되었다.

19세기의 신인문주의 시대에는 페스탈로찌(J. H. Pestalozzi), 헤르바르트(J. F. Herbart), 프뢰벨(F. Fröbel) 등이 중심이 되어, 자연주의 교육사조를 이어받아 학습자의 자발적인 교육을 유도할 것을 강조하며 학습자의 조화로운 능력 계발을 중시하는 교육사조를 발전시켰다. 특히 페스탈로찌(J. H. Pestalozzi)는 훗날 '노작교육'으로 새로운 교육방법을 제시하여 학습과 노동의 조화를 추구하였다.

19세기는 독일, 미국, 프랑스, 영국 등 서구 제국에서 국가에 의한 보통, 의무교육의 공교육체제가 자리를 잡은 시기이기도 하다. 산업화로 인해 민족국가가 형성되었기 때문에 국민의식의 함양수단으로서 교육이 필요했고, 우수한 노동력을 안정적으로 공급하기 위해서도 교육이 필요했기 때문에 산업국가들에서는 공교육체제가 굳건히 자리 잡아 나갔다.

20세기 전기에는 교육의 민주화와 함께 진보주의 교육으로 이루어졌으며 진보주의 교육을 반대하는 항존주의와 본질주의, 재건주의 시기가 펼쳐졌다.

20세기 후반기에는 교육학을 하나의 체계적인 학문으로 정립하려는 움직임이 일어났으며, 이러한 운동의 결과 실존주의 교육철학, 구성주의 교육철학, 분석적 교육철학, 비판적 교육철학, 그리고 포스트모더니즘 등이 중심이 되어, 교육학이 체계적이고 과학적인 학문으로서 정립되었다.

2. 전통적 교육철학

가. 관 념 론

이상주의라고 불리기도 하는 관념론(idealism)은, 물질적 세계는 언제나 변하기 때문에 관념(idea)만이 실재하는 것이라는 관점이다. 관념론의 뿌리가 되며, 관념(idea)이란 말을 만든 철학자가 바로 플라톤이다. 그는 소피스트들이 주장한 도덕적 상대주의를 비판하면서, 영원히 변하지 않는 진리의 세계로서 관념의 세계인 이데아(idea)를 제시하였다. 그는 현실의 세계를 이데아와 완전히 분리해서 생각하는 이원론(二元論)적 세계관을 제시했다. 그는 완전한 것은 오직 하나이며 진리는 영원불변이라고 주장했으며, 그러한 진리를 발견할 수 있는 것은 오로지 이성에 의해서만 가능하다고 말했다.

플라톤(Platon)에 있어서 인간은 불완전하지만 이데아의 이상적 형태가 투영된 존재이자 이데아의 세계에 도달하는 것이 가능한 존재였다. 교육은 개인에게 내재되어 있는 힘을 계발하여 스스로 이데아의 세계를 볼 수 있도록 해 주는 방법이었다. 그가 쓴 '국가론'에 나오는 동굴의 비유는 그러한 교육의 필요성을 잘 설명해 준다. 비유 속에서, 동굴에서만 있어서 동굴 밖에 존재하는 것의 실재를 알지 못하고, 오직 불에 비치는 그림자를 실재로 알고 있는 사람들이 바로 교육을 받지 못한 사람들이다.

동굴 밖의 실재인 이데아를 파악하기 위해서는, 동굴 밖으로 나와 실재를 보기 위한 훈련을 해야 한다고 하였다.

즉, 플라톤(Platon)은 사람의 정신은 '육체의 굴레'(동굴) 속에서 '이데아'(동굴 밖의 실재)에 대한 기억이 억압되고 있다고 주장하며, 훈련과 노력을 통하여 그러한 것을 의식 속으로 재생시킬 수 있다고 보았다. 이것이 플라톤(Platon)의 회상설(the Theory of Recollection)이다. 플라톤이 개척한 관념론은 독일의 칸트(Immanuel Kant)와 피히테(H. G. Fichte), 영국의 에머슨(R. W. Emerson) 등에 의해서 계승 · 발전하였다.

관념론자들은 이성을 통해 깨달을 수 있는 보편적인 절대불변의 진리가 존재한다고 믿는다. 관념론적 교육관은 학습자들이 관념적 실재들을 탐구하여 그 정신적인 인식 수준이 높아져 절대적인 진리에 접근시키는 것을 목표로 한다.

따라서 실생활을 다루는 직업교육보다 관념적인 교양교육을 중시하며 지적인 교육을 중시한다. 그들은 직관적인 현실을 다루는 자연과학을 낮게 평가하며, 절대적인 진리를 이해하는 데 도움이 된다고 판단하는 철학, 종교학, 수학, 역사 같은 인문학을 중시하며, 짜임새 있게 잘 조직된 체계를 가진 학문이다.

학습자에게 진리 탐구의 방법을 알려주기 위해, 교사는 학생에게 전인적인 모범이 되어야 하며, 소크라테스(Socrates)의 대화법이나 산파술과 같이 학습자의 잠재능력을 자극하는 교사 주도적인 교육방법이다. 단순한 암기가 아닌 학생의 사고능력을 길러주는 방향으로 교육이 진행되는 것을 선호한다. 반면에, 관념론은 매우 추상적이고 현실적인 사회변화에 둔감하다는 문제점을 지닌다. 절대적인 진리를 중시하는 나머지 현실적인 문제를 간과하는 경향이 있기 때문이다.

그러므로 급격히 변화하는 현실에 적응하는 데 필요한 지식을 공급하는 데 한계점을 가진다. 또한 절대적 진리에 접근할 수 있는 지적교양을 가진 사람은 다수가 아닌 소수가 될 수밖에 없으므로 엘리트주의 교육으로 전개될 위험성도 있다.

나. 실 재 론

현실주의라고도 불리는 실재론(realism)은 실재하는 것은 절대불변의 관념뿐이라고 주장하는 관념론과 달리, 실재하는 것은 현실에 객관적으로 존재하는 것이며, 객관적으로 존재하는 실재인 사물을 감각과 이성을 통해서 파악하는 것이 가능하다고 주장한다.

실재론자들은 감각과 이성을 통해 사물에 대한 지식을 아는 것 자체가 참된 지식이며, 객관적으로 존재하는 세계와 인간의 인식이 일치하는 세계가 곧 참인 세계라고 주장한다.

실재론 역시도 관념론과 마찬가지로 절대불변의 진리가 존재한다는 것은 부정하지 않는다. 다만 절대불변의 진리는 관념의 세계에만 있고 관념적인 이성에 의해서만 파악할 수 있다고 주장한 관념론과는 달리 실재론은 절대불변의 진리는 현실 속에 존재하며 이성과 감각을 통해 파악할 수 있다는 차이점이 있다.

플라톤(Platon)의 이데아를 부정하며 관념론을 배격했던 아리스토텔레스가 실재론의 뿌리이다. 그는 실재하는 것은 현실에 존재하는 것뿐이라는 일원론적 세계관을 주장하였다. 아리스토텔레스(Aristoteles)에 의하면 모든 개체는 형상(form)과 질료(matter)로 구성되어 있는데, 본질인 형상은 물질인 질료를 통해서 존재할 수 있다는 것이다. 플라톤은 현실세계와 이데아라는 이원론적 세계관을 설파한데 비해, 아리스토텔레스는 형상과 질료라는 두 개의 차원으로 구성된 하나의 세계관을 제시한 것이다.

그러므로 아리스토텔레스(Aristoteles)의 세계관은 일원론적 이원론(一元論的 二元論)이라고 불리기도 한다. 아리스토텔레스(Aristoteles)는 자신의 세계관을 그의 인간관 및 교육관에도 똑같이 적용하였다. 즉, 인간은 형상인 영혼과 질료인 육체로 구성되어 있으며, 지식은 형상인 이론적 지식과 질료인 실천적 지식으로 구성되어 있고, 교육은 형상의 교육인 교양교육과 질료의 교육인 실업교육으로 구성되어 있다. 그는 형상이 본질적이라는 주장과 마찬가지로 인간의 영혼, 이론적 지식, 교양교육을 육체, 실천적 지식, 실업교육보다 우위에 두고 평가하였다. 추상적이고 이론적인 것, 인문교육을 실제적인 것이나 실업교육보다 상위에 둔다는 점에서 아리스토텔레스(Aristoteles)의 실재론은 실용주의와 정면으로 배치된다.

중세시대의 신학자들은 아리스토텔레스(Aristoteles)의 이론을 받아들이면서 신학과 접목하였다. 그리하여 출현한 것이 스콜라 철학이며, 그 필두가 토마스 아퀴나스(Thomas Aquinas)이다. 아퀴나스(T. Aquinas)는 아리스토텔레스(Aristoteles)가 제기한 초자연계와 자연계의 일원론적 이원론의 형태를 가진 위계질서를 신의 세계와 인간의 세계로 대치하였다. 그는 신이 우주를 창조했기 때문에 우주 자체가 바로 실재라고 인식하였다. 또한 인간은 신의 이성을 가진 피조물이며, 인간은 감각을 통해 직관한 것들을 이성에 의해 추론함으로써 진리에 도달할 수 있다고 주장하였다. 그러한 점으로 인해 아퀴나스(T. Aquinas)를 비롯한 스콜라 철학자들은 아리스토텔레스(Aristoteles)의 고전적 실재론자와 구분되어 종교적 실재론자로 불린다.

근대에 등장한 과학적 실재론은 인간의 이성에 의해 발견되는 형이상학적 진리를 강조하는 고전적 실재론과 종교를 강조하는 종교적 실재론과 구분된다. 그들은 우주가 자연의 법칙에 따라 운행되는 거대한 기계와 같다는 기계론적 세계관을 가졌으며, 자연의 법칙을 발견하기 위해서는 감각기관을 통해 자연을 직관적으로 관찰하는 것이 가장 확실한 방법이라고 주장하였다. 경험에 의해 자연을 연구하는 귀납법적 방법을 제시한 프란시스 베이컨(Francis Bacon), 17세기에 등장한 실학주의의 한 부류인 감각적 실학주의(sense realism)를 선도한 코메니우스(J. A. Comenius)가 대표적인 과학적 실재론자이다.

실재론자들 간에 시대 차이와 의견 차이가 있지만 그들의 교육철학은 공통점을 공유한다. 교육의 최대 목표는 물질세계를 지배하는 자연법칙을 발견하는 것이며, 그러한 법칙을 발견하기 위해서는 인간의 이성을 계발하는 것이 필요하다는 것이다.

교육의 방법으로서 실재론자들은 이성의 계발을 위해서 교과중심의 체계 안에서 지식을 습득시켜야 한다고 주장한다.

또한 학습자의 경험을 중요시하여 실물을 통한 직관교육, 시각이나 청각으로 직접 보고 느낄 수 있는 교육을 강조한다. 교사들은 학생들에게 그러한 감각적 경험을 잘 제공할 수 있도록 충분한 지식이 있어야 하며 다양한 수단을 사용할 줄 알아야 한다. 반면, 그들에게 학생은 교사가 이끄는 대로 다양한 경험을 하는 수동적인 존재라는 점에서 관념론의 학생관과 인식이 유사하다. 그런 면에서 실재론적 교육관은 주입식 교육에 빠지기 쉽다는 문제점이 있다.

다. 자연주의

자연주의는 관념론과 실재론이 가지는 초자연주의, 고전주의, 언어중심주의에 반대하며 자연 그 자체에 대한 이해, 자연스러운 교육의 방법을 주창한 교육사조이다. 자연주의를 주창한 루소(J. J. Rousseau), 루소의 방법론을 받아들인 페스탈로찌 (J. H. Pestalozzi) 등이 자연주의 교육철학 대표적 인물들이다.

루소는 교육에 있어서 자연주의의 주창자이다. 루소가 추구하는 이상적 인간상인 '고상한 야인'(noble savage)은 자연성을 보존하면서 도덕적 자유를 실천할 수 있는 사람이다. 그는 교육의 주체를 자연 · 인간 · 사물의 세 가지를 말하고 있는데, 인간이 주재할 수 있는 것은 인간에 의한 교육밖에 없으므로 자연에 의한 교육이 중요하다고 강조한다.

루소는, 교육의 단계는 자연적인 법칙인 학습자의 발달 단계에 따라 이루어져야 한다고 주장한다. 그는 발달 단계를 유아기, 아동기, 소년기, 청년기, 성인초기로 나누고 있으며, 각 발달 단계에 따라 자연적 이치에 맞게 학습자의 흥미를 유발시키는 교육이 중요하다고 강조한다. 루소는 특히 아동이 자유로운 주체로서 성장할 힘을 가지고 있으며, 교육은 그 성장 가능성을 현실화시키는 것에 주안점을 두어야 한다고 보았다.

그러므로 아동에 대한 명령, 체벌, 강제와 같은 방법을 반대하며, 아동의 본성에 맞게 아동이 필요에 따라 스스로 배우도록 하는 "아동을 아동으로 성숙시켜라"는 교육원리를 제시한다.

페스탈로찌(J. H. Pestalozzi)는 루소의 자연주의 교육을 계승하여 발전시켰다. 그의 교육방법은 자연 상태에서 인간의 모든 능력을 조화롭게 발전시키는 교육이었다. 그는 적극적인 교사는 자칫 아동의 자기발전을 방해할 수도 있다고 지적하면서, 루소와 마찬가지로 아동은 각자의 필요에 따라 스스로의 힘과 능력을 기르도록 하는 소극적 교육을 주장하였다. 그의 교육방법은 학습자가 학교에서 배우는 동시에 노동에 참여하여 자신의 학비를 벌도록 하는 것이었는데, 이로써 페스탈로찌는 기술력과 생활력 같은 능력까지 조화롭게 발전시키려고 하였다.

학습자의 교육을 위해 책이나 강의 같은 언어주의에 의존하지 않고 학습자의 감각적 경험을 활용하는 것이 중요하다. 아동은 인간 발달 단계와 성장 단계에 맞게 교육을 받아야 한다. 아동은 스스로 지식을 발견해야 하며, 교사는 그것을 통제 · 감독하기보다 학습자에게 적합한 학습 환경을 형성시켜 주는 것만 능숙하게 하면 된다고 본다. 자연주의는 처음으로 아동중심 교육에 주목하고 발달 단계에 맞는 체계적 교육을 제안한 사조이다.

라. 실용주의

실용주의(pragmatism)는 1870년대부터 피어스(Ch. S. Pearse), 제임스(W. James), 미드(J. H. Mead), 듀이(J. Dewey) 등의 영향을 받아 미국에서 등장한 철학이다. 관념론이나 실재론에서 형이상학을 근거로 진리를 탐구하는 데 반해서, 실용주의는 형이상학 자체가 공허한 허구라고 부정한다. 관념론과 실재론이 서로 차이가 있지만 영원불변의 진리의 존재는 서로 인정하며 이것의 탐구를 목적으로 하고 있는 데 비해, 실용주의는 영원불변의 진리는 존재하지 않는다고 하며 이들과 근본적인 차이를 드러낸다. 실용주의에 있어서 진리란, 인간이 현실에서 필요로 하고 현실에서 작동하는 것일 뿐이다. 그런 의미에서 실용주의는 도구주의(instrumentalism), 기능주의(functionalism), 실험주의(experimentalism)라고도 불린다.

실용주의는 관념론과 실재론에서의 정신과 물질, 마음과 육체의 이원론적 구분도 부정하며, 인간의 정신과 마음은 물질과 육체의 경험과 상호 관련을 맺는다고 주장한다. 즉, 인간의 이성은 관념론과 실재론에서 말하는 절대적인 진리나 법칙을 찾아내기 위해 존재하는 것이 아니라 현실 문제를 해결하기 위해 존재하는 것이다.

그러므로 실용주의자들은 생활 중심, 경험 중심의 교육을 강조한다. 즉, 실용주의 교육관에서 가장 중요한 것은 경험이다. 이는 듀이가 교육을 "경험의 계속적인 재구성 또는 재조직"이라고 정의한 데서도 알 수 있다(장찬익 · 노진호, 1998: 299). 인간은 환경과 계속해서 상호작용을 하며, 이 과정에서 사고를 함으로써 경험이 쌓이고, 축적된 경험을 통하여 새로운 지식이 확립된다는 것이다. 이러한 지식은 과거의 경험을 재구성 또는 재조직하는 과정에서 누적적으로 확대되어 간다. 다만, 모든 경험이 긍정적으로 작용하는 것은 아니며, 지식을 축적하는 과정에서 잘못된 지식을 얻는 경우도 있을 수 있다. 교육의 목적은 바로 그러한 오류가 일어나지 않도록 경험의 재구성 또는 재조직을 도와주는 일이다.

듀이(J. Dewey)는 학습자가 경험을 재구성 또는 재조직 하는 방법으로서 '반성적 사고'를 제시한다. '반성적 사고'는 5단계의 사고과정으로 구성된다.

첫째, 문제 상황을 접하여 어려움을 겪는 과정이다.

둘째, 문제를 인식하여 문제의 성질을 개념화하는 과정이다.

셋째, 문제의 상황에 작용하고 있는 요소를 찾아내어 체계적으로 분석하는 과정이다.

넷째, 문제를 해결하기 위한 가설을 설정한다.

다섯째, 설정한 가설을 검증하기 위해 행동에 착수하는 과정이다.

위의 5단계를 거쳐 문제를 해결하는 방안은 전통적인 학교교육에서는 찾아볼 수 없는 독특한 방법이다(박의수 외, 2009: 356). 전통적인 학교교육에서는 문제를 추상적인 이론 수준에서 생각하고 넘어가지만 듀이 등의 실용주의는 학습자가 경험적으로 문제를 해결하는 과정의 구제적인 방안을 제시한 것이기 때문이다.

듀이를 비롯한 실용주의자들은 교육이 보존적인 성격과 재구성의 기능을 함께 가지고 있다고 파악한다. 교육은 어른들의 지식, 사고방식 등을 아동인 학습자에게 전달하여 문화적인 연속성을 유지하는 한편, 문화유산을 전달하는 과정에서 학습자에 의해 문화유형을 재구성하는 과정을 거치기도 한다고 보았다.

또한 실용주의자들은 기존의 교육에 학습자의 경험과는 그다지 관계가 없는 관념적인 내용이 많다는 데 문제를 제기한다.

또한 학습자들이 교사의 주도에 끌려 다니는 수동적 학습을 강요당하는 교육현실을 비판한다. 이로써 학습자들은 학습의욕을 잃고 학습에 지루함을 느낀다. 실용주의자들은 교육내용에 있어서 학습자의 일상 경험 속에서 학습을 위한 자료를 찾아내 학습자의 사고를 유발하고, 교육내용을 점진적으로 풍부하게 하고 발전시켜 나가서 학습자의 경험은 성장에 맞게 교육해야 함을 강조한다.

교사들은 학생의 환경을 조작함으로써 그의 사고에 영향을 주는 간접적인 교수방법이 가장 좋다고 듀이를 위시한 실용주의자들은 주장한다(J. Dewey, 1916, 장찬익 · 노진호, 1998: 303 재인용). 즉 학습자의 사고를 유발하기 위해 흥미를 돋워 주며 스스로 반성적 사고방법을 알고 이를 실현하게 만들어 그의 경험의 질적 성장을 돕는 것이 가장 좋은 교육방법이라고 말한다. 듀이는 학생 스스로가 관심을 가지고 다른 학습자와 협동할 수 있는 교육환경이 가장 좋은 것이라고 말하며, 따라서 교육환경에 있어 가장 바람직한 사회적 형태가 바로 민주주의라고 지적한다.

실용주의의 주장은 자연주의의 주장과 유사한 것처럼 보이지만, 실용주의는 루소와는 달리 인간을 자연적인 면과 사회적인 면으로 구분해서 파악하려는 이원론적 접근을 거부한다(서재복, 2005: 333-336). 즉, 인간은 사회적이면서 동시에 자연적인 환경에 살고 있으므로 양자의 구분은 학습자의 교육에 있어서 의미가 없다는 것이다.

3. 20세기 전기의 교육철학

20세기에는 다양한 교육철학의 사조가 등장하였으며, 시기적으로 크게 20세기 전기와 후기로 나누어 살펴볼 수 있다.

20세기 전기에는 실용주의의 전통을 이어받아 전통교육에 대한 비판과 학습자중심의 교육을 강조하는 진보주의 교육이 미국에서 등장하여 한때 지배적인 교육철학으로 작용하였다.

그러나 진보주의는 항존주의, 본질주의, 재건주의의 도전과 비판을 받았으며 그 지배적인 위치가 위협받게 되었다.

본문에서는 진보주의, 진보주의 교육에 반대하는 항존주의와 본질주의, 그리고 이러한 세 가지 교육철학을 종합적으로 검토함으로써 성립된 재건주의를 중심으로 20세기 전기의 교육철학을 살펴볼 것이다.

가. 진보주의

20세기 초에 가장 영향력 있는 교육사조는 듀이(J. Dewey), 킬패트릭(W. H. Kilpatrick), 파아커(F. W. Parker) 등이 중심이 되어 미국에서 시작된 진보주의(progressivism) 운동이었다.

듀이(J. Dewey)는 "경험의, 경험에 의한, 경험을 위한" 교육을 주장하였는데, 진보주의 교육은 학습자의 흥미와 필요를 존중하며 학습자 스스로가 경험을 통하여 지식을 습득해야 한다는 "경험에 의한 학습(learning by doing)", 즉 경험중심 교육을 핵심적인 원리로 삼았다.

학습자 중심주의의 진보주의는 지식 주입 중심의 암기식 교육과 교사중심의 권위주의적 교육방식을 비판하며, 그 대안을 제시하였다.

진보주의는 절대적인 진리는 없다고 생각하며, 절대불변의 진리를 가르치는 것보다 학습자의 경험을 강조하였다. 또한 아동인 학습자의 교육을 성인이 되기 위한 준비로 간주하며 일방적으로 그들에게 강요하는 교육을 지양하고 학습자 자신의 성장에 필요하고 흥미에 맞는 교육의 중요성을 강조하였다. 그들은 현대의 이상적 체제인 민주주의를 학습자들에게 가르치기 위해서는, 학교생활 그 자체가 민주적으로 운영되어 하나의 생활양식으로서의 민주주의 교육이 필요하다고도 주장하였다.

진보주의 교육은 우리나라에도 영향을 미쳐 1950년대 새교육운동이나 1990년대의 열린 교육운동에 영향을 미쳤다. 진보주의 교육은 수동적, 주입식, 권위주의적 교육의 시정에 있어서 많은 공헌을 하였다.

그러나 진보주의는 학습자 흥미 위주의 교육을 지나치게 강조하여 학습자들이 재미있고 쉬운 과목만 선택하게 되어 학습자들의 학습능력 저하의 문제점을 가져왔다. 또한 절대적인 진리는 없고 변화하는 경험이 중요하다는 주장은 보수주의자들의 공격 대상이 되었다.

특히 1957년 소련이 미국을 앞질러 인공위성 스푸트니크를 발사하게 되자 미국 사회에서는 진보주의가 초래한 학습능력 저하 문제를 비판하였다.

나. 항존주의

항존주의(perennialism)는 보수주의자들이 진보주의의 문제점을 비난하면서 제시한 대안이었다. 허친스(R. M. Hutchins), 아들러(A. Adler) 등으로 대표되는 항존주의는 이성을 개발하여 영원불변하는 즉, 항존(恒存)하는 진리를 습득하는 것을 교육의 최대 목표로 삼았다. 항존주의는 여러 가지 점에서 진보주의와 정반대의 주장을 취하고 있다.

첫째, 항존주의는 인간의 본성은 시간과 장소의 다름에 상관없이 변하지 않으며, 그러므로 지식도 동일하다고 주장한다. 그리고 교육받은 사람들이 서로 합의를 도출할 수 있도록 교육은 누구에게나 동일하게 시행되어야 한다. 이는 개인의 흥미와 능력에 맞는 교육을 강조한 진보주의와 반대 입장이다.

둘째, 아직 어린 나이의 학습자들은 그들이 원하는 것과 그들이 해야만 하는 것을 일치시킬 능력이 없을 가능성이 높다. 그러므로 학습자들이 그들의 교육경험을 결정하도록 해서는 안 되며 교사가 그들을 지도해야 한다.

셋째, 학습자는 보편적인 진리를 발견할 수 있도록 문학, 철학, 역사, 자연과학 등의 고전들을 연구해야 한다. 항존주의에 있어 과거의 고전은 결코 낡고 구태의연한 것이 아니라 현재에도 가치를 가지며 절대불변의 진리를 발견할 수 있는 디딤돌이 되어 주는 것이다.

항존주의자들은 교육방법에 있어서 고대 그리스의 자유교양 교육을 교육의 이상으로 받아들였으며, 고대 그리스처럼 초등학교에서 읽기, 쓰기, 셈하기 등 기본적인 교과를 가르치고, 중 · 고등학교에서 논리학, 수학, 문법, 수사학 및 라틴어와 그리스어 등을 가르치며, 대학에서는 고전을 필수적으로 읽게 했다.

항존주의는 인간의 본성을 탐구하고 절대적 가치를 탐구함으로써 교육의 지표를 확고히 하려 했다는 점에 의의가 있다. 그러나 항존주의는 지식 주입식교육과 그리고 획일적인 전통교육을 하여 대중교육과 전인적 발달을 추구하는 현대 교육의 일반적 요구와 합치되지 않는다. 모든 학생들이 그러한 교육을 받을 필요도 없고 능력을 갖춘 것도 아니기 때문이다. 또한 지적 훈련의 방식이 교사의 권위주의적 교육, 비민주적인 교육이 되기 쉬운 문제점도 있다. 또한 현실의 가치를 과소평가하여 급격하게 변화하는 현대사회 교육에 있어서 한계점이 노출되었다.

다. 본질주의

본질주의(essentialism)는 진보주의와 항존주의의 문제점을 모두 비판하면서 등장하였다. 배글리(W. C. Bagley)와 혼(H. H. Horne)이 대표적 인물이다. 본질주의자들은, 진보주의에서 강조하는 학습자들이 미래 생활을 준비할 수 있도록 현실적인 문제를 해결할 수 있는 능력을 길러주는 것, 그리고 항존주의가 강조하는 인류가 발전시켜온 중요한 문화유산을 물려주는 것 모두를 중요하게 생각한다.

본질주의는 교육에는 본질적인 부분과 비본질적인 부분이 있다고 주장하며, 본질적인 부분 중심의 교육은 질적 심화를 강조하였다. 그들은 본질과 비본질을 구분하지 않고 변화와 상대성으로 일관하는 진보주의를 비판하였고, 고전을 비롯한 모든 훌륭한 과거의 지식이 현재의 문제를 해결하기 위한 방안이 된다고 주장하며 본질적인 부분에 대한 학습의 필요성을 강조했다.

본질주의는 학습자의 흥미에 따라 교육하는 진보주의의 교육에 대해서 부정적으로 생각한다. 본질주의는 어렵고 가치 있는 것일수록 학습자가 흥미를 가지기 어려우므로, 학습자가 흥미를 가지지 못하더라도 강한 훈련으로 교육 시석 수준을 높이고 그러한 흥미를 길러주어야 한다고 주장한다.

본질주의는 항존주의와 비슷해 보이지만, 항존주의가 근본적으로 진보주의를 부정하고 있는 반면, 본질주의는 진보주의의 과학주의, 물질주의, 세속주의를 수용하면서 진보주의의 학습자 중심 교육, 변화와 상대성에 기반한 교육 등을 비판했다는 차이점이 있다.

본질주의는 능동적인 교육과 현실 문제의 조화를 주장하기 때문에 현대사회에서 널리 호응을 받고 있다. 1970년 미국에서 일어난 "기초로 돌아가자(back-to-basics)"는 운동도 본질주의적 입장을 대변하고 있는 것이다. 그러나 본질주의는 사회과학을 중시했던 진보주의에 대한 반발심으로 말미암아 인문학과 자연과학에 치중하여 사회과학을 경시하는 점, 직업교육 같은 실용적인 교육의 가치를 평가절하 하는 점, 학습자 본인의 선택에 의한 교과목을 배울 것을 장려하는 대신 그가 선택하지도 않은 교과목 이수를 강요하여 참여의식 및 창의성을 경시하는 점, 민주사회의 요건인 독립심, 비판적 사고, 협동정신을 소홀히 한 점 등의 문제점을 가지고 있다.

라. 재건주의

재건주의(reconstructionism)란, 현대사회가 타락하고 부패하였다고 인식하면서 교육을 통해 사회를 개조하거나 이상사회를 건설하고자 하는 사상을 말한다. 20세기에 등장한 재건주의 사상은 미국의 브라멜드(T. Brameld)에 의해 체계화된 교육사조로, 이전의 진보주의, 본질주의, 항존주의를 비판적으로 종합하고 절충하였다.

재건주의는 진보주의로 말미암아 지식교육에 실패하여 기초학력 저하를 가져왔으며, 항존주의는 현대의 변동을 감당할 수 없는데다 비민주적이며, 본질주의 역시 사회과학을 경시했다는 점을 비판하고 현대의 변동을 도저히 감당할 수 없는 사상이라고 보았다. 모두에 대하여 비판하였으며 한편, 재건주의는 진보주의로부터 실험정신을, 본질주의로부터 계통적 지식을, 항존주의로부터 합리적 분석을 수용하여 발전시켰다.

재건주의는 현대의 인류문명이 과학기술을 발달시켰지만 이를 비인간적으로 악용하여 위기사태를 초래하였다고 지적하고, 교육을 통하여 새로운 사회질서를 적극적으로 재건할 필요가 있다고 주장하면서 문제를 제기한다. 그들은 교육을 통하여, 과학기술의 힘을 파괴보다 창조에 사용할 수 있도록 해야 한다고 주장했다.

재건주의가 재건하고자 하는 사회와 세계의 질서는 민주주의적 사회이다. 재건주의자들은 민주적 이상사회를 건설하기 위해서는 개인이 사회에 참여하면서 사회적 자아실현을 해야 한다고 보았다. 또한 이를 바탕으로 궁극적으로 모든 국가가 참여할 수 있는 세계 정부를 형성하여 국제적 민주주의를 실현하자고 제안하였다.

사회적 자아실현을 위해 구성원들을 교육하는 기능을 학교가 담당하며, 또한 민주주의 교육의 생활화를 위해서 학교에서의 교육과 운영을 민주적으로 진행되어야 한다고 주장한다.

재건주의는 현대사회가 심각한 문제점을 안고 있다는 경고를 했다는 의미가 있으며, 특히 민주주의의 가치와 교육의 중요성을 강조했다는 점에서 가치가 있다. 그러나 재건주의는 새로운 사회질서를 누가 어떻게 건설하느냐의 방법론에 있어 이상주의적이며, 교육의 힘을 지나치게 과대평가한다는 비판을 받고 있다. 재건주의의 방법론은, 오히려 누군가가 설정해 놓은 새로운 사회질서에 학습자들이 승복하도록 몰아가는 독재적 방법이 될 가능성도 있다. 한 사회의 재건 문제에 있어서도 그렇지만, 재건주의가 궁극으로 생각하는 세계 공통의 질서 재건은 그 건설의 가능성이 지나치게 이상주의적이라는 비판을 많이 받는다.

4. 현대의 교육철학

포스트모더니즘(postmodernism)은 20세기 후반의 변화에 발맞추어 20세기 산업사회의 지배적인 문화논리를 이루었던 모더니즘을 극복하자는 사상이다. 포스트모더니즘은 가치와 지식은 문화적 구성물로서 시대에 따라, 집단에 따라 다를 수 있다고 하며 문화적 다원주의를 표방한다. 이들은 민주적이고 반권위주의적인 방법으로 지식이 전파되어야 하며, 지식의 사회적, 문화적 맥락성에 주목한다.

포스트모더니즘적인 교육사조는 20세기 중후반에 등장하였으며, 교육철학을 독자적 학문으로 체계화하려는 움직임과 함께 기존의 시각과는 다르게 교육현상을 이해하는 교육철학을 정립하려는 움직임이 나타났다.

20세기 초기의 교육철학은 앞에서 살펴본 바와 같이, 전통과 진보라는 대립된 교육관을 바탕으로 교육목적, 교육내용, 교육방법 등에 대한 원리를 다루어 왔다. 이들은 사변적, 선험적, 종합적인 탐구방법을 통해 교육에서 진정으로 중요한 가치는 무엇이며 그것은 어떤 내용을 어떠한 방법으로 가르쳐야 하는가 하는 문제를 주요한 주제로 삼았다.

그러나 20세기 후기에 들어오면서 이러한 교육사조는 단순히 개인의 주관적 신념을 주장하거나 그것을 연구한 것에 불과한 것이기 때문에 교육철학을 독자적 학문으로 성립시키지 못하고 있다는 비판이 제기된다.

이에 20세기 후기의 교육철학의 경향은 그 전까지 교육철학의 주된 흐름이었던 형이상학적 가정 및 이성의 절대성을 바탕으로 한 교육원리의 탐구 대신, 교육철학을 독자적 학문으로 체계화하려는 움직임과 교육현상에 대한 새로운 이해나 인식론에 대한 새로운 이해에 근거한 교육철학을 정립하려는 방향으로 전환된다. 이러한 20세기 후기의 대표적 교육철학으로는 실존주의 교육철학, 분석적 교육철학, 비판적 교육철학, 포스트모더니즘을 들 수 있다.

가. 실존주의 교육철학

실존주의(existentilaism)은 2차 대전 후에, 합리주의, 이성주의 중심의 전통적인 철학 사조에 반대하면서 등장하였다. 실존주의자들은 인간의 존재의 성격을 실존(實存)이라고 규정하였고, 인간소외를 가져오는 대중화, 기계화된 사회에 반대하고 개인의 자유와 개성을 강조하였다. 실존주의를 주창한 철학자는 키에르케고르(S. A. KierKegaar), 야스퍼스(K. T. Jaspers), 마르셀(G. Marchell), 니체(F. W. Nietzsche), 하이데거(M. Heidegger), 사르트르(J. P. Chartres), 카뮈(A. Camus), 부버(M. Buber) 등이 대표적이다.

실존주의를 교육사조로 계승 · 발전시킨 것은 볼르노(O. F. Borno)와 존 홀트(J. Holt), 닐러(G. F. Kneller), 모리스(W. Morris) 등이 대표적이다.

실존주의는 개인으로 하여금 현명한 선택을 하도록 교육해야 하는데, 이러한 선택은 기본적 가치를 포함하는 행동에서부터 선택해야 한다고 한다. 이러한 선택은 자기 자신에 대한 깊은 통찰과 전심을 요구하며, 관습에 의존하는 선택이 아니라 자기 자신에 의존하는 선택이어야 한다는 교육관을 제기하였다(윤완, 2003: 526). 특히 실존주의 교육은 인간소외를 가져오는 교육현실, 학생들의 개성과 창의성을 경시하는 교육방법 등을 비판하며, 지적교육, 정서교육, 도덕교육의 조화를 통한 전인교육을 목표로 하는 '인간주의 교육'을 외치며 '열린교육'(open education)을 추구하였다.

'인간주의 교육'을 위하여, 실존주의자들은 학습자들을 나이나 학업성취도에 따라 분류하는 것을 반대하며, 인간을 수동적인 존재로 만드는 주입식 교육을 비판하고, 비인간화를 초래하는 경쟁구도도 반대한다. 학습자는 자신의 교육목표와 내용을 스스로 선택할 수 있어야 하며, 교사와 학습자의 관계가 명령과 복종 및 일방적 교육이 아닌, 대화를 통하여 학생들이 스스로 의문을 가지게 하고 다양한 관점에서 인간실존을 탐구하게 하는 관계, 또한 상호신뢰가 있는 동반자적 관계가 되어야 한다고 강조한다.

실존주의 교육은 획일화로 지중되는 현내의 교육을 인간의 개성과 주체성을 존중하는 교육으로 나아가도록 방향을 제시했으며, 다양한 커리큘럼으로 지성, 도덕성, 정서가 조화된 전인교육을 강조한 의의가 있다.

또한 학생의 자율성 강조로 민주주의 시대에 적합성이 있고, 어두운 측면의 교육까지 교육영역에 끌어들여 진솔한 교육의 형성을 제기했다는 의미도 있다.

그러나 실존주의는 교육이론으로서는 체계성이 미흡하여, 구체적인 교육방법의 대안을 제시하지 못하고 있다는 한계가 있다.

나. 분석 교육철학

분석 교육철학(analytic philosophy of education)은 1960년대에 영국과 미국을 중심으로 나타났다. 이들은 교육을 과학적으로 탐구하여 교육철학을 하나의 독립 학문으로 체계화하려 하였다. 이를 위하여 교육철학은 객관적인 언어와 논리로 분석하고자 하였다. 객관적인 언어와 논리로서 교육의 이론과 의미를 객관적으로 명료하게 하고 이의 타당성을 검증해야 한다는 것이다. 분석적 교육철학에는 슐리크(F. A. M. Schlick) 등이 속한 비엔나학파의 〈논리실증주의〉(Logical Positivism), 러셀(B. Russell) 등이 속한 캠브리지학파의 〈논리적 원자주의〉(Logical Atomism), 비트켄슈타인(L. J. J. Wittgenstein) 등이 속한 〈언어분석주의〉(Linguistic Analysis) 등의 몇 가지 경향들이 있다.

논리실증주의는 주관적, 추상적인 형이상학을 부정하며 논리적 분석을 추구한다. 이들은 논리성과 경험성만이 철학적으로 유의미한 것을 판가름하는 기준이라고 주장한다. 한편 언어분석주의는 언어의 의미의 모호성을 밝혀 올바른 사고를 가능하게 하는 것이 철학의 목적이라고 주장한다. 즉, 교육에 있어서 어떤 이론을 창출하는 것보다 올바른 사고를 할 수 있도록 언어의 체계를 바로 잡는 것이 중요하다는 것이다. 비트겐슈타인(L. J. J. Wittgenstein)으로 대표되는 언어분석주의자들은 언어의 구조 자체가 세계의 구조를 반영한다고 보고, 언어의 분석을 통해 실재의 진리를 탐구하고자 하는 사조이다.

분석철학은 교육의 실천적 과정과 이론적 탐구에서 사용되는 언어의 의미를 명백히 하며, 논리적 모순이나 진부한 표현을 가려내는 데 기여하여 교육철학의 과학화에 크게 기여하였고, 교육철학이 전통적인 철학적 가정에서 벗어나 교육 자체의 내적 관점에서 교육을 탐구하였다는 데 의의가 있다. 특히, 교육현상의 다양성과 복잡성에서 기인하는 여러 분야의 개념과 의미의 모호함을 극복하는 데 큰 공헌을 하였다.

그러나 분석철학에도 여러 한계점이 지적 되었다. 첫째, 객관성을 위한 언어와 논리 자체가 가치중립적인 것이 아니라는 것이다. 언어와 논리에는 이를 사용하는 사람의 주관성이 녹아 있기 때문이다. 둘째, 언어와 개념의 논리적 분석에 치중하여 교육의 정서적 측면과 종합적 인식의 측면을 경시할 위험성이 있다는 점이다. 셋째, 교육철학의 학문적 정립에 치중하여 교육철학의 실천적 성격을 경시한다는 점이다.

다. 비판적 교육철학

비판적 교육철학(critical philosophy of education)은 1970년대 후반부터 현대 독일에서 호르크하이머(M. Horkheimer), 아도르노(T. W. Adorno), 마르쿠제(H. Marcuse), 에리히 프롬(Erich Fromm), 하버마스(Ü. Habermas) 등 독일의 프랑크푸르트학파의 비판이론의 영향을 받아 형성되었다.

비판이론은 인간의 자유로운 의식을 억압하고 왜곡하는 요인들을 분석, 비판하고 이 제약으로부터 인간을 해방시키는 가능성을 모색하는 것을 목표로 한다.

비판적 교육철학은 사회적 불평등이 학교교육을 통하여 재생산된다는 점을 주목하였다. 비판적 교육철학자들은 학교가 지배 이데올로기를 학습자에게 교육시키며 불합리한 사회구조를 유지, 재생산하는 기제라고 판단한다. 그들은 학교에서 발생하는 억압관계, 지배와 피지배 관계, 인간의 물상화, 자기소외의 문제에 주목하고 이러한 문제의 원인을 찾아 교육상황을 개선하고자 하였다.

따라서 비판적 교육철학은 교육의 개선과 실천을 위한 실천 학문적인 성격을 갖는다고 할 수 있다. 비판적 교육철학자들은 학습자에 대해 비판적인 의식을 키우게 하는 의식화교육, 삶과 역사에 대한 인식을 키우게 하는 인문교육, 성차별 문제를 생각하게 하는 여성해방교육, 사회의 구조와 발전과정을 보는 눈을 기르는 사회과학교육, 복지사회의 꿈을 키우는 이상사회 구상을 교육내용으로 제시하고 있다(박의수 외, 2009: 437).

또한 교육의 방법론으로서 사회의 문제에 깊은 관심을 가지게 유도하는 일, 학습자의 흥미 · 자유를 중시하는 소극적 교육, 농성 · 데모 · 파업을 자기 눈으로 보고 생각하게끔 하는 갈등현장견학, 동지적 유대감을 키우는 친교, 갈등현장을 기록한 문헌을 접하는 문헌접근 등을 제시하였다(박의수 외, 2009: 437).

그러나 비판적 교육철학은 지나치게 비판의식을 강조하여 사회의 유지발전의 순기능을 인정하지 않고 역기능만을 강조하였다는 점, 심지어 비판의식마저도 이러한 조건에 의해 교육되어진 것일 수도 있다고 하는 모순점을 안고 있다.

라. 포스트모더니즘과 교육

포스트모더니즘(postmodernism)은 학자들 사이에 일치된 정의가 없을 정도로 개념을 정의하기가 어려우며, 심지어 언제 시작되었는지도 확실하게 말하기 어렵다. 개념의 복잡성으로 인해 개괄적인 특징만 언급하자면, 포스트모더니즘은 대량생산과 대량소비 사회에서의 정형화, 획일화에 저항하여 탄생한 운동으로 예술 · 건축 · 학문 등 광범위한 분야에서 일어난 운동이라고 할 수 있다.

포스트모더니즘이 반대하는 현대성(modernity)은 인간 이성을 절대화하고 보편화하는 계몽주의적 흐름이다. 계몽주의가 자연을 객관화하고 인간이 지배하는 대상으로 인식하는 반면, 포스트모더니즘은 인간과 자연을 구분하는 대신 포괄적인 관계 속에서 인식하려고 한다. 한발 더 나아가 포스트모더니즘은, 계몽주의가 신봉한 인간의 이성은 절대적으로 옳은 것이 아니고, 그 한계가 있어 오히려 역효과를 가져올 수도 있다고 지적한다.

또한 이성에 기반한 보편성 내지는 획일성을 반대하고, 다양성과 다원성을 존중하며 다원주의를 지지한다. 포스트모더니즘은 다양성과 다원성을 하나의 원리와 이념으로 획일화시키는 것이 모더니즘적 태도라고 지적하며, 이는 전체주의적 사유라고 비판한다.

이와 관련하여 포스트모더니즘은, 이성이 낳은 하나의 큰 이론체계, 가치인 '대서사'를 전체주의적인 것이라고 비판하며, 대서사 속에서 소외된 소서사, 즉 가정, 여성, 지역사회, 장애인 같은 문제에 주목한다.

그러므로 인간 및 이성의 절대성 · 보편성 · 전체성에 대한 비판이 포스트모더니즘의 키워드라고 할 수 있다. 교육에 있어서 포스트모더니즘은 전반적인 포스트모더니즘과 마찬가지로 언제 시작되었는지, 어떻게 정의되어야 하는지를 말하기가 매우 어렵다.

그러나 교육 자체가 이성을 절대시하는 모더니즘적 가치의 전달 수단으로 활용되어 왔기 때문에 포스트모더니즘이 교육에 주는 새로운 자극은 무시할 수 없다. 포스트모더니즘 교육은 획일적인 교육과 권위주의 교육을 거부하고, 다원주의와 반권위주의에 기반한 교육의 가치를 강조하며, 차이와 다양성을 존중하고 교육시키는 새로운 교육방법을 제시했다는 점에서 의미가 있다고 하겠다.

1. 유학이 주장한 교육철학은 무엇이며, 어떤 점에서 시대적 의미와 한계가 있는지 토론해 보자.

2. 실학, 동학, 개화파 각각은 유학 교육철학의 어떤 점을 비판하고 있으며, 대안은 무엇이었는지 토론해 보자.

3. 관념론과 실재론이 주장하는 '절대적 진리'는 서로 어떤 공통점과 차이점이 있는지 토론해 보자.

4. 20세기 초기의 교육사조인 진보주의가 학습능력을 저하시킨다는 비판자들의 주장은 타당한지, 그들의 대안은 적절한지 토론해 보자.

5. 포스트모더니즘은 무엇이며, 특히 교육에 있어서의 포스트모더니즘은 무엇인지 각자 개념을 정리하고 토론해 보자.

CHAPTER

4

교육심리의 이해

1 교육심리학의 배경
2 인간발달과 교육
3 인간행동과 교육
4 학습의 이해

학습목표

☞ 교육심리학의 발달배경을 이해한다.

☞ 인간발달의 개념과 원리를 안다.

☞ 인간행동과 교육의 관련성에 관하여 안다.

☞ 학습이론을 알고, 이론들이 주는 교육적 함의에 대하여 안다.

미리보기

1. 교육심리학은 교육방법면에 과학적 · 이론적 근거를 확립하고 제공하는 학문으로, 교육 실천의 과정을 지원한다.
2. 인간은 유전과 환경의 영향을 받아 발달한다.
3. 인간행동에 영향을 미치는 지능과 성격발달을 위한 교육적 시사점을 알아보는 것은 학습에 도움을 준다.
4. 학습은 반복적인 연습, 인지적 통찰 혹은 타인에 대한 관찰 등으로 이루어진다.
5. 행동수정기법은 학생들의 행동을 효율적으로 강화시키는 데 도움을 준다.

4

교육심리의 이해

제 1 절 교육심리학의 배경

1. 교육심리학의 성격

교육심리학을 이해하기 위해서는 먼저 교육과 심리학의 관계를 살펴볼 필요가 있다.

교육학이 교육의 다양한 현상을 설명하고 연구함으로써 그 성과를 체계화한 하나의 과학체계라면, 심리학은 인간행동을 이해 · 기술 · 예언 · 설명 · 통제하려는 학문이다. 교육심리학은 교육과 심리학의 접목에서 출발하여, 교육학의 영역중 인간의 행동과 관련된 측면을 심리학적인 방법론을 사용하여 이해하려는 학문적 성격을 갖는다.

최근에는 이러한 관점이 교육심리학이 학문적 정체성을 확립하는 것을 방해하고 있다고 인식되어 교육심리학을 하나의 학문으로서 정체감을 세우려는 노력이 행해지고 있다. 교육심리학이 일반심리학이 연구 · 확립한 원리를 교육현장에 응용하는 학문이라는 정의에서 벗어나서 교육현장에 내재되어 있는 심리적 현상을 과학적 · 체계적으로 연구하는 학문으로 정의되며, 또한 교육심리학은 교육과정과 방법에 가장 밀접하게 관련되어 있기 때문에 교육심리학을 교육방법의 과학적, 이론적 근거를 확립하고 제공하는 학문이라고 규정하고, 그것을 토대로 하여 교육실천의 과정을 지원하고자 하는 것이다. 따라서 교육심리학은 교육의 여러 분야 중 가장 과학적이며 실천지향이며 가장 교육현장 지향적이어야 한다고 말할 수 있다(이성진, 2009: 12).

2. 교육심리학의 발전

교육심리학이 학문적 기초를 갖추게 된 것은 20세기 초반 일반심리학을 연구하는 몇몇 학자들에 의하여 이루어졌다.

독일의 헤르바르트(Herbart)는 그의 저서 『일반교육학』에서 교육의 목적은 '윤리학에 두고' 그 방법은 '심리학'에서 찾아야 한다고 하였다. 이 무렵 분트(Wundt)는 1879년 독일 라이프찌히대학에서 심리학의 과학적 연구를 위한 대학 부설 실험실을 세워 인간의 심리현상을 과학적으로 접근하기 시작하였으며, 그의 제자 모이만(Meuman)이 그의 실험심리학 방법을 교육에 적용하여 교육심리학의 기초를 닦았다.

당시 일반심리학자로서 교육심리학의 영역에 영향을 미친 주요 인물들은 제임스(W. James), 홀(S. Hall) 그리고 듀이(J. Dewey) 등이다. 1890년에 제임스의 『심리학』 교재발간과 더불어 미국 심리학이 발달된 이후, 교사들을 위한 강의 시리즈 기획물이 계속적으로 간행되었다. 또한 제임스의 제자였던 홀의 『초등학교 입학 아동들의 정신내용에 관한 조사연구』는 미국에서의 '아동연구 운동'에 선동적인 역할을 하였다. 그는 미국에서 아동연구 운동의 기반을 구축했으며, 아동기와 청년기의 과학적 연구를 활성화시켰다. 홀(Hall)의 제자인 듀이는 그 당시 유명한 철학자였으며, 그 후 심리학자와 교육자로서의 명성을 얻었다. 그는 심리학의 경험적인 연구에 기여하지는 않았지만, 심리학의 원리를 실제 교육현장에 적용하는 데 기여하였다. 그가 시카고 대학에 설립한 '실험학교'는 미국 진보주의 교육사에 있어서 매우 의의가 있다.

카텔(Cattell)은 『정신검사와 측정』(Mental tests and measurement, 1890)을 출판하였고, 이것은 개인의 정신기능을 측정하는 기법을 개발하는 데 공헌하였다. 그 후 비네(Binet)와 시몽(Simon)은 1905년 정신검사(mental test)를 개발하였다. 1916년에는 미국 스탠포드 대학의 터먼(Terman)이 비네-시몽의 척도를 개정해서 출간하였고, 개인의 지능 정도를 나타내는 '지능지수'(Intelligence Quotient: IQ)라는 용어를 도입하였다. 이로 인하여 개인의 지능지수에 대한 개념이 일반인들에게 널리 알려지게 되었다. 그리고 '지능측정'은 개인차 측정의 기반이 되는 기법을 개발하였으며, 성격이론의 연구에 크게 기여하였고, 오늘날의 교육심리학 형성에 공헌하였다.

이후 제임스의 제자들 중 손다이크(E. L. Thorndike)에 의해 교육심리학의 방법론이 보다 명확하게 되었다. 그는 20세기에 접어들면서 2차 세계대전이 끝날 때까지 행동주의자로서 교육심리학을 주도하였다. 손다이크의 교육심리학이 무르익을 당시 독일에서는 레빈(Lewin)에 의해서 개인의 행동양식을 인지구조로 설명하려는 물리학 · 공학적인 장이론(field theory)을 도입한 새로운 학습이론인 형태심리학(gestalt psychology)이 대두되었다. 'gestalt'란 '전체' 또는 '형태'를 뜻하며, 형태심리학은 개인들이 대상을 전체적인 형태로 지각하고 경험하는가를 연구하는 것으로서, 개인의 '지각'에 관심을 둔 사람들은 베르트하이머(Wertheimer), 쾰러(Köhler), 코프카(Koffa) 등이었다.

1950년대 후반 소련의 스푸트닉 발사는 미국에서 학교교육에 대한 국가적 차원의 관심을 고조시켜 새로운 교육과정의 발달과 함께 학습이론과 수업설계, 교사에 대한 평가와 자격, 교육과정 구조의 설계, 그리고 학교의 재구성과 같은 교육정책과 관련된 광범위한 과제에 접근하게 되었다. 이것이 1960년경 교육심리학 영역의 새로운 기원이 되었으며 가네(R. M. Gagne), 블룸(B. S. Bloom), 글레이저(R. Glaser) 등에 의한 교수-학습프로그램등이 개발되었다.

1970년대에 들어와 심리학의 주도권이 행동주의에서 피아제(J. Plajet), 비고츠키(L. S. Vygotsky) 등에 의한 인지이론이나 올포트(G. Allport), 매슬로우(A. H. Maslow), 로저스(C. Rogers) 등에 의한 인간주의로 바뀌게 되자 교육심리학도 자연히 그 영향을 받게 되었다. 인지이론은 초인지를 중요한 정보처리기술로 이해함으로써 교사들에게 많은 실제적인 적용점을 제공하였으며, 학습과 교수에 대한 양과 질에서의 다양성이 주는 영향에 관심을 가지면서 교육심리학의 질을 높이는 계기가 되었다(임규혁 외, 2011: 29).

제 2 절 인간발달과 교육

1. 발달의 개념

발달(development)이란 개체에 있어서 모든 변화의 연속적인 과정을 말한다. 즉 발달이란 수정란이 태아로 형성되어 출생, 성장, 노쇠의 과정을 거쳐 죽음에 이르기까지 신체, 운동기능, 사고, 지능, 언어, 사회성, 정서, 성격, 도덕성 등 일련의 행동들이 끊임없이 변화하는 과정을 말한다.

유기체의 이러한 변화는 성장과 성숙이라는 유전적, 내적작용에 의한 개체의 변화와 후천적, 외적작용에 의한 학습을 통해 결정된다.

2. 발달과업(developmental task)

인간발달 과정에는 각 발달단계마다 습득해야 하는 과업이 있는데 이를 발달과업이라고 한다.

표 4-1 하비거스트(R. J. Havighurst)의 발달단계별 발달과업

발달단계	발달과업
영아기 및 유아기	• 걸음걸이 배우기 • 말 배우기 • 성차를 알고 성 예의를 배우기 • 생리적 안정을 유지하는 것을 배우기 • 사회적 환경에 대한 단순한 개념이 형성 • 부모 · 형제 · 타인과의 정서적 관계를 학습 • 선악을 구별하는 것을 배우고 양심이 발달
아동기	• 일반적 놀이에 필요한 신체적 기능을 습득 • 성장하는 유기체로서 자신에 대한 건전한 태도를 형성 • 친구사귀기를 배우기 • 남성과 여성으로서의 적절한 사회적 역할을 학습 • 읽기 · 쓰기 · 셈하기의 기본적 기술을 학습 • 일상생활에 필요한 개념의 발달 • 양심 · 도덕성 · 가치척도 발달 • 사회집단 · 제도에 대한 태도의 발달
청소년기	• 남녀간의 새롭고 보다 성숙한 관계 형성 • 자신의 체격을 인정하고 신체를 효과적으로 구사 • 부모와 다른 성인으로부터 정서적 독립 • 결혼과 가정생활 준비 • 직장에 대한 대비 • 경제적 독립의 확신 • 시민적 자질로서 지적기능과 개념의 발달 • 행동의 지표로서 가치관과 윤리체계 습득 • 사회적으로 책임 있는 행동을 원하고 수행

3. 인간발달과 관련된 교육심리학적 개념

가. 준비성(readiness)

준비성이란 학습을 효과적으로 잘할 수 있도록 학습하는 데 필요한 조건이 갖추어져 있는 상태를 말한다. 읽기를 배우기 위해서는 읽기학습에서 요구되는 성숙이 이루어져야 하고 피아노를 배우기 위해서는 신체적 · 정신적 성숙이 이루어져야 한다. 이처럼 학습에는 신체적 또는 지적 성숙이 필요하지만 동시에 이미 획득한 지식이라든가 학습을 위한 경험의 기회를 갖는 것이 중요하다. 이와 같은 준비성의 개념에서 보면 학교교육에서는 학습의 준비성이 자연적으로 나타나도록 기다릴 것이 아니라 아동의 준비성에 적합한 교육과정을 세워 기초적 사항을 습득시킨다거나 여행, 독서, 관찰 등의 기회를 부여해서 준비성을 발달시킬 수 있어야 한다.

나. 결정적 시기(critical period)

결정적 시기란 특정한 행동이 학습되는 시기가 있고 그 시기에 학습을 하게 될 때 영향을 가장 크게 받아들여 발달이 이루어진다는 개념이다. 로렌츠(K. Lorenz)는 『새끼오리의 각인에 관한 연구』에서, 갓 부화된 오리새끼가 처음 본 움직이는 물체를 쫓아다니는 현상을 발견하고, 그 움직이는 물체에 집착하는 경향이 짧은 시간 안에 나타나기 때문에 결정적 시기라는 말을 붙이게 된 것이다. 만일 이러한 결정적 시기에 학습이 이루어지지 않으면 다음 기회에 그 학습을 하는 데는 많은 노력과 시간이 소요되며, 다음 단계의 학습에도 영향을 미치게 된다. 특히 이러한 결정기의 개념은 인간발달 과정에서 일반적으로 발달률이 큰 생의 초기에 해당하며 초기경험의 중요성을 강조한다.

다. 문화실조(cultural deprivation)

인간발달 과정에서 필요로 하는 환경적 자극의 결여 혹은 시기적으로 부적절하게 주어져서 지적, 인성적, 사회적 혹은 정서적 발달이 지체되었거나 왜곡된 현상을 문화실조라고 한다. 이와 같은 문화실조의 현상은 어린이의 초기경험과 밀접하게 관련되어 있다. 따라서 학교교육은 어린 시절에 문화적인 혜택을 받지 못하는 문화실조아에 대한 보충교육 프로그램이나 보수교육 프로그램들을 개발하여 제공하고 아동의 발달이나 잠재능력을 최대한 신장시키도록 노력해야 한다.

제 3 절 인간행동과 교육

1. 지 능

인간의 지적능력은 개인이 주어진 환경에 효과적으로 적응하는 능력을 의미한다. 따라서 인지발달을 이해하는 것은 곧 인간의 지적능력이 환경과의 상호작용을 통하여 어떻게 변화되는가의 과정과 그 변화의 양상을 아는 것이다.

가. 지능의 개념

지능에 대한 정의는 매우 다양하며 그 강조하는 바가 조금씩 다르다. 각각의 강조하는 바에 따라 지능에 대한 정의를 분류하면 다음의 세 가지로 요약할 수 있다.

첫째, 지능을 추상적인 사고능력으로 보는 입장이다.

지능이란 목적적으로 행동하고 합리적으로 사고하며 환경을 효과적으로 다루는 개인의 종합적 능력이다.

둘째, 지능을 학습능력으로 보는 입장이다.

지능은 교육을 받을 수 있는 능력의 정도라고 보는 것이다. 즉, 지능이 높은 사람은 지적인 학습을 할 수 있는 능력이 높고, 반면에 지능이 낮은 사람은 학습능력이 낮다는 것이다.

셋째, 지능을 새로운 환경에의 적응능력으로 보는 입장이다.

지능이란 한 개인의 전체 환경에 대한 적응력이며 생활의 새로운 문제와 상황에 대한 일반적인 정신적 적응력이라고 본다.

나. 지능이론

지능의 요인이 어떠한 것인지에 대해서도 학자들에 따라 다양한 의견을 제시하고 있다. 그 중에서 가장 일반적으로 사용되는 다요인설과 다중지능이론을 살펴보기로 한다.

1) 다요인설

서스톤(L. L. Thurstone)은 대학생들에게 56종의 지능검사를 실시하고 이를 요인 분석하여 연구한 결과, 지능을 ① 수리능력, ② 지각속도, ③ 공간적 사고, ④ 언어이해력, ⑤ 기억력, ⑥ 언어의 유창성, ⑦ 추리능력 등 7가지를 추출하여 각각은 독립적인 기능을 가지고 있는 것으로 보았다.

2) 다중지능이론

가드너(H. Gardner)는 인간의 일반적인 능력이 아닌 실제 삶에서 자신이 가지고 있는 능력을 어떻게 개발하고 발전시키는 가에 관심을 가지고 지능을 '문제해결능력 또는 가치 있게 여기는 어떤 결과를 만들어 내는 능력'으로 정의했다. 이를 바탕으로 개인은 다른 사람과 구별되는 독립된 지능을 가지고 있다고 주장하면서, 최초에 7개의 독립된 지능을 주장하였으나 그 후 새로운 지능이 추가되고 있다.

표 4-2 가드너의 다중지능이론

지 능	직업유형	특 성
논리-수학적 지능	과학자, 수학자	• 일련의 추론을 잘하거나 이해하며 말의 순서 및 패턴을 인지하는 능력
언어적 지능	시인, 언론인, 웅변가	• 단어의 의미나 순서, 언어의 다양한 활용과 관련된 능력
음악적 지능	작곡가, 바이올리니스트	• 음높이, 음색에 관한 민감성
공간적 지능	항해사, 조각가, 화가	• 시, 공간적 세계를 정확히 지각하고 변형 혹은 전환능력
신체-운동적 지능	운동선수, 외과의사	• 신체와 사물을 능숙하게 다룰 줄 아는 능력
인간친화지능	교사, 정치가, 사업가	• 다른 사람의 기분이나 감정을 잘 파악하고 대응하는 능력
자기성찰지능	종교인, 심리학자	• 자신의 감정에 충실하고 정서를 구분하는 능력
자연친화지능	식물, 동물학자, 농부	• 사물 관찰력, 물리적 세계의 차이점과 유사점을 인식하는 능력
실존적(영적) 지능	심령과학자	• 철학적 사고력

출처: 김준권 외(2014). 새로운 교육심리학. p. 54.

가드너의 지능이론이 단계별로 교육에 주는 시사점은 다음과 같다.

첫째, 취학전 시기는 지능이 원형의 형태로 나타난다. 즉, 초보적 형태의 능력이 나타난다. 예를 들면 음악지능은 소리의 높낮이를 구분하는 것으로 나타난다.

둘째, 초등학교 저학년 시기는 지능이 상징체계로 나타난다. 언어지능은 말하기나 글짓기로, 공간지능은 그림으로, 음악지능은 노래로 나타난다.

셋째, 초 · 중 · 고교 시기는 2차 상징체계와 더불어 각각의 표기체계로 나타난다. 수학은 논리나 수리의 지능으로, 공간지능은 지도해석으로, 음악지능은 음악표기 등으로 나타난다.

넷째, 청년기 · 성인기는 지능이 직업활동을 통해 성숙된 모습으로 나타난다.

다. 피아제(J. Piajet)의 인지발달이론

1) 인지발달기제

그는 아동의 인지체계를 설명하기 위하여 생물학에서 조직과 적응의 개념을 빌려 왔다. 조직(organization)은 정보를 체계적으로 인지구조에 포함시키는 과정이며, 적응(adaptation)이란 새로이 접하는 정보를 자신의 인지구조에 포함시키는 과정에서 균형(평형)을 취해가는 과정이다. 그는 인간의 생리적 과정이 평형화를 이루려는 것처럼 지적인 과정도 평형상태를 이루려고 한다고 주장하면서 동화와 조절행위를 중재하는 평형화의 개념을 제안했다.

2) 인지발달단계

① 제1기 감각운동기(sensorimotor period: 출생-2세)

- 외부 세계에 대한 영아의 반응은 거의 전부가 반사적 또는 감각적이다.
- 영아는 자극이 가해지는 어떤 것에나 즉각적으로 반응한다.
- 영아는 계획을 세우거나 의도적으로 행동을 하지 않는다.
- 영아는 물체에 대한 어떤 내적인 표상 능력이 없다. 즉, 물체를 상징하고 정신적으로 다룰 수 있는 정신적인 그림이나 단어들을 가지고 있지 않다.

② 제2기 전조작기(preoperation period: 2-7세)

이 시기의 어린이들은 내면화된 도식에 기초한 행동으로 옮아가게 된다. 아직 감각 운동적 적응형태가 남아 있으나 현저한 언어발달, 상징적 사고가 가능하다. 이 시기는 2단계로 구분된다.

- 전개념단계(2–4세경): 언어발달이 현저하나 아직 불완전한 개념을 나타내고, 상징적 기능이 증가하여 역할놀이가 가능하다. 이 시기의 사고와 행동은 자기중심성이 강하고, 물활론적 사고를 한다.
- 직관적단계(4–7세경): 사물에 대한 개념화 능력이 확대되어 직관적인 사고를 하게 되고, 사물을 유목으로 분류하고, 관계성을 인식하는 도식이 발달하기 시작한다. 그러나 사고는 아직 논리적인 일관성이 없고, 가역성이나 보존성의 개념이 완전히 형성되어 있지 않다.

③ 제3기 구체적 조작기(concrete operation: 7–11세)

추리과정이 논리적이 되며, 여러 가지 과제를 인지적 조작을 통하여 해결한다. 이 시기의 특징은 보존개념이 형성되고, 자아중심성에서 벗어나 탈중심화가 가능해지고, 가역성의 개념이 형성되고, 서열화 · 유목화가 가능하며, 공간, 속도 등의 개념이 형성된다.

④ 제4기 형식적 조작기(formal operational period: 11세 이후)

논리적 사고와 추상적 추론이 가능해져서 가설을 생성할 뿐 아니라 가설의 타당성을 검증할 수 있다. 그리고 하나의 문제를 여러 가지 해결책을 통하여 바람직한 문제해결을 하게 되는 조합적 사고를 한다.

3) 피아제 이론의 교육적 의의

첫째, 각각의 발달단계에서 습득해야 할 것을 충분히 하도록 해야 한다는 것이다. 어린이가 새로운 인지구조를 만들어 내기까지에는 시간이 걸리고 그 과정에서 기발한 유추를 하는 오류를 범하기도 한다. 따라서 교육자는 어린이가 그 발달단계 내에서 충분히 오류를 범할 수 있다는 것을 허용하여 그 단계의 발달을 충실히 하게 한다.

둘째, 아동이 이해하는 정도는 전달하는 매체에 따라 달라지므로 형식적 조작기 단계라도 숫자나 언어로만 제시하지 말고 가능한 구체적인 실례를 많이 사용한다.

셋째, 교육장면에 있어서 학습은 능동적인 과정이어야 한다. 피아제는 학습의 과정이 자발적이고 활동적일 때 아동들은 보다 많이 얻을 수 있다고 생각했다.

라. 비고츠키(Vygotsky) 이론

1) 비고츠키 이론의 기본원리

① 지식의 구성

비고츠키는 피아제와 마찬가지로 유아들은 스스로 지식을 구성해간다고 믿었다. 그러나 피아제의 관점에서 인지적 구성은 기본적으로 물리적 대상들과의 상호작용 속에서 생겨나는 것인 반면에 비고츠키의 관점에서 인지적 구성은 항상 사회적으로 매개되며 현재와 과거의 사회적 상호작용에 영향을 받는다.

② 사회적 맥락의 중요성

비고츠키에게 있어 사회적 맥락은 태도나 신념보다 학습에 더 많은 영향을 미친다. 유아를 둘러싼 사회 환경은 인지의 내용과 과정에 영향을 주어 그 유아가 무엇을 아는가를 결정할 뿐만 아니라 그 유아가 어떻게 사고할 것인가를 결정한다. 즉 한 유아가 스스로 학습하려는 노력과 그 유아가 속해있는 사회, 부모, 교사 또는 또래들을 통해 가르치려는 노력이 모두 함께 그 유아의 정신을 발달시키는 것에 영향을 준다.

③ 언어의 사용

비고츠키는 자기중심적 언어의 사용이 단순하게 자기만의 생각을 표현하는 것이 아니라 문제해결을 위한 도구라고 생각하였다. 즉, 그에 따르면 독립적으로 발생하기 시작한 사고와 언어는 일정 시간이 지난 후에 서로 연합되는데, 아동이 2세 정도 되었을 때 사고와 언어가 결합되기 시작하며, 점차 언어는 지적이고 합리적이 된다. 아동이 언어의 상징성을 발견하게 되는 것도 이 시기이다. 이때부터 아동은 혼잣말을 자주하게 시작한다. 연구결과 아동의 혼자말의 사용빈도는 과제수행의 시간이 지나면서 더욱 증가하였고, 과제의 난이도와 정적 상관을 보였다(김억환, 1998: 168-170).

2) 근접발달지대(zone of proximal development: ZPD)

비고츠키는 교육은 발달을 이끄는 학습의 과정을 창조하는 것으로 생각해 근접발달지대라는 개념을 만들었다. 근접발달지대란 아동이 현재 스스로 과제를 해결할 수 있는 실제적 발달수준과 자신보다 인지적으로 유능한 성인이나 또래의 도움을 받아 과제를 해결할 수 있을 것으로 기대되는 잠재적 발달수준간의 간격으로 정의할 수 있다. 비고츠키의 근접발달지대의 의미는 아동이 스스로의 힘으로 문제를 해결할 때까지 그 문제를 이해한 다른 학생이나 교사의 주위에 놓여있어야 한다는 것이다. 이는 교수(teaching)의 기초를 제공한다.

그림 4-1 근접발달지대

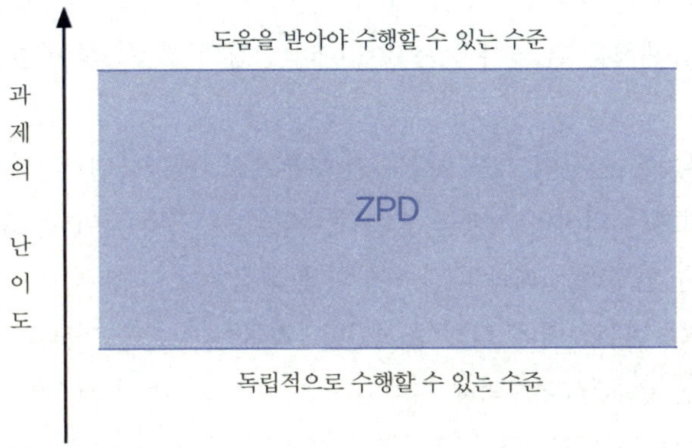

3) 비고츠키 이론의 교육적 의의

첫째, 비고츠키는 학교교육에서의 집단활동을 강조했다. 타인과의 협동은 성인과의 활동이든 또래와의 활동이든 근접발달지대 내에서 문화적으로 적합한 발달을 이끈다. 이들 연구에서 가장 많이 쓰이는 과제는 보존개념인데, 보존능력이 있는 아동과 보존 능력이 없는 아동이 짝을 이루어 토론한 결과 보존능력이 없는 아동의 80% 이상이 보존능력이 형성되었다.

둘째, 비고츠키는 신체적-정신적으로 장애가 있는 아이들을 일반아동과 함께 교육받는 것이 효과적이라고 했다. 이 경우 아이가 덜 유능한 사람과 상호작용을 하면 그 결과 퇴행할 수도 있다고 보아 장애아들을 분리하여 특수교육하는 것은 교육의 발달도 기대하기 어렵고 아이들을 위축시키게 된다고 하여 장애아 통합교육에 시사점을 주고 있다.

셋째, 아동의 적극적인 참여를 향상시키는 전략은 칭찬과 격려의 사용 그리고 매개체의 적극적인 활용을 권장한다. 매개체에는 셈을 하기 위해 사용되는 손가락, 유아들을 모이게 하는 방울소리, 글자를 익히기 위한 글자본, 숙제를 잘 하도록 하기 위해 책상 위에 붙여 놓은 선생님 사진, 주의집중을 시키기 위해 활용되는 수업자료 등이 있다.

2. 성　격

가. 성격의 구조

성격은 원본능, 자아, 초자아로 구성된다. 프로이드의 정신분석이론에 의하면 각 개인에게는 제한된 양의 심리적 에너지가 있으며, 성격구조의 세 가지 요소 중 개인이 가진 에너지에 대해 어느 요소가 통제력을 더 많이 갖는지에 따라 인간의 행동특성이 결정된다.

① 원본능(id): 원본능은 인간의 가장 원초적인 부분으로, 태어나면서 가지고 있는 심리적 에너지의 원천이며 무의식의 지배를 받는다. 원본능은 맹목적이며, 요구적이고, 고통을 피하고 쾌락을 얻으려는 쾌락의 원리에 의해 움직인다.

② 자아(ego): 자아는 현실원리에 의해 움직인다. 자아는 성격을 지배하고, 통제하고, 조절하는 실행자다. 현실원리에 의해 지배되므로 논리적이며 합리적인 사고를 하며, 원본능이 현실적으로 가능하지 않은 요구를 할 때는 원본능의 만족을 억제한다.

③ 초자아(super-ego): 초자아는 성격의 도덕적, 비판적 측면으로 현실보다는 이상을, 쾌락보다는 완성을 위해 작용한다. 이 초자아가 발달되면 부모에 의해 통제되던 것들이 초자아에 의해 통제된다. 초자아는 원초아의 충동을 억제하며, 자아가 현실적 목표 대신 도덕적 목표와 완전을 추구하도록 한다. 초자아는 부모나 사회의 표준이 내면화된 것으로, 심리적 보상이나 처벌과 관련이 있다.

나. 자아 방어기제

방어기제는 본능의 표출을 막고 초자아의 압력에 대항함으로써 불안으로부터 자신을 보호하기 위한 수단이다.

표 4-3 방어기제의 종류 및 내용

종 류	내 용	예
보상 (compensation)	어떠한 분야에서 탁월하여 인정을 받음으로 해서 다른 분야에서의 실패나 약점을 보충하여 자존심을 고양시키는 기제	약한 개가 큰소리로 짖는 것 공부에 자신이 없는 경우 운동을 열심히 하는 것

억압 (repression)	가장 기본적 방어기제로 불안을 회피하는 가장 직접적인 방식이다. 수치스럽다고 느껴지는 기억, 괴로운 경험 등을 의식으로부터 무의식으로 밀어내는 것	부모가 사랑하는 자녀의 죽음을 계속해서 믿지 않으려는 것
합리화 (rationalization)	어떤 행동이 억압되거나 실패했을 때 사회적으로 용납할 수 있는 이유를 들어 그 상황을 해명함으로써 위축된 자아를 보호하는 것	이솝우화에서 유래된 것으로, 자신이 바라던 것을 얻지 못했을 때 그것의 가치나 중요성을 깎아 내림으로써 마음의 위안을 얻는 것
투사 (projection)	미성숙한 방어기제로 스스로 받아들일 수 없는 충동이나 태도, 행동을 다른 사람이나 환경의 탓으로 돌리는 것	자기가 싫어하는 친구가 있는 경우 그 친구가 자기를 미워한다고 생각하는 것 시험공부를 열심히 하지 않고 나쁜 점수를 받고서는 채점이 공정하지 않았다고 하는 것
반동형성 (reaction formation)	사회적으로 용인될 수 없는 충동이 표출되는 것을 막기 위해 그 충동이 의식수준에서 정반대로 표현되는 것	친구를 좋아하면서도 표현하기 힘든 아동이 긴장된 상황에서 "난 네가 싫어"라고 말하는 것
퇴행 (regression)	현재 단계에서 좌절이나 불안이 지나치면 생의 초기에 성공적으로 사용했던 생각이나 감정에 의지하여 자신의 불안이나 위협을 해소하려는 것	동생이 출생하게 되면 부모의 사랑을 독차지하기 위하여 유치한 행동을 하는 것 딸이 용돈을 타기 위해 부모에게 어리광을 부리는 것
동일시 (identification)	자기가 좋아하거나 존경하는 대상과 자기를 동일하게 생각함으로써 만족을 얻는 것	청소년들이 연예인을 좋아하고 그들과 같은 행위를 하거나 옷을 입는 것

다. 성격발달단계

1) 프로이드(S. Freud) 심리성적 발달단계

① 구강기(출생-1세)

이 단계는 리비도가 입술에 집중되어 있는 시기로, 구강을 통하여 모든 욕구를 만족시킨다. 주로 이 단계의 욕구는 생물학적인 욕구가 대부분이므로 부모가 이 시기에 유아의 욕구를 얼마나 빨리 민감하게 반응해 주었느냐에 의해 성격이 형성된다. 구강기에 고착이 되면 이후에 입술이나 손가락 빨기, 과음, 과도한 흡연, 타인에 대한 불신, 타인의 사랑에 대한 거절, 긴밀한 관계를 형성하는 데 대한 공포 등으로 나타난다.

② **구항기**(1-3세)

항문부위가 인격형성에 있어서 가장 중요한 시기이다. 주된 발달적 과제로는 독립의 학습, 개인적 능력의 수용, 분노와 공격 등 부정적 감정들을 표현하는 것을 배우기 등이 있다. 부모의 훈육양식에 의해 형성되며, 아동의 후기 인격발달에 중대한 영향을 끼친다.

③ **남근기**(3-6세)

기본적 갈등은 어린이들이 이성 부모들에게 느끼는 무의식적 근친상간의 욕망에 집중되어 있다. 그러한 감정은 원래 위협적이므로 억압된다. 외디프스 콤플렉스가 생기며, 어린이의 점증하는 성적 관심에 대한 부모의 언어적, 비언어적 반응방식은 성에 대한 어린이의 태도와 감정에 영향을 끼친다. 이 시기에 고착이 되면 과시적이고 거만하고 공격적인 남근기적 성격이 형성된다.

④ **잠복기**(6-12세)

성적 관심이 다소 주춤하고 학교, 놀이, 친구, 운동, 새로운 활동들로 관심이 바뀐다. 이것은 어린이의 관심이 외부로 향하고 타인과 관계를 형성하는 사회화의 발달을 돕는다.

⑤ **생식기**(12세 이후)

사회적 억압과 금기사항들이 있지만, 젊은이들은 우정을 형성하고, 예술이나 스포츠에 종사하고, 직업을 준비하는 것과 같은 사회적으로 받아들여질 수 있는 여러 가지 활동들에 성적 에너지를 투자함으로써 그것을 처리할 수 있게 된다.

2) 에릭슨(E. H. Erikson)의 심리사회적 발달단계

① **신뢰감 대 불신감**(-18개월)

부모로부터 적절한 보살핌을 받아 기본적인 욕구가 충족된 유아는 자신과 주변에 대해 신뢰감을 형성하나, 양육이 부적절하거나 일관성이 없게 되어 부정적인 경험이 많은 유아는 불신감을 갖게 된다.

② **자율성 대 수치심**(~3세)

이 시기의 유아는 신체적 및 생리적 성숙에 의해 최초로 자아감각을 갖고 외부를 탐색하고자 한다. 이때 부모의 분별력 있는 보호에 의해 유아가 부모의 보호 방식에 따라 무엇을 하도록 허용되고 격려되면 유아의 자율성은 발전하게 된다. 그러나 유아의 자기주장이 이들의 미숙함을 우려하는 부모들의 규제를 받게 되거나 또는 실패에 부딪치게 되면 수치심이나 자아회의감에 사로잡히게 된다.

③ **주도성 대 죄의식**(~5 · 6세)

형제나 또래집단과 더불어 놀이 활동에 참여하면서 아동들은 자기 주장이 나타나고, 경쟁에 몰입하며, 이러한 과정 속에서 때로 좌절을 경험하기도 한다. 이 시기에 최초로 싹트는 자기 주장적 활동이 적절한 비율로 성공하게 되면 아동은 주도성을 확립하게 되나, 실패의 경험이 많을 경우 아동의 주도성은 위축되고 자기 주장에 대해 죄의식을 갖게 된다.

④ **근면성 대 열등감**(~11세)

이 시기의 유아는 기초적인 인지적 기술과 사회적 기술을 획득하게 되면서부터 가족의 범위를 넘어서서 사회에서 통용되는 유용한 기술들을 열심히 배우고자 하며, 이를 숙달하고자 한다. 아동이 어떤 일을 하도록 격려되고, 그 일의 성취에 대해 칭찬이 주어지면 근면성도 나타난다. 일에 실패하거나 실패에 대해 추궁을 받게 되면 열등감을 키우게 된다. 따라서 교사는 아동의 재능을 발견하고 적당한 용기와 격려를 제공해 주어야 한다.

⑤ **정체성 대 역할혼미**(~18세)

자신이 누구이며 가정과 사회에서의 역할에 대해 고민하는 시기로 자신에 대한 정체감을 형성하고자 하나 이에 실패하면 역할혼미에 빠지게 된다. 나는 누구인가? 나는 무엇이 될 것인가? 와 같은 자신의 위치와 역할에 대해 고민하고 장래의 직업적인 계획을 세우려는 것이 주요과업이라고 할 수 있다. 이 단계는 아동기에서 성인기로 전환되는 시기이다. 사회적, 역사적 변화에 대한 민감성 때문에 정체감 형성기의 청소년들은 상처받기 쉬우며 자신의 역할에 대한 혼돈상태로 인하여 불안하고 우유부단해지고 공허함을 느끼는 등 고통을 받게 된다.

⑥ **친밀성 대 고립감**(2~30세)

타인과 보다 친밀하고 신뢰할 수 있는 관계를 맺으려 노력하는 시기로 타인의 입장을 배려하고 감정이입을 하는 능력이 필요하다. 이 단계에서의 심리 사회적 위기는 고립감인데 이는 개인이 다른 사람과 친밀감을 나누려 하지 않기 때문에 관계를 회피하려는 데서 생겨난다.

⑦ 생산성 대 침체감(4-50세)

자녀, 업적, 생산물 등 다음 세대에 물려줄 수 있는 어떤 특성을 소유하고 있음에 대한 자신감을 소유하게 되는데 이러한 생산성이 약하거나 없다고 느낄 때 빈곤감과 침체감을 경험하게 된다.

⑧ 자아통합감 대 절망감(60세-)

죽음이 다가옴에 따라 자신의 삶을 재조명하고 지나온 삶에 대한 나름대로의 의미를 찾으며 만족하는 것이 자아통합이나 이에 실패하면 절망과 허무를 경험하게 된다. 통합적 상태에 도달한 사람은 자신의 생애가 보다 큰 질서 속에서 어떤 의미를 가진다는 것을 알게 되며 지나온 자신의 삶 속에서 나름대로의 의미를 찾는 지혜를 지닌 사람이다.

라. 에릭슨 이론의 교육적 의의

에릭슨의 발달단계는 부모와 교사에게 많은 도움을 준다.

- 영아기 부모는 아이들이 마음껏 활동할 수 있도록 환경을 조성해 주고 혼자서 할 수 있도록 격려해 주면 아이들은 자율성을 갖게 되지만, 자신의 노력을 부모가 인정해 주지 않거나 반복적으로 실패하게 되면 수치심이나 회의감을 갖게 된다.
- 유아기에는 자율적으로 계획을 세우고 새로운 인지기술로 세계를 다루고자 하는 시기로 이때 지나치게 유아들을 통제하거나 꾸짖으면 유아들은 죄의식을 느끼게 되고 부정적인 자아개념을 갖게 된다. 그러므로 가능한 유아들을 수용하고 포용해 주는 여유가 필요하다.
- 초등학교에 들어가면 아동은 사회가 요구하는 새로운 과제를 수행하게 되는 시기로, 이 시기의 성공적인 과제수행은 아동에게 근면감과 자신감을 심어주나 과제수행에 실패하게 되면 열등감을 갖게 되고 자신감을 잃게 된다. 이때 교사나 부모가 지나치게 높은 기대를 가지고 능력 이상의 과제를 수행하도록 강요하거나 타인과 무리하게 비교를 한다면 아동들의 사회적응력에 문제가 생기게 된다.
- 중등학교 시기는 에릭슨이 특히 중요하게 취급한 시기로 청소년들은 자아정체감을 확

립하기 위해 노력하는 시기이다. 이 시기에 청소년들은 우유부단해지고 불안감을 느끼기도 하고 때로는 반항적이 되기도 한다. 그러므로 교사는 청소년들에게 자신감을 심어주고 가능한 대안들을 탐색해 보거나 다양한 경험을 할 수 있도록 기회를 제공해 주고, 청소년들이 그들의 고민을 함께 이야기할 수 있는 장을 마련해 주어야 한다.

제 4 절 학습의 이해

1. 학습의 개념

학습은 교육심리학의 가장 중요한 영역이다. 학습자는 학습의 주체이고 모든 교육의 결과는 학습에 의해 나타나기 때문이다.

학습(learning)을 '공부하는 것(studying)' 정도로 해석할 수 있으나 심리학자들은 학습을 보다 넓은 의미로 해석하여 '경험이나 연습의 결과로 나타나는 비교적 영속적인 행동 및 잠재력의 변화'로 정의한다. 학습에는 대체로 다음과 같은 몇 가지 공통적인 요소가 포함되어 있다.

첫째, 학습은 행동의 변화로 나타난다.

둘째, 행동의 변화는 경험이나 훈련 또는 연습에 의해 나타난다.

셋째, 행동변화의 효과가 비교적 오랫동안 지속되어야 한다.

2. 학습이론

가. 행동주의 학습이론

1) 고전적 조건형성(classical conditioning)

자극과 반응간의 관계를 최초로 연구한 사람은 파브로브(I. Pavlov)로 그는 노벨상까지 받은 생리학자였으나 실험도중 원래는 반응을 일으킬 수 없던 자극이 반응을 일으키는 것을 발견하고, 심리적 현상을 연구하기 시작했다. 파브로브는 먼저 개의 타액선에 가는 튜브를 연결시키는 수술을 하였다. 이 튜브를 통해 타액이 바깥으로 흘러나오면, 분비된 타액이 기계적으로 정확하게 측정될 수 있게 하였다. 수술한 개를 실험 장치에 고정시킨 상태에서 실험이 실시되었다.

그림 4-2 Pavlov의 동물실험

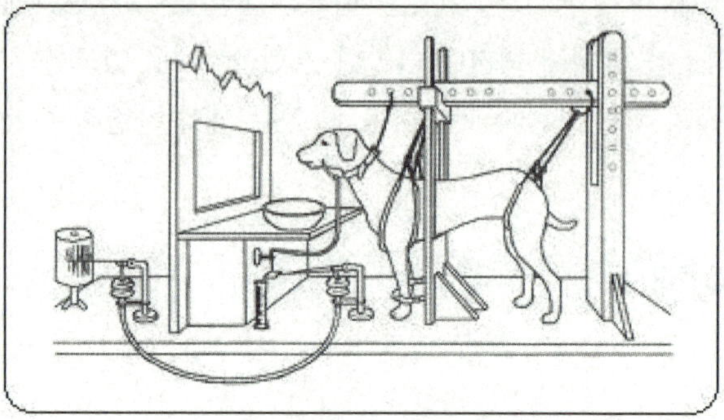

실험의 첫 단계에서 파브로브는 개의 입에 음식물을 넣어 주면 타액이 분비되고, 종소리를 들려주면 타액이 분비되지 않는다는 것을 확인하였다. 음식물(unconditioned stimulus: US)을 입에 넣어줄 때 나타나는 타액 분비는 선천적이고 자동적으로 유발되는 반사(unconditioned response: UR)이다. 종소리는 개의 타액분비와 무관한, 즉 타액분비를 촉진시키거나 억제시키는 작용을 하지 못하는 중성자극(neutral stimulus: NS)이다. 그러나 먹이가 주어지기 직전에 종소리(conditioned stimulus: CS)가 울리는 것을 여러 번 들은 개는 종소리가 울리자마자 타액을 분비(conditioned response: CR)하기 시작하였다. 개들은 종소리는 먹이의 출현을 신호한다는 것을 학습하고서 먹이가 따라오지 않더라도 침을 흘리게 되었다. 개들은 새로운 자극, 즉 종소리에 반응하여 타액을 분비하도록 조건화되었다.

그림 4-3 고전적 조건형성과정

조건화 이전	NS(소리) → 반응이 없거나 부적절한 반응 US(먹이) → UR(타액분비)
조건화 형성동안	NS ↘ US → UR(타액분비)
조건화 이후	CS(소리) → CR(타액분비)

우리는 실제로 조건반사의 원리에 합치되는 행동이나 학습현상들을 많이 경험하고 있다. 지속적으로 한 가지 향수를 사용함으로써 그 향수 냄새만 나면 그 사람이 떠오르는 것이나 소비자를 끌려고 하는 광고의 효과 등이 있으며 인간의 감정을 훈련하는 데 많이 이용된다. 특히 교사들에게 주는 시사점은 학교와 교사와 관련된 다양한 감정과 태도 등이 교실 내에서 학습된다는 점을 기억해야 한다는 것이다.

2) 조작적 조건형성(operant conditioning)

고전적 조건형성이 행동의 학습을 설명하는 데 유용하기는 하지만 모든 인간의 행동을 설명하는 데에는 한계가 있다. 손다이크(E. L. Thorndike)는 반응 뒤에 주어지는 보상이 있기 때문에 학습한다는 것을 연구하였다. 성공하기까지 다양한 반응을 보이기 때문에 이러한 학습을 시행착오학습이라고 하였고, 성공적인 반응이 성공을 가져다 준 도구가 되었기 때문에, 이러한 학습을 도구적 조건형성이라고 불렀다. 손다이크가 시작한 도구적 조건형성 실험은 하버드대학의 스키너(B. F. Skinner)에 의해 체계적으로 연구되었으며, 오늘날 행동주의 심리학을 교실 내에서 적용할 수 있게 이끌었다.

세심하게 통제된 조건하에서 스키너는 스키너 상자를 이용하여 쥐가 지렛대를 누르거나 비둘기가 불 켜진 원판을 쪼는 실험을 하였다. 스키너 상자는 한쪽 벽에 지렛대를 장치해 놓고, 비둘기가 지렛대를 쪼면 먹이가 그 밑의 먹이통에 자동으로 떨어지게 된다. 비둘기를 이 상자속에 넣으면 비둘기는 새로운 환경을 탐색하면서 여러 가지 행동을 하다가 우연히 지렛대를 쪼게 되면 먹이통으로 먹이가 떨어져 그 행동에 보상을 해 준다. 이 과정이 반복됨에 따라 비둘기는 지렛대를 쪼는 반응을 학습하게 된다. 즉, 조작적 조건 형성이 나타난 것이다.

조작적 조건형성에서는 강화와 처벌의 역할이 중요하다.

① 강화(reinforcement)

강화란 어떤 행동의 강도와 발생 빈도를 증가시키는 것을 의미하다. 강화에는 정적 강화(positive reinforcement)와 부적 강화(negative reinforcement)가 있는데, 정적이든 부적이든 강화는 행동의 발생빈도를 증가시킨다. 정적 강화란 가치 있는 어떠한 것을 함으로써 바람직한 행동의 강도와 빈도를 증가시키는 것을 의미한다. 부적 강화란 바라지 않는 어떠한 것을 제거하여 바람직한 행동의 강도와 빈도를 증가시키는 것을 의미한다. 강화는 행동의 빈도를 감소시키는 벌(punishment)과 구별하여야 한다.

② 정적 강화

반응 후에 유쾌하거나 바람직한 긍정적인 자극이 가해져서 이 조작의 결과로 반응의 빈도가 증가한다면 이를 정적 강화라고 한다. 예를 들어, 좋은 성적 때문에 부모로부터 칭찬과 금전적 보상을 받는다든지, 미술시간에 그림을 잘 그린 학생의 작품을 교실에 전시하여 학생이 미술에 더욱 흥미를 갖도록 하는 것이다.

③ 부적 강화

싫은 대상물을 제거함으로써 행동의 반응확률을 증가시키는 자극이다. 예를 들어, 과제물을 잘 해온 경우 청소당번을 면제해 주어, 과제물을 더 잘 해오게 되었다면 부적 강화가 일어났다고 볼 수 있다. '부적'이란 단어는 바람직한 행동을 증가시키기 위해 학생이 싫어하는 어떠한 것을 제거한다는 의미이다.

④ 강화 계획(reinforcement schedule)

개인의 반응 횟수나 강도를 높이기 위해서 강화를 적절히 적용하는 방법으로 계속적 강화와 간헐적 강화가 있다. 계속적 강화는 정적 반응을 할 때마다 강화물을 주기 때문에 행동을 빨리 변화시켜 학습 초기 단계에 아주 효과적이다. 간헐적 강화는 반응할 때마다 강화물을 제시하지 않고 가끔씩 강화하는 것으로, 계속적 강화를 할 때보다 소거에 대한 저항이 강하여 학습된 행동을 유지하는 데 효과적이다. 간헐 강화에는 시간에 따라 강화하는 간격 계획과 반응 수에 따라 강화하는 비율 계획이 있다.

표 4-4 강화 계획

종 류	정 의	실 례	반응형태	강화가 그칠 때 반응
① 고정간격 (fixed interval)	일정한 시간 간격에 주어지는 강화	정해진 시간마다 고정적으로 주는 강화(주급, 월급으로 벌어들이는 고정된 수익)	강화 시간이 가까이 오면 반응이 증가되고 강화 후 떨어짐	약한 지속성(시간이 지나도 강화 인자가 나타나지 않을 때 반응 비율이 급격히 떨어짐)
② 변동간격 (variable interval)	일정치 않은 시간에 수시로 주어지는 예상하지 못한 강화	일정한 간격이 아닌 비고정적으로 주는 강화(예고 없이 보는 쪽지 시험)	반응이 느린 속도로 꾸준히 증가됨. 강화 후 거의 쉬지 않음	강한 지속성(반응 비율이 늦게 떨어짐)

③ 고정비율 (fixed ratio)	일정한 반응 수에 따라 주어지는 예상된 강화	정해진 반응 횟수에 도달할 때마다 고정적으로 주는 강화(5문제를 연속해서 맞추면 10분간 휴식하기)	반응이 빠른 속도로 증가됨. 강화 후 반응이 잠시 감소됨	약한 지속성(기대했던 반응 수가 주어져도 강화 인자가 나타나지 않을 때 반응 비율이 급격히 떨어짐)
④ 변동비율 (variable ratio)	반응 수에 관계없이 수시로 주어지는 예상하지 못한 강화	반응 횟수 10번째, 7번째, 9번째 등 비고정적으로 주는 강화(도박을 통한 변동된 수익)	반응이 가장 빠른 속도로 증가됨. 강화 후에도 반응감소 현상이 없음	강한 지속성(반응 비율이 높게 지속되고 점차로 떨어짐)

출처: 김수영 외(2007). 실기교육방법론. p. 35.

3) 행동주의 학습이론의 교육적 적용

행동주의 학습이론이 교수방법 구상에 직접 도움이 될 수 있다고 생각되는 요소를 요약하면 다음과 같다.

첫째, 연습하는 중에 정반응이 나타날 때마다 교사는 보상을 주어야 한다. 대체로 긍정적이고 적극적인 강화가 부정적이고 소극적인 강화보다 낫다(효과의 법칙).

둘째, 반복의 빈도는 기능의 습득에 있어서 중요시되며 기억이 잘 될 정도로 충분한 학습을 하도록 하는 것이 중요하다(연습의 법칙).

셋째, 현재 어떤 과제를 수행할 능력이 비효과적인 수준이라고 판단될 때에는 이를 진행시키지 말고 일정능력의 수준에 도달할 때까지 기다렸다가 진행시키는 것이 바람직하다(준비성의 법칙).

넷째, 학습자에게 무엇을 가르치려 할 때에는 학습자 스스로가 그 문제를 풀 수 있을 때까지 기다렸다가 보상을 하는 것이 효과적이며 그 과정에서 바람직한 반응을 보이면 즉시 보상하는 것이 효과적이다(효과의 법칙).

다섯째, 학습하고자 하는 내용이 개인적으로 매력적인 것으로 여겨지게끔 동기 지움으로써 학습하고자 하는 내용을 개인적으로 의미 있게 만들어 주는 것이 좋다(태도의 법칙).

여섯째, 학습장면에 동일한 요소가 포함된 변형된 장면을 반복 제시함으로써 전이와 연합의 이동을 통한 진전을 도모할 수 있다(일반화와 변별).

나. 인지적 학습이론

1) 통찰설(Insight Theory)

행동주의 심리학자들은 학습을 반응강도의 점진적 과정이라고 설명한 반면에, 형태심리학자들은 학습에서 문제해결능력은 통찰을 통해서 이루어진다고 하였다.

통찰학습에 의한 고전적 연구는 쾰러에 의해 수행되었다. 독일 게쉬탈트(Gestalt) 심리학파의 한 사람인 쾰러(W. Köhler)는 침팬지의 문제해결능력을 알아보는 실험을 통하여, 문제해결이 시행착오나 조건형성이 아닌 통찰을 통해서 이루어짐을 실험을 통하여 입증하였다.

전형적인 실험은 우리 안에 넣은 침팬지를 대상으로 하였다. 도구를 사용하지 않고 맨손이나 점프를 해서는 취득할 수 없을 정도 높이의 천장에 바나나가 매달려있고, 바닥에는 상자 몇 개와 긴 막대기가 제공된 상태이다. 바나나를 얻기 위한 침팬지의 행동은 행동주의 심리학자들의 이론에 의하면 여러 번의 시행착오를 거쳐야 하는데, 형태주의 심리학자들은 그러한 과정 없이 침팬지가 먹이를 얻기 위한 문제 상황을 인식하고 처음에는 무관했던 요소들(막대기와 상자 등)을 새롭고 유목적적인 전체로 재구성하게 한 통찰이 이루어진다고 보았다.

형태심리학 용어로 시행착오 없이 상자를 쌓고 막대기를 이용하여 천장의 바나나를 얻는 이러한 행동은, 문제를 지적으로 인식하고 지각적 장을 재구성하여 문제를 해결할 수 있는 새로운 전체(a new whole)를 형성한다는 것으로 설명되어진다.

이러한 통찰에 의한 학습의 과정은 다음과 같이 요약된다(김충기 외, 2005: 236).

① **문제의 파악:** 일련의 행위가 취해지기 위해서는 우선 문제의 파악이 이루어져야 한다.

② **숙고 과정:** 문제해결을 위해 다양한 가능성에 대해 사고를 하는 단계이다. 이 과정에서 다양한 해결책들을 머리속에서 시도해 본다. 이러한 과정을 '인지적인 시행착오의 과정'이라 표현할 수 있다.

③ **통찰:** 숙고 과정의 인지적 시행착오 과정을 진행하는 도중 정답으로서의 해결책이 떠오를 때 통찰은 갑자기 이루어진다.

④ **통찰에 의한 해법의 기억:** 성공한 문제해결 방법은 아주 잘 기억된다.

⑤ **해법의 일반화:** 알고 있는 지식을 일반화시켜 유사한 문제의 해결을 위해 적용한다.

2) 정보처리이론(Information Processing Theory)

정보처리이론은 인지주의 학습이론의 대표적인 학습이론으로, 최근의 체계적인 인지주의 학습관을 나타내고 있다.

정보처리이론은 인간은 정보를 처리하는 무수한 내적인 정신구조를 가지고 있다는 기본적인 가정 하에, 이러한 정신구조들이 지각과 정보의 부호화와 기억과 같은 처리를 수행하는 과정을 컴퓨터의 처리과정과 비유하여 이해하려는 이론이다.

다른 인지주의 이론가들과 마찬가지로 정보처리 이론가들도, 이미 알고 있는 내용이 앞으로 새로운 상황에서 배우고 기억하게 될 내용에 영향을 미친다고 생각한다. 이미 알고 있는 내용은 기억에 저장되어 있다. 기억이 없다면 새로운 상황에 직면했을 때 매번 모든 것을 다시 배워야 할 것이다. 따라서 학습과 기억은 매우 밀접한 관계에 놓여 있다.

기억(memory)이라 함은 '학습경험의 사실 및 내용을 머리에 간직했다가 필요에 따라 재생할 때까지의 심리적 과정'을 말한다. 다시 말하면 기억이란 새로운 학습경험이 중추신경에 암기된 것을 일정 기간동안 기억흔적으로 보유하였다가 어떤 자극에 의해 재생되어 재인식되는 과정이라 하겠다. 따라서 기억은 암기(memorizing) → 보유(retention) → 재생(recall) → 재인식(recognition)의 네 가지 단계를 밟아서 현재의 학습경험의 사실이 이전의 학습경험의 사실과 같다는 것을 확인하는 데 이르기까지의 일련의 심리적 과정을 말한다.

그림 4-4 기억의 정보처리 모형

자극 →	감각등록기	→	단기기억 / 작용기억	반응 ⇆	장기기억
	단기감각저장		단기기억–작용기억		장기기억
용량	대량 또는 무제한		대략 7 chunk로 제한		무제한
양상	주의집중, 지각		리허설(시연), 묶음		조직화 및 유의미성
지속	순간적(시각정보는 0.5초–청각정보는 3초 정도 지속)		일시적(리허설이 없는 경우 평균 20초 정도)		영구적
소멸	시간에 따라 소멸		치환 또는 리허설 실패		인출 실패 또는 간섭

위의 모형에서 보는 바와 같이 인간의 정보처리체계는 정보를 저장하고 인출하는 데 요구되는 처리과정과 정보의 저장 용량과 유지시간 등에 따라 세 개의 기억저장고, 즉 감각등록기, 단기기억, 장기기억을 가정한다.

① **감각등록기**(sensory resistor)

감각적 기억은 감각기관으로부터 뇌로 보내진 정보가 남아 있는 흔적이다. 감각적 기억의 정보는 불과 3~4초 사이에 신속하게 소멸되어 가고 만약 이 정보가 다음 기억단계로 넘어가지 않으면 사라져 버린다.

② **단기기억**(short-term memory)

눈이나 귀와 같은 감각수용기관을 통해 들어온 것이 이미지(image)나 소리(sounds)의 패턴으로 변형되면 감각등록기에 있던 정보는 단기기억으로 들어갈 수 있다. 실험결과에 의하면, 단기기억 속에 한꺼번에 담을 수 있는 정보의 수는 성인의 경우 단지 5~9개 단위의 정보를 약 20초 동안 저장할 수 있으며, 이보다 더 많은 정보를 가지게 되면 어떤 정보는 밀려나게 된다고 한다.

③ **장기기억**(long-term memory)

장기기억에 들어갈 수 있도록 하는 정보변형은, 교수-학습의 현장에서 교사가 학생들에게 더 오래 기억할 수 있도록 도우려는 학습의 중요한 측면 중 하나이다.

일단 정보가 장기기억에 들어가게 되면 영속적으로 사용이 가능하며, 장기기억의 용량은 제한되어 있지 않고 이론적으로는 우리가 원하는 것은 모두 기억할 수 있다.

기억용량을 학습에 효과적으로 사용할 수 있는 방법은 다음과 같다(김아영 외, 1997: 281).

첫째, 학생들이 확실하게 수업에 주의를 기울이게 만든다.

둘째, 학생들이 중요한 내용과 중요하지 않은 내용을 구분하고 가장 필수적인 정보에 중점을 두어 학습하도록 도와준다.

셋째, 학생들이 새로운 정보와 그들이 이미 알고 있는 내용을 연결시킬 수 있도록 도와준다.

넷째, 정보를 반복해 주고 복습시켜 준다.

다섯째, 암기에 매달리지 말고 의미를 이해하도록 강조한다.

1. 가드너의 다중지능이론에 입각하여 자신에게 어떤 지능이 있는지를 분석해 보고 또한 학생들에게 어떻게 적용될 수 있는지 토론해 보자.

2. 비고츠키 이론에 언급된 매개체의 활용이 교실수업에 어떻게 활용될 수 있는지 그 방법들에 관하여 토론해 보자.

3. 일상생활 속에서 많은 방어기제가 사용되고 있다. 내가 주로 사용하는 방어기제의 예를 들고, 그 방어기제를 사용하는 원인에 관하여 토론해 보자.

4. 에릭슨의 심리사회적 발달이론이 교육에 주는 시사점을 각 단계별로 제시해 보자.

5. 행동주의 학습이론에 나오는 정적/부적 강화가 학교현장에서 많이 적용되고 있다. 강화의 효과와 부작용에 관하여 토론해 보자.

CHAPTER

5

교육의 사회적 이해

1 교육의 사회적 접근 이론
2 사회계층과 교육
3 교육과정사회학

학습목표

☞ 교육사회학의 발달과정을 이해한다.

☞ 학교교육에 대한 기능론과 갈등론의 차이를 이해한다.

☞ 문화자본이 사회계층과 교육과정에 어떤 영향을 주는지 이해한다.

☞ 교육과정사회학의 개념과 내용을 이해한다.

미리보기

1. 교육사회학은 응용과학적 성격에서 사회학적 교육사회학으로 변천하였다.
2. 기능론은 학교교육을 순기능적으로 설명하고 갈등론의 설명은 이와 상반적이다.
3. 해석학적 패러다임의 연구는 거시적, 객관적 연구방법을 벗어나 미시적, 해석적 연구방법을 취한다.
4. 번스타인은 학교에서 사용되는 언어 코드가 지배집단의 아동들에게 유리하게 작용하며 계층 영속화 기능을 한다고 본다.
5. 부르디외는 지배계층의 문화자본이 학교를 지배함으로써 중상류 계층 학생들의 학업성취에 유리하다고 분석한다.

5

교육의 사회적 이해

제 1 절 교육의 사회적 접근 이론

인간은 사회적 동물이다. 인간은 사회 속에서 태어나 사회적·문화적 존재로 성장해 간다. 인간의 성장과 발달에 관한 교육은 사람들 간의 상호작용 속에서 이루어지는 사회적 행위이므로 그들 각각의 사회적·문화적·정치적 경험을 전제로 한다. 그래서 교육내용은 사회적으로 형성되고 축적된 문화내용이고 교육방법도 특정한 사회적 배경 위에서 이루어지는 활동인 것이다. 교육을 사회적 맥락 속에서 행해지는 사회적 현상의 한 양태로 인식하는 가운데 교육과 사회와의 관계에 대해 탐색하는 학문이 바로 교육사회학이다.

1. 교육사회학의 발달

교육의 사회학적 접근은 1800년대 후반에 프랑스 사회학자 뒤르껭(E. Durkheim)에게서 시작된 것으로 알려진다. 그는 "교육은 그 기원이 기능으로 볼 때 주로 사회적인 것으로 간주할 수 있고 따라서 교육의 이론은 다른 어떤 학문보다도 사회학과 깊은 연관이 있나"고 말하면서 교육연구에 있어서 사회학적 접근의 필요성을 말했다.

뒤르껭의 교육에 대한 사회학적 관심은 교육이 사회학적 이해의 대상임을 주창한 것이며, 교육사회학의 연구대상을 제시함으로써 교육사회학의 토대를 형성하였다는 점에 의의가 있다.

1907년, 미국의 스잘로우(H. Suzzallow)가 『교육적 사회학(Educational Sociology)』이라는 강좌를 처음 개설한 이후 1920년대 초에는 미국 교육사회학회가 창립되고 1926년에는 교육사회학의 성격과 체제를 형성하는 데 중요한 역할을 한 『교육적 사회학(Educational Sociology)』이 창간됨으로써 교육사회학이 학문적 전문영역으로 자리 잡아 나간다. 그러나 이 당시의 교육사회학은 교육의 실천적 문제해결에 사회학의 원리와 지식을 활용하는 응용과학적인 지식체계였기 때문에 학문적 엄격성과 이론적 체계는 갖추지 못하고 있었다.

1940년대 중반 이후, 학교가 사회와 밀접한 관련을 맺고 있다는 관점에서 비판적 탐구를 시도한 교육사회학의 새로운 경향이 나타난다. 단순히 사회학을 교육에 적용하는 것으로부터 교육의 문제를 사회적으로 규명하는 방향으로 변하게 되었다. 1963년에는 종전의 교육사회학의 학술지였던 『교육적 사회학(The Journal of Educational Sociology)』이 『교육의 사회학(The Journal of Sociology of Education)』으로 이름이 바뀌는데 이는 교육사회학의 경향이 전환되었음을 상징한다. 즉 기존의 응용과학적 교육사회학으로부터 사회학적 교육사회학으로 경향이 변한 것이다.

2. 교육사회학의 이론과 학교교육

교육사회학 연구들은 교육에 대한 관점, 사회변화와 교육의 관계설정, 교육사회학의 주요과제 선정 등의 면에서 크게 기능이론, 갈등이론, 해석학적 교육이론으로 구분할 수 있다.

가. 기능이론의 관점과 학교교육

1) 기능이론의 관점

기능이론은 사회를 유기체에 비유한다. 유기체의 각 기관들은 각기 다른 기능을 담당하며 각각의 고유한 기능을 수행함으로써 유기체의 생존과 활동을 가능하게 만든다. 유기체의 각 부분의 순조로운 기능을 통해 유기체 전체의 생존과 번성이 가능한 것과 마찬가지로 사회는 여러 부분으로 구성되어 있으며, 각 부분은 전체의 생존과 유지를 위하여 필요한 각각의 기능을 수행한다는 것이 기능이론의 설명이다.

사회는 항상 안정을 유지하려는 속성을 지니고 있으며 어떤 충격에 의하여 안정이 깨지면 이를 회복하기 위한 노력을 한다. 이런 입장을 교육학에 적극적으로 수용한 뒤르껭은 사회가 격심한 변화를 겪고도 해체되지 않는 생명력을 가지며, 교육이야말로 사회를 바람직한 방향으로 바꾸어 놓을 수 있는 중요한 매개라는 생각을 하게 된다. 즉 교육은 개개인을 사회적인 구성원으로 양성하는 과정이라는 점에서 사회 유지에 필수적인 과정이며 수단인 것으로 본다.

2) 기능론과 학교교육

기능론은 교육과 사회관계를 긍정적으로 파악하는 동시에 교육의 순기능을 강조한다. 사회제도의 하나인 교육은 사회구성원으로서 개인의 통합과 응집력의 증진, 적성과 능력에 알맞은 역할과 지위의 분류 및 배분 그리고 사회 각 분야에서 요구하는 지식, 기술, 행동양식을 전승하는 기능을 수행함으로써 개인을 사회에 적응시킴과 동시에 개인을 전체사회 속에 통합시키고 나아가 사회가 요구하는 인력을 양성하고 공급하게 된다(김병성, 1994). 즉 기능주의적 관점에서 교육은 사회화와 사회적 선발 및 배치의 기능을 하는 것이다.

① 사 회 화

뒤르껭에 따르면 교육은 사회화와 동일한 의미를 갖는다. 학교교육이란 전체 사회의 지배적인 행위유형들을 의도적으로 전달해 줌으로써 한 사회의 존속에 기여하는 수단이고 비사회적 존재인 개인들을 사회적 존재로 길러내는 일을 한다. 그는 사회화를 위한 교육의 기능을 보편적 사회화와 특수 사회화의 내용으로 구성된다고 보았다. 보편적 사회화는 한 사회의 공통적 감성과 신념, 즉 집합 의식을 새로운 세대에 내면화시키는 것으로 사회가 요구하는 지적, 신체적, 도덕적 특성의 함양을 뜻한다. 이 보편적 사회화는 한 사회가 해체되지 않고 존속하도록 할 뿐만 아니라 한 사회의 독특성을 유지하는 데에 필수적인 것이다. 한편 특수 사회화는 개인이 속하게 될 특수한 직업집단이 요구하는 지적, 도덕적 특성의 함양을 의미한다.

뒤르껭의 기능론적 관점은 이런 두 가지 형태의 사회화 과정을 거쳐 사람들이 적합한 사회구성원으로 길러지게 된다는 것이다. 그러나 그는 현실의 사회가 언제나 보편성을 따르는 것이 아님에도 불구하고 사회 또는 국가를 개인 및 하위 집단의 우위에 두었으며 사회적 합의가 이미 존재하고 있다고 상정함으로써 한 사회 내의 집단 간 차이를 경시하였다는 비판을 받았다.

② 사회적 선발과 배치

파슨스(Parsons)는 뒤르껭과 마찬가지로 학교교육의 사회화 기능을 강조하면서 사회적 선발의 기능을 가지고 있다고 보았다. 학교교육은 사회화와 인력배치라는 기본 기능을 담당함으로써 존립한다는 것이다. 그는 개인에게 그들이 담당하게 될 역할수행에 필요한 정신적 자세와 자질을 기르는 것이 사회화라고 보았으며, 이러한 사회화 과정은 장래의 역할 수행이 핵심인 만큼 사람을 적재적소에 배치하는 기능을 통해 마무리된다고 보았다.

인력의 선발, 분류, 배치의 기능을 강조하는 기능론적 관점은 첫째, 능력과 재능은 사람마다 다르며 높은 능력일수록 소유자가 적다는 것과 둘째, 선발기준이 능력 본위이어야 한다는 것을 기본 전제로 삼고 있다(김병성, 1994). 선발의 과정은 초등학교에서는 인지적, 도덕적 학습의 총괄평가를 통해 이루어지며, 중등학교에서는 대학교육에 적합한 사람과 그렇지 않은 사람을 분리하는 과정으로 구분된다. 이런 학교의 선발기능은 현대산업사회가 성취지향의 가치관을 가지고 있기 때문에 가능한 것이라고 볼 수 있다. 성취에 의해 사회적 계층이 나뉘어지는 것이 당연하다는 입장에 서게 되면, 성취 수준의 차이에 따라 학력 수준이 달라지고, 학력 수준에 따라 사회적 지위 수준이 달라지게 되는 과정은 공정한 과정이 되는 것이다(김신일, 2009).

나. 갈등이론의 관점과 학교교육

1) 갈등이론의 관점

갈등이론은 사회를 개인 간 및 집단 간의 끊임없는 경쟁과 갈등의 연속으로 본다. 갈등론적 관점은 세력 다툼, 이해의 상충, 지배자의 압제와 피지배자의 저항, 그리고 사회의 끊임없는 불안정과 변동이 사회의 본질이며 기본적으로 희소한 자원을 둘러싼 분배의 문제가 인간사의 핵심이라고 본다. 누가 더 많은 몫을 가질 것인가가 사회가 성립된 이래 계속되어온 주된 갈등이며, 정태적으로 보이는 사회는 이러한 갈등이 일시적으로 타협을 이룬 상태이며 변화가 사회의 기본 속성이라고 본다.

변화를 전제로 사회를 보는 갈등론적 관점은 기능주의 이론의 기본 전제인 사회의 안정성, 상호의존성, 통합성을 부인하고 사회의 속성을 변화, 불일치, 투쟁, 갈등이 존재하는 것으로 보고, 이러한 사회구성 요인 간의 이견(dissension), 변화, 불평등 관계나 개념을 교육현상과 연관지어 논의 · 분석하기 시작하였다(김병성, 1994).

2) 갈등론과 학교교육

기능이론에 의하면 교육은 현존사회의 문화가치를 유지, 전달하기 위하여 사회구성원의 사회화에 공헌하고, 구성원의 사회적 역할을 원활하게 수행할 수 있게 개개인을 적재적소에 배치하는 선발의 기능을 강조하고 있다. 이와 대조적으로 갈등이론은 학교교육이 지배집단의 권익을 정당화하고 주입하여 기존사회 계층 구조를 재생산하는 데 주력하고 있다고 본다(김병성, 1994).

갈등론적 이론가들은 교육의 불평등과 불공정성을 파헤치고 사회적 불평등이 현행 학교교육을 통하여 어떻게 강화 유지되는가를 밝히는 데 주요 관심사가 있었다. 그들은 학교교육의 기회 확대와 양적 성장에도 불구하고 사회적 불평등은 여전히 존재하고 있다는 점을 들어 기능론에 입각한 자유주의적 이데올로기의 허구성을 지적하고 있다. 즉 교육은 사회에 존재하는 모든 계급에 평등하게 주어지기보다는 사회 저변에 널려 있는 불평등과 불공평성을 강화 유지함으로써 평등사회 실현은 하나의 이상에 불과하다고 현행 학교교육을 신랄하게 비판한다.

보울즈와 진티스(S. Bowles & H. Gintis), 알튀세(L. Althusser), 그리고 카노이(M. Carnoy) 등의 연구는 갈등론적 시각에서 학교교육을 보다 상세히 분석한 것이라 하겠다. 보울즈와 진티스(1976)는 『자본주의 미국 사회에서의 학교교육』이라는 연구를 통하여 미국의 대중교육은 자본주의 경제체제를 유지하고 발전시키는 데 기여하는 유능한 근로자를 양성하고, 불평집단 및 반항 집단을 동화하는 데 공헌했으며, 자본주의 가치에 굴종하는 기술자와 헌신적인 노동자를 공급하여, 사회에 존재하는 불평등 현상을 정당화 · 합리화시키는 데 공헌하고 있다고 비판하였다. 학교가 자본주의 경제구조를 재생산할 수 있는 것은 학교교육과 경제적 생산체제가 서로 상응하기 때문에 이 이론은 상응이론 혹은 교신이론(correspondence theory)이라고 불린다. 표면적으로는 학교교육이 모든 사람들에게 개방되어 있고, 능력과 학업 의욕에 따라 보상하려는 것같이 보이고, 업적에 따라 사회적으로 높고 권위있는 지위까지 진출할 수 있는 기회가 공평하게 개방되어 있는 것으로 가르치고 있으나, 실질적인 기회균등이 부여되고 능력에 의한 사회이동이 가능하다는 것은 신화에 불과하다는 것이다.

알튀세(1971)는 학교교육의 재생산 기능을 '국가기구(state apparatus)'라는 개념과 연관지어 설명하였다. 그는 사법제도, 군대, 경찰, 정부 등으로 구성되는 국가기구를 '억압적 국가기구'로, 종교, 교육, 가족, 법률, 정치, 노동조합, 매스컴, 문화와 같은 규범과 가치에 관련된 국가기구를 이념적 국가기구로 분류하였다. 그는 자본주의 사회가 재생산되기 위하여는 억압적 국가기구만이 아니라 이념적 국가기구가 작동하여야 한다고 보았다. 교육은 이념적 국가기구의 한 부분이지만 핵심적인 기능을 수행하여 가장 강력한 재생산장치인 것이다(김신일, 2009).

카노이(1974)는 교육의 국제적 관계를 제국주의적 관점에서 파악하고 국가 간의 갈등현상이 교육에 어떻게 반영되고 있는가를 분석하였다. 그는 식민통치자들이 학교교육을 통하여 지배의 바탕을 마련하고 이를 강화해 나가고 있으며, 오늘날 아시아 · 아프리카의 많은 나라들이 정치적으로 독립하였으면서도 문화적으로는 여전히 식민지 상태를 벗어나지 못하고 있으며 교육이 문화적 종속을 더욱 부채질하고 있다고 보았다.

갈등론적 시각은 자본주의 사회의 학교교육의 모순을 경제구조와 같은 사회적 조건에 연관지어 설명함으로써 학교교육을 통한 사회적 불평등의 재생산, 지배문화와 이념의 정당화와 주입 기능에 대한 기제를 드러내었다는 점에 의의가 있다. 그러나 지나치게 토대의 중요성을 강조한 나머지 교육이 사회변화와 구체적으로 어떻게 관계를 맺는지, 개인의 차원에서 교육은 무엇을 의미하는지 등에 대해서는 별다른 답을 주지 못한다고 하겠다.

다. 해석학적 패러다임과 교육

1970년대 중반부터 종전의 교육사회학은 실증주의와 객관주의에 치우친다는 비판이 고조되면서, 새로운 교육사회학적 접근의 필요성이 제기되었다. 기능론과 갈등론은 인간행위의 독자성보다는 사회 혹은 경제구조로 일컬어지는 거대한 실체 즉 구조의 힘에 초점을 맞춘다. 이들 두 이론은 첫째, 공통적으로 거시적 관점으로 사회를 인식하여 사회 또는 경제구조라는 거대한 실체가 인간을 지배한다고 보았다(김신일, 2009). 따라서 인간 개개인의 독자적 사고나 행동은 한낱 부속품 혹은 반영물에 지나지 않는 것으로 상정되었다. 거시적 관점의 두 번째 특징은 사회의 구성원들이 상호작용하는 과정에서 어떻게 사회를 구성해 가는지, 상호관계 속에서 마련되는 관습이나 문화는 어떻게 내면화되는지, 그들이 무엇을 느끼고 살아가는지 등에 대해서는 소홀하였다는 점이다. 거시적 관점의 세 번째 특징은 사회현상을 자연과학적 연구방법을 통해 설명하려고 했다는 점이다. 사회현상도 자연현상과 마찬가지로 불변의 객관적인 법칙을 발견하고자 한 것이다. 그러나 사회를 인간행동의 역동적 산물로 본다면 보다 중요한 것은 인간행위자가 어떻게 생각하고 느끼고 행동하였는가이지

법칙이 아닐 것이다.

베버는 "사회학은 사회적 행위를 해석적으로 이해함으로써 그 과정과 결과를 인과적으로 설명하는 과학"이라고 정의하고, 부연하여 "행위란 행위하는 개인이 의미를 부여하는 모든 인간행동을 포함한다"고 말함으로써, 사회적 행위의 주관적 성격과 그에 대한 "이해(Verstehen)"의 중요성을 분명히 하였다(Weber, 1947: 88; 김신일, 2009: 90에서 재인용). 그리고 훗설(Husserl)의 현상학을 사회과학 방법론으로 발전시킨 슈츠(A. Shutz)는 "사회과학의 대상은 생활세계이다"라고 선언함으로써 구체적 삶의 세계 속에서 살고 있는 사람들이 그 삶에 대하여 어떤 의미를 부여하는가를 밝혀내는 일이 사회과학의 본질이라고 보았다. 그러므로 이런 관점은 객관적인 실체에 대한 해명이 아니라 개인의 의미부여의 과정에 대해 초점을 맞춘다.

이러한 연구 맥락 속에서 가핑클(Garfinkel)의 민속연구법(ethnomethodology)은 사회구성원들이 자신의 행동방식과 생각 및 규범을 형성한다고 전제하고, 그것이 어떻게 형성되는가를 밝히려고 하였고, 호만스(Geoge Homans)는 개인의 행위는 행위자 자신에 의한 '손익계산'에 근거하여 스스로 선택하는 것이라고 주장함으로써, 사회연구에 있어서 사회구조보다 행위자의 판단과 계산이 중요하다는 사실을 교환이론(exchange theory)으로 설명하였다. 그리고 블루머(Herbert Blumer)는 행위자가 부여하는 의미는 자신의 행위에 대한 타자의 반응과의 타협의 결과라고 주장하는 상징적 교환이론(symbolic interactionism)을 통해 언어와 같은 개인 간의 상호작용과정 대한 미시적 연구의 중요성을 강조하였다(김신일, 2009).

거시적 구조주의적 관점이 사회구조를 중시하는 것과는 달리 해석적 패러다임의 교육연구는 미시적 관점으로서 사회구성원들의 행위에 초점을 두고 행위자의 의지, 창의성, 행동양식이 구조적 조건보다 더 중요하다는 입장이다. 그러나 미시적 접근은 행위자의 중요성을 지나치게 강조하여 사회구조의 영향력을 경시하는 문제가 생긴다. 문제는 마치 상호작용이 진공상태에서 이루어지는 것처럼 묘사됨으로써 지나치게 사회구조를 경시한다는 점에 있다. 구조와 행위의 관련에 대한 관점이 결여되어 있는 것이다. 인간의 행위는 개인의 자유의지에 의해서만 전적으로 결정되기보다는 사회적 구조와 개인의 욕망 · 의지의 상호작용을 통하여 결정된다고 보는 것이 합리적이다.

제 2 절 사회계층과 교육

1. 사회계층의 개념

사회구성원은 그가 속해 있는 집단 또는 사회에서 각각 일정한 지위(status)를 갖게 되며 거기에 부수된 일정한 역할을 수행하면서 살아간다. 사람들은 각자가 차지하는 지위와 역할에 따라서 모든 사람이 가지기를 바라는 희소성을 띤 각종의 가치를 상이하게 분배받는다. 어느 사회에서나 그 사회의 구성원들이 사회공간 속에서 갖게 되는 위치가 어떤 기준에 따라 하나의 층을 이루고 있음을 볼 수 있는데, 우리는 이를 가리켜 사회계층(social stratification)이라 한다. 사회계층은 서열의 뜻을 내포하고 있으며 범주화된 각각의 층은 서로 상하 · 우열의 위계체계를 이룬다. 즉 사회계층이란 동일하거나 비슷한 정도의 희소가치를 향유하는 사람들의 집단 또는 거기에 따라서 비슷한 사회적 평가를 받는 사람들의 범주인 것이다.

사회계층의 본질에 대하여 기능론과 갈등론의 시각은 대립적이다. 기능론적 입장은 사회계층을 조화롭고 자연스런 기능의 분화로 이해하려고 한다. 사회구성원은 사회적으로 수행해야 할 기능과 역할이 분화되며, 각자의 능력과 과업에 따라 역할수행은 물론 분업을 기초로 전체적 목적을 위하여 협동적으로 과업을 수행하게 된다. 따라서 각자의 지위, 역할, 능력에 따라 보수, 사회적 대우, 평가를 차별적으로 받으며, 이러한 차등적 대가는 불평등하다기보다는 정당한 것이라고 믿게 된다. 상사와 부하의 보수와 위신의 차이는 근본적으로 그들이 수행하는 사회적 기능에 의하여 결정된다고 보는 것이다. 따라서 사회구성원들은 각자의 직업적 · 사회적 지위의 고하에 따라 경제적 소득이나 사회적 지위가 불평등하게 배분되는 것을 정당한 것으로 받아들여야 한다고 믿는다.

갈등론적 입장은 사회 불평등을 보는 시각이나 그 불평등에 접근하는 방식이 기능론적 입장과는 대조적이다. 마르크스(K. Marx)는 사회계층은 인간이 제도적으로 고안해 낸 불평등이라고 본다. 그는 인류의 불평등은 생산양식에 의해 결정된다고 주장하고, 농경이 주된 사회에서는 지주와 소작인, 산업사회에서는 자본가와 노동자 간의 계급이 인위적으로 형성되어 이같은 불평등을 종식시키기 위하여 계급투쟁이 야기되는 것은 필연적인 것이라고 주장하였다.

베버(M. Weber)는 마르크스가 주장하는 계급에 권력(power)과 권위(prestige)라는 두 가지 개념을 더 첨가시켜서 사회 불평등론을 제시하였다. 즉, 그는 재산의 차이는 계급의 불평등을, 권력의 격차는 정치적 당파의 격차와 갈등을, 권위의 격차는 사회적 지위의 불평등을 초래하였다는 것이다.

위와 같은 시각에서 사회 불평등은 기능론자들의 주장과 같이 사회적 필요에서 만들어진 자연적 현상이 아니라 사회적 갈등에 의해 만들어진 것이라고 주장한다. 그리고 사회계층이란 사회구성원들이 폭넓은 합의에 의한 것이라기보다는 특정계층의 이익을 위하여 약자에 대한 강자의 강압 또는 지배적 관계에 기초한 것이라고 보고 있다.

2. 사회계층과 교육

가. 교육기회의 균등

민주주의 사회는 인간평등의 원리에 입각하여 개인의 타고난 잠재능력을 최대한으로 신장시키며, 이렇게 개발된 능력을 최대한으로 발휘할 수 있도록 사회적 기회가 부여되는 것을 이념으로 삼는다. 따라서 교육기회의 균등은 민주사회의 절대적인 조건으로 받아들여진 교육이념이다.

교육기회의 균등은 자유와 평등을 이상으로 삼는 민주국가의 기본명제이다. 성별, 인종, 신앙, 정치성, 사회계층, 경제적 조건 등에 의해 차별되지 않고, 교육의 혜택을 받을 수 있는 권리를 균등하게 누릴 수 있도록 보장하는 일은 필수적이고 당위적인 것이다. 우리나라의 법적 규정은 헌법 제31조 1항에 "모든 국민은 능력에 따라 균등하게 교육을 받을 권리를 가진다"라고 규정하고 있다. 또 교육기본법 제4조에서 "모든 국민은 성별, 종교, 신념, 사회적 신분, 경제적 지위, 또는 신체적 조건 등을 이유로 교육에 있어서 차별을 받지 아니한다"고 명시하고 있다. 이러한 교육기회균등의 개념이 수립되기까지는 시대적 변천과정이 있었다.

후센(Husen)은 교육기회균등의 개념이 시대적, 지역적으로 다르게 규정되어 왔다고 보고 사회철학적인 관점에서 3단계의 개념 변천과정을 설명하고 있다. 그 첫째 단계는 전통적 개념인 보수주의적(conservative) 개념, 둘째 단계는 자유주의적(liberal) 개념, 셋째 단계는 보상적(redemptive) 개념이다(김병성, 2004).

첫째, 보수주의적 개념은 제1차 세계대전까지 지배적이던 교육기회균등관이다. 보수주의적 균등관이란 신이 인간에게 내린 다양한 재능과 능력의 차이를 인정하고 그 능력에 따라 교육과 직업 및 신분이 달라져야 하며 그것에 만족해야 한다는 것으로 귀속적인 신분 사회의 계급이념에 근거를 둔 것이다.

둘째, 자유주의적 개념은 제1차 세계대전 이후 최근까지 지배적인 교육기회균등의 개념이다. 이 교육균등관은 모든 사람에게 교육기회를 허용해야 한다는 주장으로 능력주의 사회의 이념을 반영하고 있다. 모든 사람이 자신의 귀속적인 지위에 관계없이 자신의 능력과 노력에 따라 균등하게 기회를 가질 수 있는 권리를 보장하는 개념이다.

셋째, 보상적 개념은 자유주의적 균등의 개념이 결과적으로 가정의 사회경제적 지위에 영향을 받고 있으며 학교교육이 기존의 불평등을 정당화하고 강화한다는 시각에서 비롯된다. 즉 학교에 다닐 수 있는 기회를 마련해 주는 것만으로는 부족하고 사회에서 살아가는 데 필요한 것을 제대로 배울 수 있도록 제반 조건을 갖추어 주어야 한다는 것이다. 따라서 이 개념은 교육기회의 균등뿐만 아니라 교육결과까지도 균등해야 한다고 보는 것이다.

교육기회균등에 대한 개념이 시대적으로 변천하는 가운데 기회의 균등에서 결과의 균등으로, 양적인 균등에서 질적인 균등의 개념을 발전하여 왔다. 결과의 균등을 포함시키는 보상적 기회균등의 개념은 가장 적극적인 의미의 교육평등관이라고 할 수 있다.

교육기회균등 혹은 교육평등을 어떤 관점에서 볼 것이냐 하는 문제는 논란거리가 된다. 교육기회균등의 개념이 모든 사람에게 같은 수준의 교육, 동일한 교육과정을 이수시켜야 한다는 의미와는 다른 것이기 때문이다. 모든 사람들은 능력과 재능, 개성과 포부 등이 다르기 때문에 각자의 필요와 욕구에 따라 다른 교육과정을 접하게 하는 것도 교육의 기회균등이라고 볼 수 있기 때문이다. 그러므로 교육기회의 균등의 개념은 접근기회, 과정, 결과의 측면에서 평등이 고려되어야 한다.

나. 사회계층과 교육불평등

사회계층에 따라 교육기회와 교육결과가 다르게 나타난다는 관점은 교육불평등 혹은 교육격차라는 개념으로 논의된다. 사회계층과 교육불평등과의 연관성을 제기한 콜만 등(C. J. Coleman et al, 1966)의 연구는 가정의 사회경제적 배경이 학생들의 학업성취와 밀접하게 관련되어 있음을 입증하였다. 가정환경의 격차는 교육적 격차를 나타내고, 이러한 교육적 격차는 나아가 환경적 격차를 조성하게 되는 악순환의 관계를 지닌다는 것이다. 그러므로 능력에 따르는 교육기회균등의 접근은 표면상으로는 균등하게 보일지 몰라도 실제에 있어서는 사회 · 경제 · 문화적인 격차를 고려하지 않기 때문에 결과적으로 교육불평등과 교육격차를 더욱 조성할 수밖에 없다. 후천적으로 획득되는 능력은 그 능력이 형성되는 개인의 사회 · 경제적 환경과 깊이 관련되어 있기 때문에 학생의 사회 · 경제적 배경차에서 야기되는 개인의 능력차의 문제가 존재하는 한 균등한 교육기회의 문제는 근원적으로 해결될 수 없는 것이다.

한편 학교교육이란 사회지배계층의 이해관계를 유지하기 위한 하나의 사회적 조정장치나 계층 재생산의 매개변인에 불과하다고 보는 갈등론자들(Reimer, 1971; Illich, 1971; Bowles & Gintis, 1976)은 교육기회와 더불어 학교교육 격차가 사회구조적 불평등에서 기인된다는 이론을 제시하였다. 그들은 교육은 그 자체의 독자성이 없으며 다만 사회구조의 반영물이기 때문에 교육의 평등은 교육체계의 문제가 아니라 사회구조의 문제라고 본다. 이들은 자본주의 사회의 교육문제는 그 사회가 지니고 있는 모순의 반영이기 때문에 그 문제는 자본주의 자체의 모순이 해소됨으로써만 해결된다고 주장한다. 즉 교육불평등는 사회불평등의 반영에 불과하므로 사회가 평등해지기 전에는 교육도 평등해지지 않는다는 것이다(김신일, 2009: 288).

김천기(2003)에 따르면, 우리나라의 경우 교육의 기회가 허용되고 있지만, 교육기회의 보장, 교육조건의 평등, 교육결과의 평등의 측면에서 불평등이 심화되고 있다. 즉 사회계층간 교육기회의 불평등이 뚜렷하고, 공사립간 · 지역간의 교육조건이 차이나며 사회계층간 학업성취의 불평등 현상이 악화되고 있다. 그리고 고등교육기회에 있어서도 부모의 학력, 지위, 소득이 높을수록 자녀의 대학진학률이 높고, 특히 소득보다 학력과 지위에 따른 영향이 상대적으로 큰 것으로 기술하고 있다.

교육불평등을 해소하는 완전한 해법은 아닐지라도 적어도 경제적 이유로 교육기회를 잃거나 교육조건의 차별을 받는 경우는 없어야 할 것이다. 불리한 사회경제적 조건에서 비롯된 교육격차를 최소화하고, 사회계층의 차이가 교육불평등으로 이어지는 순환 고리를 단절시키려는 사회적 노력이 그 어느 때보다 절실하다. 그리고 교육을 사회복지의 개념으로 고려하고 교육평등의 개념을 보다 적극적으로 해석하는 사회적 합의가 도출되어야 할 것이다.

3. 사회이동과 학교교육

가. 사회이동의 개념

사회이동이란 사회적 위계체제 속에서 한 개인이나 집단이 어떤 사회적 지위로부터 다른 사회적 지위로 이동하는 것을 뜻한다. 육체노동자나 사무직종에 종사하는 부모를 가진 사람이 의사, 변호사, 또는 다른 전문직종이나 회사 중역이 되는 경우가 그 좋은 예이다(김병성, 2003: 148).

사회이동의 관련요소로서는 크게 세 가지로, 개인의 특성, 직업과 수입, 가정배경 등을 들 수 있다. 첫째, 개인적 특성으로 지능지수, 학업성취, 사교성, 특기 등은 사회적인 상승이동을 촉진하게 할 수도 있다. 둘째, 직업은 그 유형과 전문성의 수준에 따라 사회적 권위와 가치가 다르다. 그러므로 상승이동의 훌륭한 지표가 되고 통로가 될 수 있다. 직업적 지위와 그에 따른 수입은 교육수준과 관계가 깊다. 마지막으로 가정배경으로는 부모의 사회경제적 지위, 형제 자매의 수, 가정의 지배형태, 결혼시기 등이 자녀의 사회이동에 영향을 주고 있다(김병성, 2003: 149).

나. 사회이동과 학교교육

교육이 개인의 사회이동에 어느 정도 영향을 주느냐 하는 것은 교육사회학의 관심사이다. 사회이동과 학교교육과의 관계는 크게 두 가지로 논의된다. 하나는 기능주의 이론에서 보는 학교교육에 대한 낙관주의적 관점이고, 다른 하나는 갈등론자들이 보는 학교교육에 대한 비관론적 관점이다.

1) 낙관론적 관점

교육에 대한 기능론적 관점 혹은 낙관론적 관점은 학교교육이 모든 사람에게 균등하게 배분됨으로써 경제적인 양극화 현상을 막을 수 있고 빈곤을 퇴치시킬 수 있다고 보는 입장이다(Hurn, 1978). 그러므로 교육은 직접적으로 국가의 생산성을 높일 뿐만 아니라 사회계층이동을 도모하고 있다고 본다.

학교교육은 직업선발의 보편적 준거가 되었다. 학교의 졸업장이 장래의 직업적 지위는 물론 사회적 지위를 결정하는 가장 중요한 조건으로 간주되고 있는 것이다. 학교교육의 낙관론자들은, 각각의 직업은 그것에 맞는 직업적 역할을 수행하기 위하여 기본적인 능력이나 기술을 가진 사람을 요구하고 있으며, 요구되는 인력은 학교교육을 통하여 훈련되고 육성된다고 본다. 이러한 맥락에서 많은 사람들이 사회에서 유리한 직업적 지위를 획득하기 위하여 학교교육을 요구하게 되었으며 교육을 많이 받으면 받을수록 잘 살 수 있다는 생각이 지배하게 되었다.

학교교육의 낙관론자들은 가정배경, 학교교육, 사회적 성취의 관계를 다음과 같이 주장하고 있다. 첫째, 가정배경은 어느 정도 학교교육에 영향을 줄 수 있다. 둘째, 그러나 사회적 성취에 가정배경이 큰 영향을 주지는 못한다. 셋째, 따라서 학교교육은 사회적 출세에 결정적인 역할을 하고 있다고 본다(Persell, 1977; 김병성, 2003: 156에서 재인용).

블라우와 던칸(Blau & Duncan, 1967)은 직업적 지위획득을 결정하는 요인들을 분석하여 사회이동의 과정을 밝히려 하였다. 그들은 지위획득의 결정변수로서 아버지의 교육, 아버지의 직업, 본인의 교육, 본인의 첫 번째 직업경험 네 가지로 파악하였다. 아버지의 교육과 직업요인은 가정의 배경요인을, 본인의 교육과 직업경험은 자신의 훈련과 경험을 대표하는 것으로 간주하였다. 이들 네 개의 변수를 개인의 직업지위에 대하여 중다회귀분석을 실시하고 그것을 근거로 행로분석을 한 결과, 아버지의 교육이나 직업 같은 가정배경요인과 사회적 지위와는 직접적인 상관이 없고 단지 간접적으로 가정배경이 학교교육에 영향을 주고 있을 뿐이며 본인의 교육과 초기의 직업경험이 자신의 직업적 지위의 상당부분을 결정한다는 결론을 도출하였다. 이 연구는 각 개인이 성공하는 데 자신의 학교교육이 중요하다는 점을 인과과정에 의해 경험적으로 증명한 것이다.

학교교육에 대한 낙관적 관점의 연구결과는 학교교육이 직업적 지위를 획득하는 데 도구적 역할을 하며, 사회적 지위이동은 기술의 변화로 인한 사회구조적인 변동에 의한다기보다는 개인의 능력에 의해서만 가능하다는 시각을 나타내고 있다.

2) 비관론적 관점

학교교육의 낙관론자들은 교육기회의 불평등이 감소되면 사회적 불평등이 감소될 것이라고 믿었으나 실제적으로는 교육과 사회적 지위이동과의 상관이 낮으므로 교육기회의 불평등의 감소가 사회적 불평등의 감소를 이루지 못한다는 비관론적 관점이 나타난다.

학교교육에 대한 갈등론적 시각은 교육기회를 확대함으로써 사회적 불평등의 간격이 좁혀졌는가에 대해서 회의적이다. 앤더슨(Anderson, 1961)은 미국, 영국, 스웨덴 등 3개국에서의 교육과 사회적 지위 이동과의 관계를 분석한 결과 사회적 지위와 교육과의 상관은 아버지의 사회적 지위와의 상관보다 낮으며, 상대적으로 교육수준을 높임으로 해서 더 나은 사회적 지위에 도달할 수 있는 기회를 증진시키지 못한다는 결론을 제시하였다. 이는 학교교육에 대한 낙관론과 능력주의 사회의 주요 전제를 부정하는 결론이었다(김병성, 2003: 159).

사회적 지위이동에 있어서 학교교육 효과의 회의론적 관점은 젠크스 등(Jencks, et al, 1972)의 연구 결과에서도 나타났다. 젠크스는 학교교육 연한이나 인지적인 요인과 개인의 수입 간에는 별 상관이 없으며, 또한 아버지의 직업이나 교육도 아들의 수입과 거의 관련이 없다는 결과를 제시하였다.

보울즈와 진티스(Bowles & Gintis, 1976)의 연구는 학교교육 효과에 관한 갈등론적 입장을 잘 드러내고 있다. 그들에 의하면 개인의 사회적 지위는 학교교육보다 가정배경에 의해 결정된다. 사회적 지위에 대한 가정배경의 영향이 학교교육에 영향을 주어 그것이 간접적으로 작용한다는 것이다. 또한 교육기회가 균등화된다고 하여도 장래 성인사회에서의 경제적 불평등 현상은 계속되며 학교교육이란 사회적 불평등이 반영되어 이를 재생산하는 조직체로 보았다. 즉 학교교육은 자본주의 사회체제를 주도하는 사회가치를 학생들의 성격특성으로 육성시킴으로써 사회와 정치적 안정을 도모하는 사회통제 장치의 역할을 담당하고 있다는 것이다.

갈등론적 시각에서 학교교육은 현존하는 사회지배계층의 이익을 유지하기 위한 하나의 사회적 조정 장치에 불과하며 계층 재생산의 매개변수에 불과하다. 학교교육의 효과에 대한 회의론은 교육의 기회균등 개념의 변화를 요구하게 된다. 즉, 기회균등만으로는 학교교육을 통한 사회적 평등의 실현은 요원하다는 것이며, 기회의 균등에서 한 걸음 더 나아가 결과의 균등을 도모해야 학교교육이 사회평등을 위한 이상을 실현할 수 있다고 보는 것이다(김병성, 2003).

제 3 절 교육과정사회학

1. 교육과정사회학의 발전

1960년대 말부터 1970년대 초에 구조기능주의 관점에 입각한 전통적 교육사회학을 비판하고 새로운 연구방법을 적용하여 교육연구를 전개하는 교육사회학의 움직임이 영국에서 나타났는데 그것을 신교육사회학(new sociology of education)이라고 부른다.

교육의 기능을 사회체제와 관련시켜 거시적 · 객관적 절차를 따라 분석하는 방법을 취하여 수행한 연구 성과가 불평등한 교육기회를 시정하는 데 성공을 거두지 못하였다. 왜냐하면 구조기능주의적 연구가 학교조직의 내부에까지 깊이 파급된 불평등의 실질적 자료를 찾아낼 수 없었으며, 따라서 불평등의 범위를 기술할 수는 있었지만 불평등의 원인에 대한 설명을 충실히 할 수 없었기 때문이다(Bernstein, 1975). 신교육사회학은 교육불평등의 기원을 학교 안에서 찾아 설명하고자 한 것이다.

신교육사회학의 출현은 1970년에 개최된 영국 사회학회의 교육사회학 분과모임에서 발표된 '대안적 시각'에 관한 여러 논문을 영(M. F. Young, 1971)이 편집한 『지식과 통제: 교육사회학의 새로운 방향』을 기점으로 하고 있다. 그는 종래의 교육사회학이 사회계층과 교육기회 분배문제에만 집착한 나머지 학교 내부의 현상에는 등한시하였으나 교육기관에서 가르치고 있는 지식의 사회성에 눈을 돌려야 한다고 주장하였다. 그리고 종래의 실증주의적·객관주의적 연구방법은 지식사회학적 시각에 입각하여 학교 안에서 진행되는 교육과정을 연구하고 이에 대해서 해석할 것을 강조했다. 신교육사회학은 지식사회학이 취하는 상대주의적 관점에 토대를 두고 '왜 또는 어떻게 해서 특정한 지식과 기준이 교육을 지배하게 되었는가'에 대해서 문제를 제기한다.

규범적 패러다임에 바탕한 종래의 교육사회학에 대한 비판에서 생긴 신교육사회학은 해석적 패러다임에 입각하고 있다. 상징적 상호작용론, 현상학적 사회학, 민속방법론 등 사람들 간의 상호작용 과정에서 형성된 현실로서의 사회적 세계를 행위자의 의미부여·동기·가치 등에 준거하여 해석하고 이해하는 새로운 사회학적 관점과 방법이 중시되게 되었다(김병성, 1994). 그래서 전통적 교육사회학이 학교 밖의 정치·경제·사회계층의 사회구조와 학교와의 관련성을 추론하는 거시적인 입장을 취하는 반면, 신교육사회학은 학교교육의 내적 과정에 집중하는 미시적인 입장을 취한다. 즉, 교사와 학생의 상호작용, 교사가 규정짓는 학생에 대한 평가기준 및 고정관념, 교육과정으로 대분된다(Karabel & Halsey, 1977, 46: 최정숙·박용헌, 2004, p. 26에서 재인용).

신교육사회학자들은 교육과정을 기존 사회지배계층의 이해관계를 반영하여 지배집단의 이권을 세대에 걸쳐 유지시켜 주는 내재적·실질적 도구로 파악하였다. 즉, 기존 지배집단은 교육과정을 통하여 그들에게 유리한 지식을 선정·조직하여 학생들에게 분배함으로써 기존의 이권을 유지시키고자 한다는 것이다. 신교육사회학자는 학교의 교육과정이 지배집단의 이해관계의 소산임을 견지한다.

2. 교육과정사회학과 잠재적 교육과정

잠재적 교육과정(hidden curriculum)은 학교가 의도하지는 않았지만 학교생활을 하는 동안에 학생들이 은연중에 가지게 되는 경험을 의미한다. 교육과정이 일반적으로 개념 · 원리 · 가치 · 규범 등과 같이 학생들에게 의도적으로 가르칠 가치가 있다고 생각되는 교육내용으로 정의될 때 교육과정은 의도성이 큰 특징이라고 할 수 있다. 그런데 학교에서 가르치지 않았지만 학생들은 학교가 의도하지 않은 것들을 학습하게 된다. 따라서 학생의 관점에서 볼 때 교육과정은 학교에서 총체적으로 학습된 교육내용과 경험을 의미하게 된다. 학교의 독특한 규칙이나 규정, 교사와 학생간 인간관계상의 특징과 같은 비가시적이고 은밀하며 비형식적인 학교의 문화풍토나 분위기는 잠재적 교육과정을 유발하는 동인이 된다.

잭슨(Jackson, 1968)은 표면적인 교육과정 외에도 학교생활 그 자체가 하나의 중요한 교육내용이 된다는 것을 통찰하고 이런 교육내용을 "숨은 교육과정(hidden curriculum)"이라고 하였다. 잭슨은 초등학교를 몇 달 동안 집중적으로 관찰하고 교사와 학생들과 함께 생활하는 과정을 통하여 학교 자체가 교육의 중요한 내용이 되는 특징을 군집(群集), 상벌(賞罰), 권위(權威)의 세 가지 개념으로 파악하였다.

학교생활은 수많은 개인들이 모인 집단생활인 것이고, 상과 벌의 기제를 통해 학생들의 행동을 통제하며, 학교를 구성하는 성원들 간에는 분명한 위계 관계가 있어서 권위의 문제가 중요한 요소가 되는 생활집단이라는 것이다. 바로 학교라는 환경의 이러한 특징 속에서 생활하는 동안 학생들은 차례를 기다리는 인내심과 질서의식을 배우며, 모든 행위의 다음에는 평가가 동반된다는 사실을 배울 뿐만 아니라 인간관계에서는 권위와 권력이 존재하고 그러한 권위와 권력은 인정하고 수용해야 한다는 사실은 배운다. 이러한 학습은 미래 사회 생활에의 적응을 위한 중요한 요소로서 학교의 공식적 교육을 통해서가 아니라 학교의 생활분위기 그 자체를 배운다는 것이다(허경철, 1999: 2242-2247). 이 연구는 기능주의적 관점에서 잠재적 교육과정의 기능을 순기능적으로 분석한 것으로 볼 수 있다.

한편 잠재적 교육과정을 사회계급과 관련지어 사회적 · 정치적 · 경제적 조건들이 학교의 잠재적 교육과정을 어떻게 만들어내는가에 초점을 둔 연구들이 있다. 보울즈와 진티스(Bowles & Gintis, 1976)는 학교가 자본주의 사회의 유지에 필요한 가치관과 성격적 특성을 주입시키는 기능을 한다고 보았다. 단순 노동자로 일하게 될 사람에게는 윗사람에게 순종하고, 시간을 엄수하며, 기계적 작업방식에 순응하도록 가르치는 반면, 회사의 관리자나 경영자로 일할 사람에게는 독립적인 사고력 및 작업능력, 여러 가지 선택 가능성 가운데 현명하게 선택하기, 외적 규율보다는 내면적 기준에 따라 행동하기 등을 중점적으로 가르친다. 이처럼 한 집단은 순종적이고 능률적인 노동자가 되도록 배우며, 다른 한 집단은 독립적이고 진취적인 지도자가 되도록 배우게 되는 것이다(김천기, 2003: 201).

잠재적 교육과정은 학생의 사회계층에 따라 차별적으로 작용하기도 한다. 즉 학교가 작업장의 위계적인 관계를 재생산하기 위해서 장차 각기 다른 위치를 차지할 학생들에게 다른 교육내용과 학습장면에서의 상호관계를 요구하고 있는 것이다. 따라서 부유층 자녀들이 많이 다니는 학교와 하류층 자녀들이 다니는 학교 간에는 교실의 분위기, 학생이 습득하는 행동규범 등에서 차이가 나타나게 된다. 에이니언(Anyon, 1980)에 따르면, 노동계급의 아이들이 다니는 학교에서는 많은 일들이 기계적이고 반복적이었고 아이들에게 선택 기회가 거의 주어지지 않았다. 규칙이 강조되고 교사가 수업에서 전반적인 통제를 가하고 의사결정권을 독점하였으며 수업이 직선적인 명령에 의해 통제되었다. 반면에 중상류계층의 자녀들이 다니는 학교는 교실에 대한 통제가 협의에 의해서 이루어졌고 학생들의 자율적인 행동이 조장되었다.

보울스와 진티스(1976)는 자본주의 사회의 계급의식이 잠재적 교육과정을 통하여 유지된다는 사실을 밝힘으로써 학교의 내적 조직과 자본주의 사회의 내적 조직이 교신하고 있음을 보여주었다. 그리고 에이니언(1980)의 연구는 사회계층에 따라 일에 대한 상이한 가치관이 잠재적 교육과정에 의하여 학생들에게 전승됨을 밝힌 것이다. 잠재적 교육과정이 자본주의 사회의 가치를 재생산하고 사회계층에 따라 차별적으로 작용하며 계급적 불평등을 가져온다고 보는 시각은 교사의 의식과 역할의 중요성을 일깨우고 잠재적 교육과정에 대한 충분한 이해를 요구한다.

3. 학교교육의 상호작용 구조

가. 교육과정과 언어 코드

번스타인(Bernstein, 1975)은 교육과정을 계층문화의 언어 코드와 관련지어 설명하였다. 코드라는 용어는 사회적 집단 구성원들이 사용하는 언어 이면에 있는 조직적 원리 체계를 의미한다. 번스타인의 이론은 사람들이 일상적 대화에서 사용하는 언어가 특정 사회 집단의 가정들을 어떻게 반영하고 형성하는가를 보여주며, 나아가 사회 집단 안에서 확립된 관계가 언어를 사용하는 방식과 대화 유형에 영향을 미친다는 점을 설명한다.

번스타인은 노동자 계층의 학생들이 수학적 주제들에서는 중류계층 학생들만큼 높은 성적을 거두는 데 비해 언어중심의 교과에서는 상대적으로 낮은 성취를 보이는 까닭을 설명하는 데 관심이 있었다. 그는 사회계급과 언어 간의 직접적 관련성을 주장하였다. 학생들의 학습과정에서 구어의 형식들은 환경과의 특별한 유형의 관계를 입문시키고 일반화할 뿐만 아니라 강화한다. 즉 특정 사회계급 안에서 언어가 활용되는 방식이 사물들에 대한 중요성과 의미를 부여하는 방식에 영향을 미친다는 것이다. 사람들은 자신이 사용하는 언어 코드에 의해 세상 속에서 자신들의 위치를 학습하게 되고 결국 언어 코드가 사회적 정체성을 상징한다.

번스타인은 사회계급과 정교한 코드 또는 제한된 코드의 활용 간에 상관관계가 있음을 말했다. 그는 노동자 계층에서는 제한된 코드의 활용이 빈번하고, 반면에 중류계층에서 제한된 코드와 정교화된 코드 두 가지를 활용한다고 한다. 그의 연구가 암시하는 것은 노동자 계층의 개인들은 오직 사회화 과정에서 그들이 학습한 제한된 코드에만 접근하게 되고 가치와 역할 체계가 제한적 코드를 강화하는 것이다. 그러나 중류계층은 제한적 코드와 정교한 코드 두 가지에 접근한다. 번스타인에 따르면 노동자 계층은 제한적 어법으로 의사소통을 하는데 그것은 그들이 양육되어진 조건이고 사회화 과정의 결과이다. 중류계층 사람들도 정교한 코드에 노출된 것을 제외하고 마찬가지다.

사회계급과 언어 코드간의 상관관계는 노동자계층 학생들이 언어중심의 교과에서 낮은 성취를 나타내는 까닭을 설명한다. 번스타인은 학교의 교육과정이 지배집단의 어법을 수용하여 지배집단 자녀들의 학업성취를 유리하게 함으로써 기득권을 유지시키는 데 기여하게 된다고 주장한다. 번스타인은 어떤 과정을 통하여 아동이 그 주위의 사회적 영향을 내면화하며, 그가 속하고 있는 사회구조에 어떻게 동화되는가 그리고 그것은 교육적으로 어떤 의의를 가지는가 하는 문제이다(최정숙 · 박용헌, 2004). 이 문제에 대한 번스타인의 대답은 다음과 같다. 즉 각각의 사회구조에는 그 독특한 구어의 형식이 있고, 이 구어의 형식은 각각 특수한 인지적 · 정의적 및 평가적 표현방식을 나타내고 있으며, 아동은 이 형식을 매개로 하여 그 사회구조를 내면화 한다는 것이다. 그리고 이 구어형식은 또한 교육적 성취 및 직업적 성취에 전략적으로 중요한 기초적 능력을 촉진하기도 하고 저해하기도 한다는 것이다.

번스타인은 학교가 정교화된 어법과 분석적인 인지유형을 학습상황에 채택한 것은 정교화된 어법과 분석적인 인지능력을 형성하고 사회화시키는 사회지배집단인 중산층의 권력과 통제가 작용했기 때문이라고 설명한다. 즉, 학교는 사회지배집단의 이해관계에 영향을 받아 교육내용이 지배집단의 아동들에게 유리하게 작용할 뿐만 아니라 현재의 계층이 계속 지속되도록 하는 계층 영속화기능을 하게 된다는 것이다. 영국에서 복선형학제를 고치고 조기선발제도를 포기하였음에도 불구하고, 교육평등은 좀처럼 실현되지 않았다. 결국 교육기회의 개방과 여러 가지 보완조치가 평등교육으로 이어지지 않은 것이다. 오히려 교육은 사회적 지위를 상속해 주는 교량역할을 하고 있는 것으로 나타났다(최정숙 · 박용헌, 2004).

학교가 사회적 지위상속의 수단으로 활용하고 있는 원인을 영국의 경우에는 교육 내부의 문제로 시선을 돌린 것이다. 특히 교육내용의 성격과 번스타인이 중심이 되어 학교 내의 제현상, 특히 교육내용의 성격을 규명함으로써 구조기능주의적 접근의 한계를 벗어나려고 시도한 것이다. 이들은 교육에 관한 제반문제를 해명하기 위하여는 무엇보다도 먼저 교육의 내부현상을 분명히 파악해야 한다고 생각한 것이다. 특히 교육내용의 성격과 그것이 전수되는 과정을 명백히 이해해야 한다고 생각했다. 즉, 교육내용으로서의 지식에 관한 연구와 교사와 학생간의 상호작용에 관한 연구가 주요 주제로 대두하였다. 그러나 교육과정을 보는 신교육사회학자들의 관점은 한 마디로 지식의 사회성에 바탕을 두고 있다. 학교교육의 내용은 사회적으로 통제된 문화전수의 한 방편이기 때문에 그것은 보편적인 것도 절대적인 것도 아니라는 것이다. 즉, 교육과정은 사회적 · 정치적 산물이라는 것이다. 뿐만 아니라 교사와 학생간의 상호작용은 사회적으로 규정된 것이기 때문에 주어진 것으로 받아들일 수 없다는 입장이다. 예컨대 교사가 학생의 능력을 구별하는 방식도 이미 사회적으로 형성된 것이어서, 어떤 학생에게는 유리하게 작용하는가 하면 다른 학생에게는 불리하게 작용한다는 것이다.

나. 학교교육과 문화자본

부르디외(Bourdieu, 1974)는 사회계급의 지배구조가 학교교육에서 문화적으로 매개되고 있음을 밝혔다. 그는 상류계급의 학생들이 사립학교에 다니기 때문에 공립학교에서는 일반적으로 중류계급의 주류 문화가 학교에 영향을 준다고 보았다. 즉 학교는 주류 계급이 소유하는 신념 · 가치 · 관점들을 반영하고 있다는 것이다. 학교들은 중류계층의 기능들을 조장하고 그러한 기능들을 학문적 성취와 직업적 성공에 필수적인 기능들로 분류한다. 중류계층이 교육제도를 지배함으로써 문화적 재생산을 초래하는데 이것은 중류층의 이익과 권력을 지속시킨다. 한편 하층 계급은 사회적 상승을 이루는 데에 불이익을 받게 되고 사회의 밑바닥에 머물도록 강요받게 된다. 주류 문화는 특정 사회에서 가치 있는 것으로 간주되는 문화적 자본을 소유함으로써 교육을 지배하고 있는 것이다.

부르디외는 특정한 의미체계에 대한 지각과 이해의 방식을 '아비투스(habitus)'라 부른다(Harker, 1990; 김천기, 2003: 211에서 재인용). 아비투스는 특정한 환경에 의해 형성된 성향, 사고, 인지, 판단과 행동체계를 의미하는 것으로서 집단 내에 존재하는 동질적 특성과 집단 간에 존재하는 배타적 이질성, 즉 계급 구성원들의 문화적 상징 및 행동특성을 나타내는 개념이다.

개인들은 객관적 조건들에 반응하면서 지각 · 사고 · 행동의 구조를 발달시킨다. 부르디외는 객관적인 사회적 구조가 개인들의 주관적 · 정신적 경험 속으로 교육받는 과정을 이론화 하였다. 예술, 교육, 정치, 법, 경제와 같은 객관적인 사회적 분야는 각 분야의 구성원이 되는 데에 요건을 부과하고 그것으로 인해 객관적인 사회적 구조를 개인의 인지적 · 신체적 기질로 흡수되게 하고 행동의 주관적 구조가 객관적 구조와 상응하게 만든다. 부르디외는 그래서 아비투스를 사회적 재생산의 핵심으로 보았다. 왜냐하면 사회적 삶을 구성하는 실제들을 발생시키고 규제하는 것에 아비투스가 중심적이기 때문이다.

부르디외에 의하면, 자본주의 사회에서 경제적 자본은 불평등하게 분배되어 있고, 경제적 자본을 가진 사람이 그렇지 못한 사람에 비해 성공할 가능성이 매우 크다. 이와 마찬가지로 학교에서 가치롭게 여기는 문화자본을 더욱 많이 소유하고 있는 사람일수록 그렇지 못한 사람에 비해 성공할 가능성이 높다. 이들은 부모로부터 문화자본을 상속받게 되고 따라서 자연히 다른 사회집단의 자녀보다 경쟁에서 훨씬 유리한 위치에 있게 된다(김천기, 2003: 212).

부르디외는 학교와 학교를 조직하고 있는 사람들이 다문화적 교육을 제공하기를 꺼려한다고 말한다. 왜냐하면 그들은 주류 문화가 모든 사람의 문화라고 생각하기 때문이다. 주류 문화는 모든 문화에 쓸모 있기 때문에 주류 문화가 학생들과 의사소통하는 최선의 방법이라고 간주된다. 주류 문화는 모든 사람들이 공통적으로 학습하기 위한 공통 토대인 것이다. 다문화 교육은 어떤 학생들의 모든 필요를 충족하지 않지만, 주류 문화에 기반한 교육은 모든 학생들의 필요를 만족시킨다는 논리이다. 따라서 적절한 문화자본을 상속받지 못한 노동계급 학생들은 문화자본을 상속받은 중상류계층 학생들에 비해 학업성취에 있어 매우 불리한 위치에 놓이게 된다. 이와 같이 부르디외의 문화자본 이론은 교육과 관련 있는 자본이 학문적 성취를 촉진시키는 데에 영향을 준다는 관점이다. 이러한 문화적 자본의 형식들이 불평등하게 배분된다면 학교 효과성은 제약을 받게 될 것이다.

토의주제

1. '교육적 사회학'과 '교육의 사회학'의 차이점을 설명해 보시오.

2. 교육사회학의 구조기능주의 이론과 갈등론적 이론의 교육에 대한 시각 차이를 설명해 보시오.

3. 학교교육이 사회이동에 미치는 영향을 기능론적 시각과 갈등론적 시각에서 각각 설명해 보시오.

4. 언어코드 혹은 문화자본이 교육과정에서 어떻게 작용하는지 설명해 보시오.

5. 사회계층과 교육과의 관계에 관련된 최근 신문 기사를 수집해 분석하고, 한국사회에서 사회계층과 교육과의 관련성을 도출해 보시오.

CHAPTER

6

교육과정의 이해

1 교육과정의 기초
2 교육과정의 유형
3 우리나라의 교육과정

학습목표

☞ 교육과정의 어원적 의미와 다양한 측면의 정의들을 이해한다.
☞ 시대적 배경과 교육철학에 따른 교육과정의 유형을 이해한다.
☞ 우리나라 교육과정 변천사를 이해한다.

미리보기

1. 교육과정이란 '공부하는 과정'으로 학습자가 일정한 목표를 향해서 배우고 학습하는 과정이며, 이 과정에서 반드시 보고 듣고 배워야 하는 내용을 모두 습득하고 경험하는 것에 의미를 둔다.
2. 교육과정은 어떤 관점에서 보느냐에 따라 교육내용이나 학습경험, 학습계획, 학습결과, 잠재적 교육과정으로 정의될 수 있다.
3. 1920년대부터 오늘날까지 교육과정의 유형은 교과중심 교육과정, 경험중심 교육과정, 학문중심 교육과정, 인간중심 교육과정으로 변화되어 왔다.
4. 해방 이후 우리나라 교육과정은 지금까지 7번에 걸쳐 변화되어 왔으며, 제7차 교육과정 이후의 시기는 개정교육과정의 시대라고 명한다.

6

교육과정의 이해

제 1 절 교육과정의 기초

교육과정의 의미

학교제도가 발달하고 학교교육의 중요성이 커짐에 따라 학교에서 무엇을 가르치고 학습시켜야 하는지에 대한 연구, 즉 교육과정에 대한 연구가 본격적으로 시작되었다. 교육과정은 학교에서 가르치고 학습되어야 할 것들이 무엇인지에 대해 연구하는 교육학의 한 분야이다. 그러나 교육과정이 무엇이며 교육과정을 어떻게 구성해야 하는지 결정하는 일은 그리 쉬운 일이 아니다. 왜냐하면 교육과정 개발자들이 갖는 신념, 즉 이상적인 사회나 바람직한 인간상, 행복한 삶 등이 무엇인지에 대한 견해가 서로 다르고, 이것을 찾기 위한 접근방법 역시 다양하기 때문이다. 이러한 교육이 무엇을 해야 하는가에 대한 생각의 차이는 교육과정이 무엇인가에 대한 규정을 다양하게 만든다.

다음에서는 교육과정이라는 용어의 어원적 의미를 살펴보고, 그동안 내려진 교육과정에 대한 다양한 의미를 살펴봄으로써 교육과정이 무엇인지에 대한 대략적인 이해를 모색하고자 한다.

가. 교육과정의 어원적 의미

교육과정은 영어로 curriculum이라고 한다. curriculum은 라틴어에서 온 단어로, 라틴어의 currere(달리다)와 cule(과정)의 합성어이다. 따라서 교육과정이란 '달리는 과정', '경주 그 자체' 혹은 '경주로'라는 의미로 볼 수 있는데, 이를 교육에 빗대어 보면 '공부하는 과정(a course of study)'라고 말할 수 있다. 즉 학습자가 일정한 목표를 향해서 배우고 학습하는 과정이라는 말이다. 그러나 curriculum은 단순히 '과정(過程)' 즉 process 그 자체만을 뜻하는 것은 아니다. 학습자가 어떻게 학습하고 있는지에 대한 과정이 아니라, 학습자가 학습의 과정에서 반드시 보고 듣고 배워야 하는 내용들을 모두 습득하고 경험하는 것에 의미를 둔다. 그런 이유로 교육과정을 한자로 쓸 때 '過 지날 과'가 아닌 '課 매길 과'를 사용하여, 교육과정(教育課程)이라고 쓰는 것이다. 따라서 교육과정은 학습자가 학습하는 동안 거쳐 지나가야 하는 '과정'이라기보다는 학습자가 학교를 다니는 동안 학습해야 하는 '내용'으로 보는 것이 바람직하다.

나. 교육과정의 정의

교육과정을 한마디로 정의하기는 어려운 일이다. 일반적으로 정의(定議)는 구체적 대상에 대한 명칭인데, 교육과정은 매우 포괄적인 개념이기 때문이다. 교육과정을 구체적인 대상물로 그 의미를 한정해 버리면 교육과정이 지니는 다양한 의미가 감소하게 되고 본질적인 측면이 간과될 가능성이 높다. 따라서 교육과정의 정의를 정확하게 이해하기 위해서 교육과정이라는 용어가 내포하고 있는 여러 가지 의미가 무엇인지 알아보는 것이 바람직하다고 하겠다.

1) 교육내용으로서의 교육과정

교육과정을 정의하는 방법들 중 가장 전통적인 방식으로, 교육과정을 '교사가 가르치고 학생이 배워야 할 필수적인 교육내용'으로 보는 관점이다. 여기서 교육내용은 지식의 체계일수도 있고 지식의 구조일수도 있다. 이러한 관점은 교육의 유일한 목적을 지적 계발에 두고 있으며, 교육내용 역시 지적 계발에 도움을 주는 특정 교과목들이 되어야 한다고 주장한다.

2) 학습경험으로서의 교육과정

20세기 초 미국에서 활동한 듀이(J. Dewey)와 진보주의자들은 교육과정을 교과나 교육내용으로 규정한 전통적인 방식을 비판하였다. 이들은 교육의 전통적인 지적 훈련 기능을 인정하면서 더불어 인간의 정의적 태도를 함양시키는 기능을 교육과정에 포함시키려고 했다. 따라서 교육과정을 '교사의 지도아래 학생들이 갖게 되는 모든 경험'이라고 정의하였다. 이러한 정의는 학생이 교실에서 교과서를 통해서만 배우는 것이 아니라 교실 안팎의 학교환경에서 직 · 간접적으로 영향을 받기 때문에 학생들이 겪는 학습경험을 중시해야 한다는 점을 부각시켰다. 또한 그 이후 더욱 발전하여 학생들이 배워야 할 경험은 반드시 학교 안에서만 이루어지는 것이 아니라, 바람직한 교수 · 학습의 결과를 가져올 수 있는 것이라면 교실 안팎의 어디서든지 교육적인 경험이 될 수 있다고 주장한다.

3) 학습계획으로서의 교육과정

1950년대 일부 교육학자들은 교육과정을 '계획(plan)'이라고 규정하였다. 이들은 교육과정을 '수업 이전에 준비되는 모든 계획'이라고 간주하였으며, 학생들이 학교에서 겪는 일반적인 경험이나 내용이라는 단순성에서 벗어나 좀 더 치밀하고 사전에 의도된 경험이나 내용을 제공하자고 주장하였다.

4) 학습결과로서의 교육과정

1960년대와 1970년대에 이르러 교육학자들은 교육과정을 수업활동의 '결과(result)'로 규정하기 시작했다. 즉 사전에 의도된 계획이 그저 계획으로 끝나는 것이 아니라 실제로 실현되어 학생들에게 변화가 나타났는지가 더 중요하다는 것이다. 이러한 관점은 교육의 책무성을 강조한 것이라고 볼 수 있다. 즉, 학생의 개인적이고 사회적 능력이 계속적이고 의도적으로 성장하기 위하여 '학교의 지도 아래 이루어진 지식과 경험의 체계적인 재구성을 통하여 형성되고 의도된 교수 · 학습활동의 결과'가 교육과정이라고 보았다(D. Tanner & R. Tanner, 1975).

5) 잠재적 교육과정

위의 정의들은 교육과정이 학습자가 배워야 할 교육내용이나 경험의 총체, 올바른 교육을 위한 계획이나 그 결과와 같은 공식적인 측면에서 설명하고 있다. 그러나 교육과정은 이것이 전부가 아니다. 학습자는 학교나 교사가 미리 의도하고 계획한 지식이나 경험만을 통해서 배우는 것은 아니기 때문이다. 학습자는 교사가 계획하지 않았거나 무심코 하는 행동들을 통해 영향을 받는 경우가 많다. 이런 경험들은 비구조화되고 비가시적이며, 비공식적인 것들이다. 따라서 잠재적 교육과정은 학교와 같은 교육기관의 공식적 교육과정에서 학교나 교사가 의도하거나 계획하지 않았으나 교우관계나 수업, 학교의 관행 등을 통해 학습자가 무의식적으로 배우는 지식, 가치, 태도, 행동양식 등을 의미한다.

제 2 절 교육과정의 유형

교육과정의 유형을 구분하는 기준은 교육과정이 내용적으로 어떠한 성격을 가지고 있으며, 어떤 형식을 갖추고 있느냐 하는 점이다. 즉 교육과정의 중점을 어디에 두느냐에 따라 교육과정의 유형이 결정되는 것이다. 여기서는 교과중심 교육과정, 경험중심 교육과정, 학문중심 교육과정, 인간중심 교육과정을 살펴보기로 한다.

1. 교과중심 교육과정

교과중심 교육과정이란 '지식의 체계'를 중시하는 교육과정으로서, 학교의 지도하에 학생이 배우는 일체의 교과 및 교재를 말한다. 교과중심 교육과정을 지지하는 학자들은 교육의 궁극적인 목적을 지식의 습득과 이성의 계발이라고 주장한다. 그들은 그 자체의 논리와 체계를 지니는 교과를 학습함으로써 이 목적에 도달할 수 있다고 믿는다.

교과중심 교육과정의 특징은 다음과 같다(이병승 외, 2005 : 190).

첫째, 인류의 문화유산이 교육의 주된 내용이다. 교과는 문화유신을 분류하고 논리적으로 조직하여 체계화하는 것이다.

둘째, 교사중심의 교육과정이다. 교사는 학습자보다 월등히 많은 지식과 기술을 가지고 있어야 하며 교과목과 교수의 권위자가 되어야 한다.

셋째, 설명위주의 교수법을 요구한다. 교과내용의 전문가는 교사이기 때문에 수업은 자연히 교사의 설명이 중핵을 이룬다.

넷째, 한정된 교과영역 안에서만 교수 및 학습활동들이 이루어진다. 다시 말해서 넘어서는 안 되는 선이 분명하게 그어져 있기 때문에 선을 넘으면 다른 교과를 침범하는 것으로 간주된다.

교과중심 교육과정의 장점은 다음과 같다.

첫째, 교육과정이 간단하고 명료하게 짜여 있어 이해하기 용이하다.

둘째, 교수 및 학습결과의 평가가 용이하고 객관적인 측정이 쉽다.

셋째, 교육과정에 대한 중앙집권적인 통제가 수월하다.

넷째, 오랜 전통에 뿌리를 두고 있기 때문에 교사, 학부모, 학생에게 심리적 안정감을 준다.

다섯째, 교육과정의 개정이 용이하다.

그러나 교과중심 교육과정에는 다음과 같은 단점이 있다.

첫째, 단편적이며 분과적으로 조직되기 때문에 통일성과 연계성이 결여되기 쉽다.

둘째, 학습자의 요구와 흥미가 무시되고 성인의 가치를 강요할 가능성이 높다.

셋째, 학습지도가 일률적으로 이루어지고 교사중심의 일방적인 수업이 되기 쉬우므로 민주적인 가치와 태도를 기르기 어렵다.

넷째, 교과란 과거의 문화유산을 조직한 것이기 때문에 자연히 과거지향적인 수업이 되기 쉽고 현실문제를 해결하는 데 소홀하기 쉽다.

2. 경험중심 교육과정

1930년대를 전후하여 미국에서는 듀이(J. Dewey)를 중심으로 진보주의 교육사상이 등장하여 교육계에 큰 영향을 주었다. 이들은 전통적인 교육관은 물론 교과중심의 교육과정의 문제점 및 한계를 비판했다. 이들은 교과중심의 교육과정으로는 아동이나 학생이 급변하는 사회에 적절히 적응해 나가기 어렵다고 진단하고 생활경험을 중심으로 교육과정을 구성해야 한다고 주장하였다.

경험중심 교육과정이란 무엇보다 경험의 계열을 존중하는 과정을 말하는 것으로, 학교의 지도 아래 학생들이 경험하게 되는 모든 경험을 말한다. 경험중심 교육과정에서는 교재보다는 생활을, 지식보다는 행동을, 분과보다는 통합을, 미래의 준비보다는 현재의 생활을, 교사의 교수보다는 학생의 활동을 중시하는 입장에서 교육을 바라본다.

경험중심 교육과정의 특징은 다음과 같다(이병승 외, 2005 : 192).

첫째, 학생의 흥미와 필요를 기초로 교육과정을 구성한다.

둘째, 교재를 학습의 장에서 결정하고 여기에 학습자의 협력과 참여기회를 허용한다.

셋째, 아동의 경험이 다르듯이 개인차를 고려하여 교육과정을 구성한다.

넷째, 현실생활 속에서 부딪치게 되는 문제를 해결하는 능력을 가르는 것을 교육의 중요한 목적으로 삼는다.

경험중심 교육과정의 장점은 다음과 같다.

첫째, 학생의 흥미나 필요를 토대로 교육과정을 구성하기 때문에 학생들의 학습활동을 촉진시킨다.

둘째, 현실 문제를 공동으로 해결해 가는 과정 속에서 협동심, 책임감, 사회성 등 민주적인 태도와 생활방식을 기르는 데 유리하다.

셋째, 학습자 스스로 세운 목표와 계획에 따라 스스로 문제를 해결해 나갈 수 있는 능력을 기를 수 있다.

넷째, 많은 인적 물적 자원을 이용한 다양한 형태의 학습이 전개되므로 경험의 폭을 넓힐 수 있다.

경험중심 교육과정의 단점은 다음과 같다.

첫째, 교육과정을 학생의 흥미 및 욕구에 입각하여 구성하게 되면 교육의 본질을 과소평가하는 결과를 낳는다.

둘째, 경험중심 교육과정은 교직에 대한 소양과 지도요령이 부족한 교사가 채택할 경우 실패할 가능성이 높다.

셋째, 경험중심 교육과정은 실제 생활경험으로 학습하려는 아동들에게는 유리하지만 일반적인 경험, 법칙, 원리적인 지식을 구하는 단계에 있는 학생에게는 적합하지 않다.

넷째, 행정적으로 통제하기가 어렵고 통일성을 기하기가 곤란하다.

3. 학문중심 교육과정

1950년대 후반에 과학 · 기술의 발달로 인해 지식이 폭발적으로 증가하고 한정된 학교교육기간 동안 그 많은 지식 가운데 무엇을 가르쳐야 할 것이냐 하는 논의가 활발하게 전개되었다. 이러한 배경 속에서 학문에 내재해 있는 것으로서 전이 가치가 높은 지식과 기술을 가르쳐야 한다는 주장이 나오게 되었다. 여기서 전이가 높은 지식이란 기본적이며, 핵심적인 지식으로 이를 '지식의 구조'라고 부른다.

또 1957년에는 소련이 인공위성 '스프트닉 1호'를 미국보다 먼저 쏘아 올렸는데, 이 사건은 지금까지 과학분야에서 앞섰다고 자부해 온 미국에 커다란 충격을 주었다. 이를 계기로 미국은 중등교육과정의 대대적인 개편을 단행하게 되었다. 미국의 교육과정 개편의 방향은 교육과정에 포함될 교과내용의 핵심이 되는 기본구조를 찾아내고 그것을 학습자 스스로 탐구해 갈 수 있도록 조직하는 일이었다. 이러한 교육과정을 '학문중심 교육과정'이라고 한다.

학문중심 교육과정에서 가장 중요시하는 것은 지식의 구조이다. 지식의 구조라는 것은 학문의 이면에 숨어 있는 기본적인 아이디어, 지식의 기본개념, 지식의 기본원리, 지식의 핵심개념, 일반적인 아이디어, 지식의 탐구과정과 동의어로 쓰인다. 지식의 구조가 중요한 까닭은 그것이 학습의 전이를 용이하게 하기 때문이다.

학문중심 교육과정은 다음과 같은 일반적인 특징을 갖는다(이병승 외, 2005 : 194).

첫째, 학문중심 교육과정은 지식의 구조를 핵심으로 조직해 놓은 것이다. 즉, 교육과정이란 각 교과의 전문가들이 그 교과가 나타내는 지식의 구조를 체계적으로 조직해 놓은 것이다.

둘째, 학문중심 교육과정은 탐구과정을 중시한다. 즉, 교사는 주어진 개념, 원리 등을 제시하고 주입하는 것이 아니라 전공분야의 학자가 탐구한 것과 똑같은 방식으로 아동이 스스로 탐구하여 원리를 찾아내도록 한다.

셋째, 학문중심 교육과정은 나선형 교육과정이 되어야 한다. 나선형 교육과정은 교과를 가장 완벽한 상태로 가정하고, 일찍부터 그 교과에 담겨져 있는 핵심개념, 기본 원리를 학생들의 사고방식에 맞게 가르치고 이를 점차 심화, 확대해 나가는 교육과정이다.

학문중심 교육과정의 장점은 다음과 같다.

첫째, 체계화된 지식을 교육내용으로 선정하여 교육과정을 구성하기 때문에 능률적인 교수 · 학습이 가능하다.

둘째, 기본적이고 핵심적인 개념, 원리를 학습하기 때문에 기억이 쉽고 전이가 용이하다.

셋째, 스스로 탐구하는 능력을 습득함으로써 학문탐구방법을 체득할 수 있고 학문 자체에 대한 즐거움을 누릴 수 있다.

반면 단점은 다음과 같다.

첫째, 지적인 측면에만 편중하여 교육과정을 조직, 운영하기 때문에 정의적인 측면을 소홀히 할 가능성이 높다.

둘째, 지식의 구조는 지적 능력이 떨어지는 학생들에게 너무 어렵고 가변적인 것이다.

셋째, 지식의 구조를 지나치게 강조하다 보면 학교교육과 현실 생활과의 연계성이 약해질 수 있다.

넷째, 학습자의 흥미, 필요, 욕구 등을 경시할 가능성이 높다.

다섯째, 교육과정상 문제가 있어 개선해야 할 점이 있더라도 전공분야의 학자들이 자기 분야에만 몰두함으로써 발전적인 연구가 소홀해질 수 있다.

4. 인간중심 교육과정

1970년대 들어서 새로운 시각으로 교육을 바라보고 이해하려는 인간중심적 교육이론가들이 출현하여 인본주의 심리학을 토대로 교육을 설명하고자 하였다. 이들은 교육이란 지식과 기술만을 습득하기 위해 행해지는 것이 아니라, 인간에 대한 이해, 인간성의 개발, 타인과의 원만한 관계, 새로운 인간형을 창조하는 데 기여해야 한다고 주장했다. 또한 현대 산업사회의 거대화, 조직화, 관료화가 가져온 비인간화 및 인간소외현상을 바라보면서 수단화된 학교의 기능을 신랄하게 비판하고 교육을 인간화 해야 할 것을 강조하였다. 인간중심 교육과정은 인간의 본성과 욕구에 부합시켜 사랑하고, 느끼고, 내면의 자아를 확장하고, 창조함으로써 자아실현의 가능성을 개발하는 것이 무엇보다 중요하다고 강조한다.

인간중심 교육과정의 일반적인 특징은 다음과 같다(이병승 외, 2005 : 197).

첫째, 교육과정이란 학생의 자아실현을 도와주기 위한 내용으로 조직되고 구성되어야 한다.

둘째, 교육의 목적은 기계적인 인간을 기르는 것이 아니라 느끼고, 생각하고, 사랑하고, 부단히 노력하는 전인적 인간을 육성하는 일이다.

셋째, 교사는 학생 스스로 자아를 실현해 갈 수 있도록 하기 위해서 사제지간의 원만한 인간관계를 유지하도록 노력해야 한다. 따라서 온화한 분위기를 제공하는 것이 좋다.

넷째, 상호신뢰를 통해 학생의 동기유발을 꾀하고, 평등하게 배울 수 있다는 신념을 주어야 한다.

인간중심 교육과정의 장점은 다음과 같다.

첫째, 인간중심 교육과정은 아동 및 학생들에게 자신에 대한 긍정적인 태도 및 자기 계발의 능력을 부여해 준다.

둘째, 타인과의 원만한 인간관계를 유지함으로써 타인을 존중하고, 수용할 수 있는 건전한 가치관을 형성하는 데 도움을 준다.

셋째, 체계적인 교수 · 학습기법의 적용도 중요하지만 사람들 간의 이해, 진실성, 신뢰성의 형성이 교육목적을 실현하는 데 큰 도움을 줄 수 있다.

인간중심 교육과정의 단점은 다음과 같다.

첫째, 인간중심 교육과정은 학생의 학습결과를 평가하기보다는 학습방법과 경험을 중요하게 여기므로 프로그램의 장기적인 효과를 평가하는 데에는 부적절 할 수도 있다.

둘째, 개인의 경험 차이를 중시하지만, 그 개인에게 적합한 경험이 무엇인지에 대해서는 구체적인 대안을 제시하지 못하고 있다.

셋째, 인간중심주의자들이 개발한 심리적 기법이나 이론은 과학적으로 검증받지 않은 것이어서 이를 적용하는 데에는 위험이 따른다.

제 3 절 우리나라의 교육과정

교육과정의 개념적 흐름은 일반적으로 교과중심 교육과정, 경험중심 교육과정, 학문중심 교육과정, 인간중심 교육과정으로 구분하여 설명되고 있다. 우리나라 교육과정의 변천 역시 그러한 개념적 흐름에 따르고 있다.

1. 교육과정의 변천

가. 교수요목기

1945년 일본의 패망과 함께 서울로 진주한 미군은 한국교육위원회를 조직하고, 이 위원회의 건의를 받아들여 '신조선의 조선인을 위한 교육'을 일반 명령으로 시달하였다. 그 중 교과목과 관련해서는 상당히 포괄적으로 진술하였는데, 이는 '교수용어를 한국어로 할 것과 조선의 이익에 반하는 것을 교수함을 일절 금하는' 정도였다. 또한 평화의 질서를 당면 교육목표로 삼고, 교육제도와 법규에서 일본의 색채를 없애도록 하였다.

이 시기는 교육과정에 관한 이념이나 방향에 대한 정립이 없었으며, 각급 학교에서 가르쳐야 하는 교육내용을 기술한 정도였기에 교수요목기라 지칭한다. 교수요목이란 교과의 지도 내용을 상세히 기술한 문서를 말한다.

교수요목기 교육과정의 전반적인 특징은 다음과 같다.

첫째, 교과의 지도내용을 상세하게 표시하고 기초능력을 기르는 데 주력하였다.

둘째, 교과는 분과주의를 선택하여 체계적인 지도와 지력을 기르는 데 중점을 두었다.

셋째, 우리나라의 교육이념인 홍익인간의 정신에 입각한 애국애족 교육을 강조하였으며, 일제의 잔재를 없애고자 각별히 노력하였다.

그러나 당시의 교수요목은 충분한 시간을 두고 제정하지 못하였기 때문에 각 교과별로 가르칠 주제를 열거하는 정도에 불과하였고, 교수목표나 지도시 유의사항 등에 관한 언급도 없었다. 특히 내용 수준이 학생들의 지적능력에 비해 너무 높다는 비판이 있었다.

나. 제 1 차 교육과정

제1차 교육과정은 1954년 문교부령 제35호로 제정 · 공포된 초등학교, 중학교, 고등학교, 사범학교 교육과정 시간 배당 기준령과 이듬해 1955년 문교부령 제44호, 제45호, 제46호로 각각 공포된 초등학교, 중학교, 고등학교 교과과정을 말한다. 이 시기의 교육과정은 '각 학교의 교과목 및 기타 교육활동의 편제'로 정의되었으며, 법령상의 명칭이 교과과정이었으므로 이 시기의 교육과정을 '교과중심 교육과정 시기'라고 부른다. 이러한 제1차 교육과정은 우리 손으로 만든 최초의 체계적인 교육과정이라는 점에서 의의가 크다.

제1차 교육과정의 전반적인 특징은 다음과 같다.

첫째, 교육과정 그 자체는 교과중심이었으나, 교육과정을 기준으로 편찬한 교과서는 생활중심을 지향하고 있다.

둘째, 교과서는 국정 교과서와 검인정 교과서제를 채택하여, 국정 교과서와 검인정 교과서 둘다 정규교과서로 하고 인정 교과서를 보조 교과서로 사용하였다.

셋째, 6 · 25 전쟁으로 인한 사회적 혼란과 도덕적 타락이 심했기 때문에 도덕과 반공교육을 크게 강화하였으며, 실업교육을 강조하였다.

넷째, 교수요목기에는 크게 주목받지 못했던 특별활동이 정식으로 우리나라 교육과정에 자리 잡게 되었다.

다. 제 2 차 교육과정

제2차 교육과정은 1963년 문교부령 제119호, 제120호, 제121호, 제122호로 제정 · 공포된 초등학교, 중학교, 고등학교 및 실업학교교육과정을 말한다. 이 시기의 교육과정을 '학교의 지도하에 학생들이 가지는 경험의 총체'로 봄으로써 교육과정의 개념상 '생활중심 교육과정' 또는 '경험중심 교육과정'이라고 부른다. 이러한 생활중심 교육과정의 특징은 제2차 교육과정 곳곳에 잘 드러나 있다. 특히 총론에서 '교육과정은 곧 학생들이 학교의 지도하에 경험하는 모든 학습의 총화를 의미한다.'라고 교육과정을 정의하고 있다. 또한 '교육과정 개정의 취지'에서는 교육과정의 내용, 교육과정의 조직, 교육과정의 운영면에서 각각 다음과 같은 강조점을 두어 생활중심 교육과정의 성격을 더욱 분명히 보여 주고 있다.

첫째, 교육과정의 내용에서는 자주성, 생산성, 유용성을 강조하였다. 각 지역사회의 학교는 국가적 기준에 의하여 각 지역사회의 실정에 맞게 교육과정을 구성하도록 하는 교육과정의 자주성과 학습자의 주체적 활동을 강조한 학습의 자주성을 강조하였다. 그리고 우리 생활을 실질적으로 향상시킬 수 있는 실업 및 직업, 과학기술 교육을 강화하는 생산성과 교육을 실생활과 직결시키고 학교를 사회와 접근시키려는 교육내용의 유용성을 강조하였다.

둘째, 합리성을 강조하면서 학생의 성장 발달에 적용될 수 있는 통일성, 계통성, 발전성 있는 교육과정의 조직을 제시하였다. 당시의 '교육과정 개정의 요점'에서는 반드시 필요한 내용 요소로서 기초학력을 충실히 할 것을 제안하였다. 동시에 학교급 간의 연계성뿐 아니라 교과 간의 통합성도 강조하면서 교육과정의 계열화를 통해 계통학습을 할 수 있도록 하였다.

셋째, 지역성을 강조하여 지역사회의 모든 자원을 학습경험에 효과적으로 이용하게 하고, 학습경험의 결과는 지역사회의 개선과 발전에 기여할 수 있도록 하였다.

그러나 제2차 교육과정의 학교교육이 개념적으로는 경험중심 교육과정을 표방했지만 실제적으로는 교과중심 교육과정이 여전히 주도권을 행사하고 있었다. 왜냐하면 문서화된 교육과정이 경험중심이라고 하여도 교사들과 학부모들은 교과중심 교육과정에 익숙하였고, 상급학교 입학시험이라는 현실적 상황도 크게 작용하였기 때문이다.

라. 제 3 차 교육과정

국민교육헌장 선포, 새마을 운동, 유신사업 추진 그리고 학문중심 교육과정이라는 새로운 교육과정 이론의 등장으로 교육과정의 개정이 요구되었다. 제3차 교육과정은 1973, 1974년 문교부령 제325호, 제326호, 제350호로 제정 · 공포된 초등학교, 중학교, 고등학교교육과정을 말한다. 제3차 교육과정 개정은 이전의 교육과정 개정과는 달리 문교부에 운영위원회, 학교별 위원회, 교과별 위원회로 구성된 '교육과정 심의회'가 설치되어 이곳에서 시안을 확정하고 2년간 실험평가를 거쳐 최종 확정되었다.

이러한 제3차 교육과정의 기본방향은 국민교육헌장의 이념을 구현하기 위해 국민적 자질의 함양, 인간교육의 강화, 지식 · 기술 교육의 쇄신을 기본 방침으로 하였으며, 학교교육의 일반목표는 자아실현(개인면)과 국가발전 및 민주적 가치 함양(사회면) 등이다. 또 1979년 교육과정체제를 정비하여 문교부 고시 제424호를 공포하였는데, 이는 교육과정의 성격이 변한 것이 아니라 교육과정을 개정할 때마다 법제처의 심의를 거쳐야 하는 번거로움을 줄이기 위해 '문교부령'을 '문교부 고시'로 바꾼 것이다.

제3차 교육과정의 전반적인 특징은 다음과 같다.

첫째, 국민교육헌장의 이념을 교육과정에 반영하였다.

둘째, 학문중심 교육과정을 이론적 토대로 두고 있다. 따라서 지식의 구조를 강조하면서 각 교과의 기본개념과 원리의 이해를 중시하였다. 교육방법에서도 지식의 탐구과정을 강조하는 발견학습을 채택하였고, 교육내용의 조직은 나선형 교육과정으로 하였다.

셋째, 도덕을 교과로 채택하였다. 제2차 교육과정은 교과활동, 반공 · 도덕 활동, 특별활동의 세 영역으로 교육과정이 구성되었는데, 반공 · 도덕을 '도덕'으로 개칭하여 정규 교과로 승격시키고, 교육과정의 구성을 교과활동과 특별활동의 두 영역으로 구분하였다.

그러나 수학과 과학의 학습내용이 과다해지고 어려워짐으로써 지식의 실용적 측면을 간과하여 일상생활과 관련된 문제해결이 소홀해졌으며, 주지 교과 이외의 심미적 교과와 특별활동 등을 소홀히 하여 전인교육을 경시하였다는 등의 단점을 드러내기도 했다.

마. 제 4 차 교육과정

제4차 교육과정은 1981년 문교부 고시 제 442호로 제정 · 공포된 교육과정을 말한다. 이 교육과정은 문교부에서 개발하지 않고 한국교육개발원에 위탁하여 기초연구와 총론 · 각론의 시안을 개발한 연구개발형 교육과정이다. 이 교육과정에서 교육과정이란 '학교에서 학생들에게 무엇을 어떻게 교육시킬 것인가를 국가 수준에서 확정 · 고시한 문서화된 계획으로 총론과 각론으로 구분한다'고 규정하고 있다. 또한 미래사회를 민주사회, 고도 산업사회, 건전한 사회, 문화사회, 통일조국으로 전망하고 이러한 사회에 필요한 인간상으로 건강한 사람, 심미적인 사람, 능력 있는 사람, 도덕적인 사람, 자주적인 사람을 길러내는 데 목적을 두었다.

개정의 주요 방침은 다음과 같다.

첫째, 이전의 교육과정이 지닌 문제점을 보완하고자 하였다. 문제점으로는 학습내용의 과다, 학습하기 어려운 교과내용, 교과목 위주의 분과주의 교육, 일반교육의 소홀, 전인교육과 인간교육의 미흡 등이 지적되었다.

둘째, 교육내용의 양과 수준을 축소 · 조정함으로써 과열과외의 잠재요인을 제거하여 교육 정상화를 위한 교육개혁을 추진하였다.

셋째, 국민정신 교육을 강화하여, 초등학교 교육목표 내용의 체계화 등 각급학교 교육과정에 이를 체계적으로 반영하였다.

제4차 교육과정의 특징은 다음과 같다.

첫째, 어느 한 사조나 이념만을 고수하지 않고 종합적이고 복합적인 성격을 갖는다. 즉 특정의 교육과정만을 고수하지 않고 여러 교육과정의 이론을 종합하여 이론적인 토대로 삼았다. 이 개정에서는 특히 지금까지 소홀히 하였던 인간중심 교육과정의 성격이 반영되었다.

둘째, 초등학교 저학년에 통합교육과정의 개념이 도입되었다. 즉, 초등학교 1, 2학년에서 도덕 · 국어 · 사회를 통합하여 바른생활로, 산수와 자연을 통합하여 슬기로운 생활로, 체육 · 음악 · 미술을 통합하여 즐거운 생활이라고 하는 새로운 통합교과가 신설되었다.

그 외에 전인교육이 강조됨에 따라 특별활동이 활성화되었고, 진로지도의 개념이 도입되었다는 것 등을 들 수 있다.

바. 제 5 차 교육과정

제5차 교육과정은 1987년, 1988년 문교부 고시 제87-9호, 제87-7호, 제88-7호로 제정 · 공포된 초등학교, 중학교, 고등학교의 교육과정을 말한다. 제5차 교육과정은 교육과정 및 교과용 도서 중 개선이 필요한 부분만 개정한다는 것을 기본 원칙으로 삼고 건강한 사람, 자주적인 사람, 창조적인 사람, 도덕적인 사람을 기르는 데 목적을 두었다. 제5차 교육과정은 개정의 방침을 교육과정의 적정화 · 내실화 · 지역화에 두고, 개정의 전략으로 지속성, 점진성, 효율성을 제시하였다. 특히 중앙집권적 교육과정 체제를 지방화하기 위하여 교육과정의 지역화를 강조하고 교육과정이 실제 교육현장에서 제대로 실현될 수 있도록 교육과정의 효율화를 중시하였다.

사. 제 6 차 교육과정

제6차 교육과정은 시대적, 학문적, 개인적 요구의 변화에 따라 교육부 고시 제1992-16호, 제1992-11호, 제1992-19호로 1992년 제정 · 공포된 교육과정을 말한다. 이 교육과정은 건강한 사람, 자주적인 사람, 창의적인 사람, 도덕적인 사람을 기르는 데 목적을 두고 있다. 제6차 교육과정에서는 이러한 인간상과 함께 제5차 교육과정에 대한 평가를 기반으로 개정 중점을 다음과 같이 설정하였다.

첫째, 교육과정 결정의 분권화이다. 즉, 중앙집권형 교육과정을 지방분권형 교육과정으로 전환시켜 시 · 도 교육청과 학교의 자율 재량권을 확대한다는 것이다.

둘째, 교육과정 구조의 다양화이다. 즉 다양한 이수 과정과 교과목을 개설하고, 필수과목을 축소, 선택과목을 확대하여 교육내용의 획일성을 줄인다는 것이다.

셋째, 교육과정 내용의 적정화이다. 즉 학습량과 수준을 조정하고 교과목 체계를 개선하여 교육내용의 적합성을 높이고 학습부담을 줄인다는 것이다.

넷째, 교육과정 운영의 효율화이다. 즉 학생의 적성, 능력, 진로를 고려하고 학습과 생활의 기초 능력을 신장하며, 평가방법을 개선하여 교육과정을 효율적으로 운영할 수 있도록 한다는 것이다.

제6차 교육과정에서 가장 특기할 사항은 편성 · 운영체제의 개선이다. 제6차 교육과정에서는 국가수준, 지역수준, 학교수준의 교육과정을 명백히 구분하고, 교육부, 시 · 도교육청, 학교로 이어지는 교육과정 편성 · 운영체제를 강조하였다.

아. 제 7 차 교육과정

제7차 교육과정은 21세기를 맞이하면서 새롭게 준비한 교육과정이다. 1997년 12월 30일 교육부장관에 의하여 고시된 제7차 교육과정은 2000년 3월 1일 초등학교 1, 2학년을 시작으로 학년별로 단계적으로 시행되었다.

제7차 교육과정의 가장 두드러진 특징은 초등학교 1학년부터 고등학교 1학년까지의 10년간을 10학년으로 하여 1학년부터 10학년까지의 10년 동안에 국민공통 기본교육과정을 편성하여 운영한다는 것이다. 그리고 고등학교 2, 3학년에 해당하는 11, 12학년의 2년 동안에는 선택중심 교육과정을 편성하여 운영한다.

제7차 교육과정의 다른 특징은 수준별 교육과정을 운영한다는 것이다. 이것은 그동안 다양한 능력을 가진 학습자들을 고려하지 못하고 획일적인 교육과정 내용을 제시한 것에서 오는 폐단을 시정하고자 한 것이다. 그러나 이러한 수준별 교육과정의 운영은 시작 전부터 현장의 교사들에게 수업에 지나친 부담을 주는 것이라는 지적을 받았다. 즉 40명 이상의 학습자를 대상으로 하는 수업에서 교사가 각기 다른 수준의 학습자를 고려하여 수준별 교육과정을 진행하기 어렵다는 것이다.

2. 개정교육과정의 시대

가. 2009 개정교육과정

우리나라 교육과정은 7차 교육과정 이후 수시개정체제로 전환되어, 2007 개정교육과정으로 1차 개편되었으나, 7차 교육과정의 문제점을 수정 · 보완하는 수준에 그친 미흡한 개정이라는 지적을 받아 왔다. 또한 교육계를 포함한 사회전반에서 미래 사회에 대비한 교육과정 개정에 대한 요구가 계속 제기되어 왔다. 이에 지속적인 연구와 여론수렴과정을 거쳐 2009 개정교육과정이 이루어졌다(교육과정기획과, 2009).

2009 개정교육과정의 방향은 '하고 싶은 공부, 즐거운 학교'가 될 수 있도록 첫째, 학생의 지나친 학습부담은 감축하고, 둘째, 학생들의 학습흥미를 유발하며, 셋째, 단편적인 지식 · 이해 교육이 아닌 학습하는 능력을 기르며, 넷째, 지나친 암기중심 교육에서 폭넓은 인성을 기르는 교육으로의 변화를 추구하는 것이다.

이에 따른 2009 개정교육과정의 특징은 다음과 같다.

첫째, 집중이수제 운영으로의 체제 전환이다. 교과군, 학년군을 도입한 집중이수제로 학기당 배워야 할 교과목 수가 줄어들어 학생들의 학습부담, 시험부담, 과제부담 등이 줄어들게 되었다. 또한 주당 1~2시간씩 하는 수업은 피상적인 맛보기 수업으로 전락될 수 있었으나, 집중이수제 운영을 통하여 학생들의 체험활동, 창작활동 등이 강화되고, 탐구수업, 발표수업, 토론수업 등이 가능하여 학생들이 질 높은 교육을 받을 수 있다.

둘째, 폭넓은 인성교육의 실시이다. 도덕성 및 인성교육은 특정 교과에서 가르치기보다는 모든 교과를 통해 범교과적으로 지도되어야 할 학습요소이다. 집중이수제의 도입으로 예체능 교과의 경우 3~4시간씩 블록 타임제(Block-time)로 운영하면, 1~2시간씩 분산 운영으로 인한 수업시간 내 작품 미완성의 문제점이 개선되어, 작품 완성에 따른 성취감과 정서함양에 기여할 것으로 기대된다. 또한 '창의적 체험활동(진로체험활동, 봉사활동, 동아리활동, 기타활동)'을 통하여 체험중심의 인성교육이 가능할 것으로 사료된다.

셋째, 국민공통기본교육과정의 축소와 선택중심 교육과정의 확대이다. 현행 교육과정은 학생이 대학에서 전공하려는 분야와 관련된 과목을 선택하여 공부할 기회가 부족했다. 따라서 이번 개정교육과정에서는 모든 학생이 미래 핵심역량 육성에 필요한 교과목은 반드시 이수하도록 하되, 학생의 요구, 흥미, 희망 진학계열에 필요한 과목을 선택하여 더 많이 공부할 수 있는 구조를 마련하였다. 즉 국민공통기본교육과정을 중학교 3학년까지 9년으로 하여 의무교육 기간과 일치하도록 하고, 고등학교는 학생의 진로에 따른 전공과 관련된 수업을 선택하여 공부할 수 있도록 한 것이다. 결국 국민공통기본교육과정의 기간과 의무교육 이수기간을 일치시켜 국민기초교육에 대한 국가의 책임을 초 · 중학교 과정으로 명확히 하고, 고등학교부터는 진로선택에 따른 기초를 튼튼히 하면서 희망하는 전공과 관련된 맞춤형 교육을 제공하고자 한 것이다.

넷째, 모든 학교가 특성화된 교육과정을 운영할 수 있게 되었다. 앞으로 학교는 학교교육과정위원회, 학교운영위원회 등의 협의를 통해 학교교육과정이 편성되므로, 학교구성원의 다양한 요구가 반영된 교육과정을 운영하게 되었다. 이러한 교육과정은 사교육의 수요를 공교육에 흡수할 수 있어, 사교육비의 경감을 가져올 수 있다. 예를 들어, 음악, 미술 교과목에 대한 사교육 수요가 많은 경우, 이들 교과목을 더 많이 공부할 수 있도록 시간을 편성할 수 있다. 또한 입학사정관제도가 확대됨에 따라 대입전형에서 창의적 체험활동(신로체험활동, 봉사활동, 동아리활동 등)이 중요시 될 것이므로 국 · 영 · 수 중심의 사교육 부담이 줄어들 것이다.

다섯째, 녹색교육의 활성화이다. 2009 개정교육과정은 녹색성장 교육내용을 강화하였다. 우선 녹색성장 관련 독립과목을 추진(환경→환경 및 녹색성장)하고, 그 다음으로는 '창의적 체험활동'을 중심으로 체험중심 녹색교육을 실시하며, 마지막으로 현행 교과서에 녹색성장 내용을 반영하여 학교교육활동 전반에 걸쳐 학습이 이루어지게 할 것이다.

나. 2015 문 · 이과형 통합형 교육과정

2015년 개정교육과정은 문 · 이과 통합에 관한 사회적 요구에 부응하고 초 · 중등 교육과정과 대학수학능력시험 제도 등을 연계하기 위하여 추진되었다. 즉, 현행 교육과정(2009 개정교육과정)이 추구하는 인간상(자주인, 창의인, 문화인, 세계인)을 기초로 지식정보사회가 요구하는 핵심역량을 갖춘 창의융합형 인재상을 제시하고, 현행 교육과정의 현장 적용과정에서 제기된 문제점(학년군 제도와 집중이수제의 유연한 적용, 창의적 체험활동의 효율적 운영방안 등)을 개선하고자 한다.

2015 문 · 이과형 통합형 교육과정의 개정방향은 다음과 같다(교육부, 2014).

첫째, 인문 · 사회적 소양 함양과 인성교육을 강화한다.

인문학적 소양 함양을 위해 '문학'교육을 이론 중심의 수업에서 감성과 소통 중심으로 전환하고 교과별로 인문 요소를 강화한다. 또한 예술과 체육교육 활성화를 통한 인성교육 강화를 위해 연구교육 및 예술 동아리 활성화, 뮤지컬 등 활동 중심 예술 교육확대를 추진한다. 사회적 소양 함양을 위해 고교에 '통합사회' 과목을 신설하여 대주제 중심으로 사회현상에 대한 통합적 접근과 이해가 가능하도록 한다.

둘째, 과학기술에 대한 소양을 함양한다.

고교에 '통합과학' 과목을 신설하여 자연현상에 대한 통합적 이해가 가능하도록 하고, 과학 수업에서 탐구실험, 연구윤리, 과학실 안전교육 등을 위해 고교 과학교과의 이수단위조정 등 과학교육을 강화한다. 또한 소프트웨어(SW) 교육 강화를 위해 초 · 중학교에서 SW 관련 사항을 필수로 이수하는 교육과정을 개발한다.

셋째, 안전교육은 체험중심으로 안전의식을 내면화할 수 있도록 안전교과 또는 단원을 신설한다.

초등학교 1~2학년은 '안전생활' 교과를 신설하고, 초3~고3학년까지는 심폐소생술을 포함하여 실생활에 필요한 안전교육내용을 체육, 기술 · 가정, 과학, 보건 등 관련 교과에 단원을 신설하고 창의적 체험활동에서 체험 중심의 안전교육을 실시할 예정이다.

넷째, 교육과정과 연계하여 교육정책 전반을 종합적으로 개선한다.

새 교육과정이 제대로 운영되기 위해 기초가 되는 교과서, 교원, 대학입시 등 관련된 제도의 보완을 함께 추진한다. 또한 개별 법령을 통해 초 · 중등학교에서 교육하도록 규정된 사항이 과다하여 단위학교 교육과정 운영에 부담을 주고 있다는 점에 대해 개선 방안을 마련하고자 한다.

토의주제

1. 교육과정에 관한 개념이 자신의 초 · 중 · 고등학교 생활에 어떻게 반영되어 있는지 토론해 보자.

2. 학문중심 교육과정에서는 학습자에게 '지식의 구조'를 가르쳐야 한다고 주장했다. 자신의 전공의 지식의 구조가 무엇이며, 왜 그렇게 생각하는지 서로 토론해 보자.

3. 인간중심 교육과정의 목표는 자아를 각성하여 자신의 삶을 주체적으로 이끌어 나가는 학습자를 양성하는 것이다. 각자 스스로에 대해 생각해 보고 서로 이야기를 나누어 보자.

4. 교수요목기부터 개정교육과정의 시기까지 가장 변화가 큰 시기가 언제인지를 찾아보고 그 원인을 조사하여 서로 토론해 보자.

CHAPTER

7

교육방법과 교육공학의 이해

학습목표

- ☞ 교육방법의 개념을 학습법과 교수법, 수업의 3가지 차원에서 이해한다.
- ☞ 교육방법의 유형인 강의법과 문답법, 토의법, 문제해결법을 이해한다.
- ☞ 교육과 공학의 관계에 따른 교육공학의 정의를 이해한다.
- ☞ 교수매체의 특성과 현재 가장 많이 사용되는 교수매체인 컴퓨터에 관해 이해한다.
- ☞ 원격교육의 개념과 특성, 가상수업에 관해 이해한다.

미리보기

1. 교수-학습과정에서 행동의 변화를 위한 여러 가지 시도는 학습자의 입장에서 보면 학습이 되는 것이지만 교사의 입장에서 보면 교수가 된다.
2. 교수법에는 강의법과 문답법, 토의법, 문제해결법 등이 있다.
3. 교육공학이란 공학이라는 개념이 교육현장에 적용되어 교육현상의 실제와 관련된 문제를 해결하기 위하여 적용된 학문분야이다.
4. 교수매체란 교사와 학습자 간의 소통을 원활히 하기 위한 교수목적으로 사용되는 매체를 의미한다.
5. 원격교육은 교사가 교실이나 혹은 학교 내에서 지속적이고 직접적인 관리 감독을 하지 않고 개별지도 체제에 의해서 가르치고, 계획하고, 지도하는 모든 수준의 다양한 학습형태를 포함한다.

7

교육방법과 교육공학의 이해

제 1 절 교육방법

1. 교육방법의 의미

가. 학 습

학교교육에서는 교육목표를 행동의 긍정적인 변화로 삼아 학습자의 행동 변화를 위해 여러 가지 수단과 방법을 강구한다. 따라서 교육과 관련된 다양한 시도는 그것이 학습자들에게 전달되어 학습자에게 긍정적 변화가 이루어진다는 것을 전제로 할 때 의미가 있게 된다.

학습이란 학습자가 주어진 상황이나 자극에 반응함으로써 어떤 행동이 발생하거나 변화되는 것을 말한다. 즉 학습자와 환경의 상호작용을 통해 행동에 어떠한 변화가 생기게 되는데 그 결과 새로운 행동양식을 얻게 되며 인지구조에 변화가 나타나는 것을 의미한다.

행동은 여러 가지 원인에 의하여 발생되는 것이어서 성장과 성숙을 통하여 변화되기도 하고 질병이나 약물에 따라서도 변화될 수 있는 것이다. 그러나 이러한 변화들은 학습이라고는 볼 수 없다. 뿐만 아니라 알코올이나 질병에 의한 것처럼 일시적 변화도 있을 수 있고 학습자 주체의 의도성에 따른 잠깐의 변화도 있을 수 있는데, 이러한 일시적 변화 역시 학습을 통한 변화에서 배제되어야 한다. 학습에 의한 행동변화는 비교적 지속적이고 영속성을 가진 변화가 수반되었을 때에 해당되는 것이다. 또한 행동은 진보적 변화도 있을 수 있지만 퇴보적인 변화도 있는 것이어서, 예를 들어 기계를 제작하는 방법을 익혔다는 것은 진보적이며 긍정적인 행동의 변화이지만 그 방법을 잊었다든가 피아노를 칠 수 없게 되었다든가 하는 것 같은 퇴보적인 행동변화이다. 심리학에서는 모든 행동의 변화를 학습에 포함시키기도 하나 교육이나 학교학습에서는 항상 가치 개념을 전제하는 것이어서 긍정적이고 진보적인 행동변화만을 학습으로 본다.

나. 교　수

학습과 가장 관계에 깊은 것이 바로 교수이다. 즉 교수-학습과정에서 행동의 변화를 위한 여러 가지 시도는 학습자의 입장에서 보면 학습이 되는 것이지만 교사의 입장에서 보면 교수가 된다. 교수는 학습자를 바람직한 방향으로 이끌어 가기 위해 계획적으로 학습자의 학습과정을 조작하는 것이라고 할 수 있다. 즉 교수는 교사가 학습자의 학습목표달성을 위해 계획적으로 조직화해 놓은 과정 또는 학습목표달성을 위해 사용하는 방법이나 기술 등을 의미한다. 교수는 학습자로 하여금 특정한 조건 또는 일정한 상황에 대한 반응으로 특정한 행동을 나타내도록 학습하게 하거나 또는 그 특정 행동에 참여할 수 있도록 개인을 둘러싼 환경을 계획적으로 조작하는 과정이라고 할 수 있다.

본래 교수는 학습지도 혹은 수업이라는 말로 쓰이며, 대개 지식 방면의 교과활동과 관련되어 사용된다. 교수는 의도적이고 계획적인 교육을 본질로 삼는 학교교육의 주요활동이며 그 기본 요소로서 도야, 훈육을 들 수 있다. 그래서 교수활동에서는 교사가 중심이 되어 일정한 교과의 지식을 전달하는 것을 그 주요 임무로 삼고 있다. 그러나 이러한 일방적인 활동만을 강조하게 되면 학습자는 전적으로 수동적인 존재가 된다.

교수는 학습자를 피동적인 위치에 두고 교사에 의해서 결정된 학습목표를 계획에 따라 일방적으로 주입하는 타율적인 과정이다. 이에 비하여 학습은 학습자의 자발적인 활동을 중요시하며 학습자 자신이 직접적으로 행동변화를 시도하는 과정이다. 따라서 교사는 이 두 가지 행동의 특성을 감안하여 학습자는 능동적인 활동을 하는 존재라는 것을 감안하여 그의 행동발달과정을 보호, 지도, 촉진하는 역할을 해야 한다. 왜냐하면 학습을 자발적인 행동변화의 과정으로 볼 때 그 성격상 학습이란 학습자가 스스로 하는 경우 또는 자신이 하려고 노력하는 경우에만 성립하기 때문이다. 이러한 것을 고려하지 않고 교사가 아무리 열의를 가지고 잘 주입해도 학습자가 이를 적극적으로 받아들이지 않는다면 바라는 행동변화는 이루어지지 않는다. 행동변화를 하는 측은 학습자이며 그 학습자 개개인은 제각기 흥미와 능력과 요구를 가지고 나름의 서로 다른 반응을 하는 성질이 있으므로, 교사가 학습자의 행동변화에 신념을 가지고 학습지도에 임할 때는 이런 점에 유의해야 한다. 이와 같이 교수와 학습은 비슷하면서도 그 강조하는 바가 약간씩 다르다. 학습자 행동의 변화가 일어나는 과정을 가르치는 사람의 입장에서 보면 교수의 결과로서 나타나는 것이지만, 배우는 학습자의 입장에서 보면 학습자 자신의 행동의 변화인 것이다. 따라서 교수이론에서는 교사의 역할을 강조하여 교사가 능동적인 역할을 하게 되고 학습자는 수동적인 위치에 서게 되지만, 학습이론에서는 학습자의 능동적인 활동을 강조하여 교사는 학습자의 학습활동을 도와주는 소극적인 역할을 수행하게 된다.

다. 수 업

수업은 교육목표달성을 위한 수단과 방법으로, 학습자가 교육과정에서 의도한 지식 · 기능 · 태도 등의 학습력이 보다 효율적으로 신장될 수 있도록 내부적 · 외부적 환경을 체계적으로 조정하는 과정이다. 즉 어떤 의도나 계획에 따라 학습자가 학습 환경과 상호작용하는 것을 의미한다. 흔히 교수와 수업은 혼동하여 사용하는 경우가 있을 뿐만 아니라 교수가 수업의 전부인 것으로 생각하기도 한다. 그러나 교수는 교사의 가르침으로 수업의 한 부분일 뿐 전부는 아니다. 본래 의미의 교수는 교사가 중심이 되어 교과내용을 학습자에게 주입하는 것이 주 역할이며 학습자는 전적으로 주어진 지식을 수동적으로 기억하는 데 지나지 않는다.

이와 같은 교수만으로는 교육이 의도하는 학습자의 바람직한 행동변화는 이루어질 수 없게 된다. 따라서 수업이란 의도한 목표를 설정하고 이 목표를 달성하기 위한 교사의 교수활동과 학습자의 학습활동이 수업내용이나 교수매체를 통한 상호작용으로 이루어지는 일련의 과정을 말한다. 교수와 학습활동으로 형성되는 수업의 개념을 정리하면 다음과 같다(임창재, 2005 : 140).

첫째, 수업이란 목표를 달성하기 위해 교사의 교수활동과 학습자의 학습활동이 교실에서 실제적이고도 구체적으로 이루어지는 것이다.

둘째, 수업이란 학습활동이 일어나도록 학습자의 내 · 외적 조건을 체계적으로 조성하는 것이다.

셋째, 수업이란 학습을 통해서 행동이 변화되도록 일련의 상황을 통제하거나 조작하는 수단이다.

넷째, 수업이란 학습자가 특정한 조건하에서 특정하게 행동하는 것을 배울 수 있도록 학습자 개인의 환경을 조정하는 과정이다.

다섯째, 수업이란 학습자가 의도된 지식, 기능, 신념을 합리적으로 조정하는 과정이다.

여섯째, 수업이란 교수와 학업을 줄인 용어로 교학상장(教學相長)의 상호작용 상황을 의미한다.

이와 같이 수업은 교육의 목적을 달성하기 위해서 교사와 학습자가 수업내용을 가지고 상호작용하는 교육의 핵심적 활동이라 할 수 있다.

2. 교육방법의 유형

가. 강 의 법

강의법이란 교사가 설명과 해설을 하면서 수업내용을 학습자에게 일방적으로 전달하는 방법이다. 이 방법은 전통적인 교육에서의 대표적인 방법으로 교사의 활동이 주가 되고 학습자는 피동적이어서 교사에 의한 주입식 방법이라는 특징을 가지고 있다.

강의법의 장점은 다음과 같다.

첫째, 짧은 시간에 많은 내용을 많은 학습자에게 체계적으로 전달할 수 있다. 둘째, 흥미를 환기시키고 학습동기를 유발하는 데 좋은 수단이다. 셋째, 언어만으로 모든 내용을 전달할 수 있다. 넷째, 교과서에 없는 사실의 전달이나 이해하기 곤란한 사항의 설명에 유리하다. 다섯째, 직접 교사와 학습자가 접촉하기 때문에 학습자의 감정을 자극할 수 있다. 여섯째, 학습내용을 학습자의 상태에 알맞게 이야기를 조정하여 효과적으로 이끌 수 있다. 일곱째, 듣고 쓰면서 생각하고 총괄하여 요점을 정리할 수 있는 힘을 기를 수 있다. 여덟째, 기존의 사실이나 생활 상태를 생생하게 전개하는 데 적당하다.

강의법의 단점은 다음과 같다. 첫째, 학습자의 개성이나 능력이 무시되기 쉽다. 둘째, 교사의 능력, 특히 지식에만 의존하게 되므로 교사의 지식이 절대적으로 영향을 주게 된다. 셋째, 자율적인 학습의 태도를 기를 수 없다. 넷째, 학습내용에서 이탈하기 쉽다. 다섯째, 학습자의 능동적 참여의 기회가 없으므로 수동적 학습이 된다. 여섯째, 교사의 일방적 강의에 의하므로 적용화, 사회화의 힘을 기를 수 없다. 일곱째, 강의 내용을 받아 적는데 열중하게 되면 내용의 이해와 비판이 어렵다.

강의법을 수업에 활용할 때의 유의사항은 다음과 같다. 첫째, 수업의 목표를 명확하게 설정한다. 둘째, 학습자의 입장에서 내용을 알기 쉽게 설명하고 흥미를 자극하도록 한다. 셋째, 구체적인 실례를 들며 도표 등의 자료를 함께 사용한다. 넷째, 친절하고 성의 있는 어법을 사용한다. 다섯째, 내용 중에 중요한 개념은 판서하도록 한다. 여섯째, 강의의 속도에 유의하고 학습자가 생각할 여유를 가지도록 한다. 일곱째, 사전에 내용을 충분히 이해하고 수업과정을 계획하여 철저히 준비한다. 여덟째, 일방적인 강의만 계속하지 말고 문답법, 토의법 등을 병용한다. 아홉째, 학습자들에게 질문할 기회를 주고 요점을 정리해 준다.

나. 문 답 법

문답법은 교사와 학습자 간의 질의응답의 과정을 통하여 수업내용을 전개하는 것이다. 이 문답법은 교사와 학습자 사이의 상호작용을 전제로 하여 교사의 질문에 학습자가 답변하고 학습자의 질문에 교사가 답변하는 지도과정을 통해 학습에 대한 주의를 집중시킬 수 있는 방법이다. 질문은 개념이나 원리 등의 상기, 비교, 가치판단, 선택, 설명, 비판 등에 대한 논술을 요구할 때 사용할 수 있으며 학습자로부터 생생한 보고를 도출하는 것이 주안점이다.

질문법을 수업에 활용할 때는 좋은 질문을 만드는 것이 관건이다. 좋은 질문의 조건은 다음과 같다. 첫째, 질문은 학습자가 이해하기 쉽도록 간결, 명료하게 하며 바른 언어를 사용해야 한다. 그러므로 모호하고 막연한 질문은 하지 말며 이중 질문이 되지 않도록 한다. 둘째, 질문은 수업목표와 결부된 뚜렷한 목적을 지닌 것이어야 한다. 무의미하거나 단편적인 질문은 체계적인 사고활동을 방해하기 쉽다. 셋째, 질문은 학습자의 지적 활동을 개발하며 사고작용을 자극하도록 전개되어야 한다. 교과서에 있는 내용을 단순히 반복하게 하고 기억을 요구하는 질문은 반성적 사고를 자극하지 못한다. 넷째, 질문은 학습자 각 개인의 능력이나 흥미에 맞도록 한다. 교사의 질문이 학습자의 능력이나 흥미를 고려하지 않는다면 학습의욕을 떨어뜨릴 수 있다.

질문을 사용하게 되면 학습자에게 다음과 같은 능력을 길러준다. 첫째, 분석적인 사고를 자극한다. 둘째, 학습 곤란도를 진단한다. 셋째, 특수목표에 관한 진도를 결정한다. 넷째, 학습자의 동기를 유발한다. 다섯째, 개념을 분명히 하고 이를 전개한다. 여섯째, 학습자의 인식과 태도를 발달시킨다. 일곱째, 자기 평가의 힘을 기른다. 여덟째, 개념을 적용하는 능력을 기른다.

질문의 종류는 다음과 같다.

첫째, 기억질문이다. 기억질문은 학습자가 기억하고 있는 단순한 사실들을 확인하는 질문이다. 질문을 받게 되면 기억된 사실을 학습자가 즉시 응답하는 질문을 의미한다.

둘째, 사고 질문이다. 사고 질문은 반성적 사고에 의하여 응답할 수 있도록 하는 질문을 의미한다. 사고 질문은 문제해결력을 기르는 좋은 방법이며 학습자가 스스로 생각함으로써 학습능력을 기르는 데 효과적인 방법이다.

질문법의 장점은 첫째, 학습내용의 정리 및 정착에 효과적이다. 둘째, 학습에 자극을 주어 활기 있고 적극적인 학습활동을 하게 한다. 셋째, 학습자가 스스로 생각하고 해결할 수 있는 기회를 줄 수 있다. 넷째, 학습자의 주체적인 학습이 가능하다. 다섯째, 교사와 학습자 간의 의사소통의 기회가 많이 주어진다.

질문법의 단점은 다음과 같다. 첫째, 질문의 내용을 충분히 생각하지 않고 대답하는 것이다.

둘째, 교사의 계속적인 질문을 기대한다. 그러므로 해답은 연속성 없이 단답으로 되기 쉽다.

셋째, 교사 중심으로 되기 쉽다. 넷째, 자료나 의미에 중점을 두어 대답하기보다 교사의 관심에 초점을 두어 답하려고 한다. 다섯째, 우수학습자 중심의 수업으로 되기 쉬우며 그 외의 학습자들에게 좌절감을 주기 쉽다.

질문법을 수업에 활용할 때는 다음과 같은 점들을 유의해야 한다. 첫째, 학습학생 전원에게 응답의 기회를 골고루 준다. 둘째, 학습내용에서 이탈된 질문을 하지 않도록 한다. 셋째, 학습자가 당황하거나 공포심을 갖지 않도록 한다. 넷째, 질문의 요지가 명백하고 간결해야 한다. 다섯째, 단편적인 질문이 아니고 연속성을 지닌 사고의 정리가 이루어지도록 해야 한다. 여섯째, 학습자 상호 간의 질의응답을 억제하지 않는다. 일곱째, 질문은 학습자의 경험이나 지식의 범위 내에서 해야 한다. 여덟째, 정답일 경우는 칭찬하고 오답인 경우라도 무시하는 태도를 취하지 말아야 한다. 아홉째, 학습자의 질문을 언제나 환영해야 한다.

다. 토 의 법

토의법은 공동학습의 한 형태로서 학습자 상호간의 의사교환을 통하여 이루어지는 수업방법이다. 토의란 대화나 회화와는 달리 비교적 다수가 어떠한 문제를 해결하는 데 서로 의견을 교환해 가면서 원만하고 바람직하게 해결해 가는 수업의 한 방법이며 이를 통해서 집단 속에서 개인 개인이 자유롭게 의견을 발표하고 타인의 의견을 수용하면서 가치 있는 결론으로 문제를 해결하는 태도와 습관을 기를 수 있다. 즉 민주적인 학습자를 기르는 것이 이 방법의 가장 중요한 목표라고 하겠다.

토의법의 교육적 효과는 다음과 같다. 첫째, 학습자가 자기 스스로 생각하는 태도를 기른다. 둘째, 자기의 의견을 정확하게 발표하고 전달하는 태도를 기른다. 셋째, 타인의 의견을 존중하고 이를 수용하는 태도를 기른다. 넷째, 자기발언의 중요성을 이해하고 타인의 의견을 지성적으로 비판하는 태도를 기른다. 다섯째, 결정된 내용에 따르고 협력하는 태도를 기른다. 여섯째, 타인의 의견을 들음으로써 자기의 인식을 확대하고 심화하는 연구적인 태도를 기른다. 일곱째, 회의를 민주적으로 운영하는 태도를 기른다.

토의 수업을 할 때의 기본조건은 다음과 같다. 첫째, 토의 주제는 학습자들이 절실하게 느끼는 필요한 것이어야 한다. 둘째, 실제적인 사실에 근거를 둔 토의여야 한다. 셋째, 모든 학습자가 참여하도록 진행되어야 한다. 넷째, 토의는 자유로운 분위기가 조성되어야 한다. 다섯째, 토의를 통하여 수업이 진행되는 과정이 명료해야 한다. 여섯째, 토의 주제에 관한 기초 조사를 하고 충분히 이해한 후에 진행되어야 한다. 일곱째, 타인의 의견을 잘 듣고 서로가 자기의 생각을 높여 가도록 해야 한다.

토의의 종류는 다음과 같다.

첫째, 원탁식 토의이다. 원탁식 토의는 어떤 형식에 구애되지 않고 참가한 전원이 원탁에 둘러 앉아 자유로운 분위기에서 토의하는 것이다. 성원은 10명 내지 14~15명 정도가 적당하며 사회자는 전원이 상호 협조적 태도로 토의가 잘 진행되도록 분위기를 조성하는 노력이 필요하다.

둘째, 배심토의이다. 배심토의는 토의해야 할 주제에 대하여 의견을 달리하는 대표자(배심원)를 4~5명 정도 선정하여 사회자의 안내로 토의가 진행되는 것이다. 사회자가 대표자를 소개한 후 주제와 논점을 소개하는 것으로 토의가 시작된다. 토의과정에서 우선 대표자의 발표를 청중은 듣고 사회자가 필요하다고 판단될 때는 청중을 논의에 참가시켜 질문이나 발언의 기회를 주기도 한다. 이 방법은 타인의 의견을 듣고 비판하는 능력을 기르는 데 좋은 방법으로 토의에 참석하는 사람은 토의할 주제에 대하여 여러 가지 조사 연구를 해야 하며 경우에 따라서는 전문적인 지식이 필요하므로 전문적인 조사 연구를 해야 한다.

셋째, 공개토의이다. 공개토의는 1~2명의 발표자가 10~20분간 공개적인 발표를 한 다음 그 내용을 중심으로 발표자와 참석자 사이에 질의응답의 과정을 통해 토의하는 형식이다. 사회자는 발표시간을 조정하여 참석자의 발언도 적당히 조절, 통제해야 한다. 이 방법은 주제가 일반 참석자와 관계가 깊을수록 토의는 활발하게 진행된다.

넷째, 심포지움이다. 심포지움은 본래 음식을 같이 하면서 학문적 또는 예술적 문제를 가지고 서로 이야기를 나누는 교양인의 모임이란 뜻이다. 이 방법은 같은 주제에 대해 2~3명의 발표자가 다른 입장에서 자신의 의견을 준비하여 사회자의 안내로 발표하게 된다. 이때 사회자나 참석자는 질문이나 설명을 요구할 수 있으며 이에 발표자는 대답하면서 토의를 진행하는 것이다. 발표내용이나 필요한 자료는 미리 배부하여 토의진행에 도움이 되도록 한다. 심포지움은 대체로 사회자나 발표자 그리고 참석자가 전문적인 지식을 갖는다는 특징이 있다.

다섯째, 대화식 토의이다. 대화식 토의는 주제에 관련된 권위자나 전문가를 초빙하거나 또는 현장에 찾아가서 그 주제에 대하여 설명을 듣고 질문을 하여 더 잘 이해하도록 하는 방법이다.

토의법의 장점은 다음과 같다. 첫째, 토의과정을 통하여 학습자의 사회화를 촉진할 수 있다. 둘째, 자기의 생각과 의사를 분명히 할 수 있는 기회를 줄 수 있다. 셋째, 타인의 의견을 이해하고 비판적으로 받아들이는 태도를 길러준다. 넷째, 주제에 관심과 흥미를 고취시켜 자발적인 학습활동이 가능하다. 다섯째, 집단사고의 경험을 통해 민주적인 생활태도를 기를 수 있다.

토의법의 단점은 다음과 같다. 첫째, 발표내용보다 발표자에게 중점을 두기 쉽고 감정적으로 흐르기 쉽다. 둘째, 방관적인 태도를 갖는 사람이 많을 수 있다. 셋째, 소수의견이 경시되거나 무시되기 쉽다.

토의법을 활용할 때는 다음과 같은 유의사항을 고려해야 한다. 첫째, 토의과정에서 필요한 자료는 사전에 미리 준비되어야 한다. 둘째, 토의는 우수학생 몇 명이 독점하지 않도록 유의해야 하며 모든 학습자가 열의를 가지고 참가하도록 배려한다. 셋째, 의견 발표가 자유롭게 될 수 있도록 분위기를 조성한다. 넷째, 토의는 소수의 의견도 존중되도록 진행되어야 한다. 다섯째, 토의는 전체 질서를 존중하고 그릇된 토의가 되지 않도록 지도한다. 여섯째, 토의의 목적은 설득하는 데 있는 것이 아니고 협동적인 문제해결에 있음을 이해하도록 한다.

라. 문제해결법

문제해결법은 학습자에게 어떤 문제를 제시하고 그 해결과정을 통하여 지적, 기능, 태도 그리고 기술 등을 종합적으로 습득하도록 하는 방법이다. 즉 문제해결법은 문제를 매개로 하여 성립되는 수업의 형태로 주어진 문제를 반성적 사고의 과정을 통하여 의문이나 어려움을 해결하고 현실과 가능성의 대립을 없애 조화를 이루는 것이다. 이 문제해결법은 문제가 될 만한 상황을 주제로 시작하고 문제가 해결되면 검증을 통해 마치게 된다. 그러나 모든 생활이 문제의 연속이므로 문제해결법의 진행도 통합된 활동을 포함하는 것이기 때문에 연속적인 행동의 경험단원을 구성하게 되는 것이다.

이 문제해결법은 듀이(Dewey, J.)에 의하여 주장되었는데 그는 반성적 사고과정을 중시하고 있다. 듀이의 반성적 사고과정의 내용을 분석하면 다음과 같다.

첫째, 느껴진 곤란, 둘째, 그 곤란의 검토, 셋째, 가능한 해결 즉 시안의 제시, 넷째, 추리에 의한 시안의 검토, 다섯째, 행위에 의한 가설의 검증 즉 관찰이나 실험에 의하여 시안의 수용 혹은 거부 결정이다.

이와 같이 듀이의 반성적 사고과정은 문제의 인식, 문제해결을 위한 가설의 설정, 자료의 수집과 가설의 적용, 가설의 검증, 가설의 실제적 적용이라는 문제해결의 학습과정과 일치하는 것이다.

사람은 어떤 문제에 직면할 때에 항상 조직적이고 합리적으로 그 문제를 해결하려고 하며, 이러한 객관적인 심적 태도를 문제해결적 태도 혹은 문제에 대한 과학적 견지라고 말할 수 있다. 문제해결법은 일반적으로 귀납적 방법과 연역적 방법의 두 가지 방법으로 나눌 수 있고 그 방법은 다음과 같은 과정을 거친다.

첫째, 귀납적 방법이다. 이것은 특수에서 일반을 지향하는 것으로 개별적인 특수한 지식들이 가지는 공통적인 특징을 찾아내어 일반적이고 보편적인 지식을 성립하는 것이다. 귀납적 방법은 대체로 다음 여섯 가지 난세를 거쳐 이루어진다.

- 제1단계: 문제의 인식
- 제2단계: 문제에 관계있는 자료 수집
- 제3단계: 수집된 정보의 조직
- 제4단계: 문제에 대한 가능한 해결 혹은 가설의 설정

- **제5단계:** 가능한 해결방법들 중 명백한 결점을 가진 가설의 제거
- **제6단계:** 그 해결을 사태에 적용하고 그 결과의 조사 검증

둘째, 연역적 방법이다. 연역법은 기지의 보편적 결론 혹은 원리를 특수한 사실에 적용하는 것이므로 연역적 과정은 논리적으로 귀납법의 종결점에서 시작한다.

- **제1단계:** 문제의 인식
- **제2단계:** 그 사실에 적절한 자료의 수집
- **제3단계:** 사태에 적용할 제 원리의 재검토
- **제4단계:** 결론 내지 추론의 도출
- **제5단계:** 원리를 그 사태의 해결에 적용함으로써 그 추론의 검증
- **제6단계:** 그 해결을 사태에 적용하고 그 결과의 조사 검증

문제해결법의 장점은 다음과 같다. 첫째, 학습자의 자발적인 활동에 의한 자기 자신의 힘으로 학습을 해결하는 것은 자율성과 능동적인 능력을 기를 수 있다. 둘째, 생활문제를 학습의 주제로 하기 때문에 구체적인 행동과 직접 경험에 의해 수업이 진행된다. 따라서 수업이 실생활과 유리되지 않는다. 셋째, 교재의 논리적 체계에 구애받지 않고 학습자의 심리적 단계에 따라 학습되고 흥미에 맞고 이해하기 쉬우며 실생활에 적응할 수 있는 학습이 된다. 넷째, 전인적인 발달을 위한 수업이 된다. 다섯째, 협동적인 학습활동을 통해 민주적인 생활태도를 기른다.

문제해결법의 단점은 다음과 같다. 첫째, 문제해결법은 체계적인 기초학력을 기르기 어렵다. 둘째, 수업상황이 어수선하여 일관성 있게 진행되기 어렵다. 셋째, 학습의 노력에 비하여 능률이 낮다. 넷째, 학문적인 지식을 조속히 학습할 수 없다.

문제해결법을 수업에 활용할 때는 다음과 같은 점들에 유의해야 한다. 첫째, 학습자가 문제를 명확히 파악하도록 지도한다. 둘째, 그 문제에 관련되는 관념을 가능한 한 많이 활용하기 위해 상황을 분석 검토하고 명료한 가설을 형성하며 적용할 수 있는 일반적 법칙이나 원리를 활용한다. 셋째, 문제해결에 대한 여러 가지 시사를 주의깊게 검토하게 한다. 편견을 피하고 조급한 결론을 내리지 않도록 하며 문제해결의 여러 시사 중에서 조직적으로 적절한 것을 선택하여 부당한 것은 배제한다. 넷째, 결론을 검증하게 한다. 다섯째, 사고과정을 적절히 지도하여 문제를 위한 자료를 조직하게 한다.

제 2 절 교육공학

1. 교육공학의 의미

산업혁명 이후 사회는 급격히 발달하게 되었으며, 특히 눈부시게 성장한 과학기술은 많은 새로운 용어를 등장시켰다. 이러한 용어 중에서 '공학'이라는 개념은 사회 전반적인 부분에서 다양하게 활용되고 있다. 그러나 공학이라는 용어에 대한 올바른 개념이 정립되지 않은 탓에 일선에서는 기계적 의미로만 받아들여지고 있는 경우가 많다.

원래 공학(technology)이라는 용어의 순수한 사전적 의미는 오늘날 흔히 쓰이는 기술이나 산물만을 뜻하지만, 사실 공학은 그 이상의 이미를 지니고 있다. 즉 공학은 산물로서의 기계장치 개념만이 아닌 과학적 방법에 의해 체계화된 지식을 공학적 원리와 기법을 활용하여 실제에 적용하는 응용과학적 의미까지 포함한다. 이러한 공학이라는 개념이 교육현장에 적용되어 교육현상의 실제와 관련된 문제를 해결하기 위하여 적용된 학문분야가 바로 교육공학인 것이다.

다음에서는 교육과 공학의 관계가 어떻게 정립되고 있는지 그리고 역사적 발전에 따라 어떻게 정의되어 가고 있는지를 살펴봄으로써 교육공학의 본질을 이해하고자 한다.

교육과 공학의 관계 정립에 따른 정의

1) 교육에서의 공학

교육에서의 공학은 정보를 전달하는 모든 기계적 도구들이 교수–학습상황에서 의사소통을 위한 도구로 활용되는 것을 의미한다. 이러한 형태의 대표적인 모습이 바로 시청각 교육매체이다.

교수–학습의 의사소통 도구는 다시 하드웨어적 도구와 소프트웨어적 도구로 나누어 볼 수 있는데, 전자는 OHP, 슬라이드, 오디오, TV, 컴퓨터 등을 들 수 있으며, 후자는 슬라이드 필름, 오디오 혹은 비디오 테이프, 컴퓨터 프로그램 등을 들 수 있다. 이처럼 교육에서의 공학은 교육에서의 효율성과 효과성을 위해 매체를 활용해야 한다는 입장이며, 따라서 인간적 · 교육적 요소보다는 기계적 · 공학적 요소를 강하게 내포하고 있다.

2) 교육의 공학

교육의 공학은 교수-학습을 위한 과정과 이와 관련된 자원의 설계 · 개발 · 활용 · 관리 · 평가에 관한 이론과 실제이다. 이러한 정의는 교수-학습과 관련된 모든 요소들을 포괄적으로 내포하고 있기에 광의의 정의로 볼 수 있다. 교육의 공학은 교육에서의 공학처럼 다양한 시청각 매체를 교수-학습과정에서 단편적으로 활용하는 것이 아니다. 학습원리나 학습자의 특성을 사회과학적 원리에 근거하여 분석하고, 이를 근거로 하드웨어인 기술적 장치인 매체가 선정되며, 소프트웨어인 수업자료가 학습자의 입장을 고려하여 개발, 적용되고 있다. 이처럼 교육의 공학은 교육적 요소와 공학적 요소가 서로 불완전하지만 공존하고 있으며, 공학적 요소에 교육적 원리들을 도입하여 활용하는 것을 의미한다.

3) 인간의 교육공학

이 정의는 학습자를 주어진 상황이나 환경에 순응하는 수동적인 존재로 보기보다는, 주어진 문제를 해결하기 위해 적극적으로 탐색하고 새로운 인지구조를 형성하는 능동적 존재로 간주하고 있다. 따라서 모든 공학적인 요소는 학습자를 과학적으로 통제하고 학습결과를 측정하기 위한 것이 아니라, 학습자가 처해진 학습상황을 적극적으로 해결하기 위해 주체적으로 선택 · 활용하는 도구인 것이다. 그러므로 교육과 공학의 관계는 이전보다 좀더 완전하다고 볼 수 있다.

2. 교수매체

가. 교수매체의 개념

매체(media)란 between의 의미를 지닌 라틴어 medius에서 파생된 말로 정보의 원천과 수신자 간에 정보를 전달하는 어떤 것을 의미한다. 즉 매체는 정보전달을 위해 사용되는 필름, 텔레비전, 도표, 컴퓨터, 교사 등과 같은 모든 형태의 의사소통 도구이다.

교육현장에서 교사의 수업내용은 신호를 통하여 전달되고 학습자에 의해 신호의 해석이 이루어짐으로써 학습이 이루어진다. 이러한 의미로 볼 때, 교수-학습과정에서 이루어지는 모든 것은 곧 교사와 학습자 간의 의사소통의 과정이라고 볼 수 있다. 이때, 원활한 의사소통이 이루어질 수 있도록 교사는 학습자에게 인쇄된 문자, 그림이나 도표, 청각적 언어, 움직이는 화상 등과 같이 다양한 매체를 활용하게 된다.

교수상황에서는 반드시 교수자, 학습자, 교수내용, 교수매체로 구성되기 마련이다. 이 과정에 교사와 학습자 간의 소통을 원활히 하기 위한 교수목적으로 사용되는 매체가 어떤 내용을 학습자에게 전달할 때 이것을 교수매체라고 한다.

교수매체를 정의할 때 교육공학의 하위요소인 시청각적 또는 언어적 정보를 전달하는 시청각 기재와 시청각 교재만을 뜻하는 좁은 의미로도 볼 수 있고, 교수–학습과정에서 교수목표를 달성하기 위한 일체의 교육환경까지 포함된 교육공학의 전 영역을 뜻하는 광의의 개념으로도 해석할 수 있다. 즉, 교수매체를 시청각 기재와 교수자료인 교재뿐만 아니라 인적자원, 전달하는 메시지 내용, 학습 환경, 시설 등 모두를 포함하는 포괄적이고 종합적인 개념으로 사용하고 있는 것이다. 다음에서는 협의의 의미로서의 교수매체를 서술하고자 한다.

나. 교수매체의 특성과 기능

1) 교수매체의 특성

교수매체의 특성은 학습하게 될 정보의 표현 특징과 결합하여 매체 선택의 기준이 된다. 교수매체는 교수–학습과정에서 다음과 같은 특성을 가진다(정명화 외, 2005 : 226).

첫째, 교수매체는 학습의 속성을 가지고 있다. 학습이란 새로운 정보의 습득을 말하므로 정보의 전달은 곧 학습을 의미한다. 그러므로 매체를 접하는 학습자는 의식적으로든 무의식적으로든 새로운 정보를 전하게 되고 이를 통하여 학습이 이루어지고 있다.

둘째, 교수매체는 의사소통을 촉진하는 속성을 가지고 있다. 의사소통이란 정보를 가지고 있는 사람으로부터 정보가 필요한 사람에게 정보가 전달되는 것을 의미하는데 바로 수업과 학습에서의 정보 습득은 의사소통을 통하여 이루어지고 있다. 따라서 의사소통이 어떻게 이루어지느냐에 따라 학습의 효과성, 효율성이 결정된다고 할 수 있다. 매체란 바로 이러한 의사소통을 촉진하는 것을 기본 목적으로 하고 있으므로 정보습득과 깊은 관련성을 갖는다.

셋째, 교수매체는 흥미 유발과 학습자의 적극적인 학습활동으로 기억에 오래 남는 학습을 가능하게 한다. 최근 프레젠테이션, OHP 등에서 증대되고 있는 시각적 메시지는 학습의 동기를 유발하고 학습자 스스로의 힘으로 사고를 전개할 수 있도록 한다. 에인리치(R. M. Heinrich) 등은 교수–학습에서의 시각적 메시지의 중요성을 설명하면서 학습자들은 들음으로써 약 10%를 배우고 80% 이상을 보는 것으로 배우며, 들은 것의 약 20%만을 기억하나 보고 들은 것은 약 50% 이상 기억한다고 하였다. 이와 같이 모든 정보를 시각적 메시지로 전달

가능하도록 만들고 있는 것이 바로 매체인 것이다.

넷째, 학습자에게 공통된 경험을 제공한다. 각 학습자의 경험의 배경은 각양각색이어서 이로 인해 개인차가 발생한다. 시청각적 학습은 이러한 조건에서 어느 정도 공통된 경험을 각 학습자에게 제공한다.

다섯째, 교수매체의 활용에 따라 다양한 수업기법이 개발될 수 있다. 학습내용은 학습매체에 담겨서 전달되며, 학습내용을 다양하게 표현할 수 있도록 해 주는 것은 매체이므로 이 매체는 학습자의 능력수준에 따라 학습내용의 표현양식도 효과적으로 전달될 수 있다. 그러므로 교사는 매체의 활용을 통하여 정보의 효율적인 전달방법을 강구해야 하며 보다 다양한 수업기법을 개발하는 데 힘써야 한다.

2) 교수매체의 기능

교수매체가 교수-학습의 과정에서 보편적으로 가지고 있는 기능을 살펴보면 다음과 같다(권성호, 1998 : 212).

첫째, 매개적 보조기능으로서 교사가 학습자를 가르칠 때 수업의 보조수단으로 매체를 사용하는 것이다. 매체는 교육현장에서 사용됨으로써 명료한 메시지 제시, 수업시간 단축, 주의력 집중, 동기유발, 흥미유발 등 보다 효율적인 수업을 진행할 수 있도록 적용한다.

둘째, 정보전달 기능은 교사가 학습자에게 필요한 내용을 전달하기 위하여 매체를 사용하는 것으로 시 · 공간을 초월하여 정보를 전달할 수 있고, 학습자의 감각 채널을 자극하여 정보를 수용할 수 있도록 하는 기능이다. OHP, 슬라이드, 컴퓨터, 요점 정리된 자료, 비디오테이프 등은 정보전달 기능을 보다 원활하게 수행할 수 있도록 개발된 매체들이며, 공학의 발달에 따라 보다 효율적이고 생동감 있게 정보를 전달할 수 있게 된다.

셋째, 경험구성 기능은 학습자가 매체를 활용함으로써 다양한 학습경험을 갖게 해 주는 기능이다. 이는 교수매체가 단순히 기계적인 지식전달 기능만 하는 것이 아니라 그 자체로서 교육적인 경험을 제공하는 역할을 할 수 있음을 보여준다. 즉, 매체는 학습할 내용인 동시에 경험을 구성하는 기능을 갖고 있다는 것이다.

넷째, 교수기능으로서 매체를 효과적으로 구성 · 활용하여 학습자의 지적 기능을 개발시키는 것이다. 매체가 정보를 어떻게 전달하느냐에 따라 학습자의 인지, 지각, 표상능력을 증진시킬 수 있기 때문에 적절하게 사용한다면 효율적인 교수기능을 수행할 수 있게 되는 것이다. 즉, 학습자로 하여금 매체로부터 전달되는 정보를 지각하고, 자신의 인지구조에 적합하게 변형시켜 인식하도록 하며, 그 결과를 표현하도록 함으로써 학습자의 지적 기능을 계발시킬 수 있다.

다. 수업을 위한 주요 매체, 컴퓨터

컴퓨터의 발달과 보급으로 인하여 컴퓨터는 교육공학의 중요한 도구로 사용되고 있다. 컴퓨터는 수업을 위해 개인교사의 역할은 물론 교수 · 학습의 도구로서 다양하게 적용되고 있다. 컴퓨터의 교육적 역할은 다음과 같다. 교사로서의 컴퓨터는 컴퓨터가 교사와 관련된 역할을 수행하는 것을 의미하며, 컴퓨터를 활용하여 개발된 여러 가지 교수 프로그램들을 말한다. 즉, 컴퓨터는 수업을 제시하고, 교수–학습상황을 제공하며, 학습자의 반응을 평가하고, 피드백을 제공하며, 적절한 사후활동을 결정한다. 이러한 교육적 적용으로는 CAI(Computer Assisted Instruction: 컴퓨터 보조수업), CMI(Computer Managed Instruction: 컴퓨터 관리수업), ILS(Intergrated Learning Systems: 통합학습시스템) 등을 들 수 있다. CAI는 컴퓨터를 직접 수업매체로 활용하여 지식, 태도, 기능 등의 교과내용을 학습자에게 가르치는 수업방법이다. CAI의 유형에는 반복학습형, 개인교수형, 시뮬레이션형, 교수게임형으로 나누어 볼 수 있다. CMI는 컴퓨터를 직접 수업매체로 사용하는 것이 아니라 컴퓨터를 활용해서 교수 · 학습활동을 기록 · 분석하여 교사가 효율적으로 수업을 할 수 있도록 지원하는 것이다. ILS는 컴퓨터가 교사의 기능을 하는 가장 복잡하고 정교한 컴퓨터 시스템으로, 반복연습, 개인교수, 시뮬레이션 등과 같은 다양한 유형의 컴퓨터 보조수업과 도구형 코스웨어를 통합시킨 교육과정형 패키지이다.

컴퓨터는 교수 · 학습의 도구로도 활용될 수 있다. 교사와 학습자는 다양한 상황에서 워드프로세서, 스프레드시트, 데이터베이스, 프레젠테이션 소프트웨어, 원격통신 등으로 사용되고 있다. 워드프로세서는 가장 광범위하게 사용되는 컴퓨터 도구로, 특정 내용의 입력, 편집, 수정, 구성, 저장, 검색 및 출력이 가능하다. 대부분의 워드프로세서는 그래픽과 표를 포함하며, 문서업무처리기능 뿐만 아니라 사전의 기능을 갖추고 있다. 스프레드시트는 다목적용 계산도구이다. 스프레드시트는 표 형식으로 된 자료의 계산, 데이터베이스 요소, 그래프 그리기 등의 처리를 쉽게 할 수 있어 경리, 예산편성, 통계보고서 등의 업무에 광범위하게 사용된다. 데이터베이스란 대량의 유용한 관련 있는 자료를 자료의 중복을 최소화하면서 어떤 특정한 방식으로 구성하여 놓은 것을 말하며, 데이터베이스 관리시스템은 데이터베이스를 효율적으로 관리하기 위한 소프트웨어이다. 프레젠테이션 소프트웨어는 특정 내용에 대해 컴퓨터 텍스트와 이미지를 제작하여 제시할 수 있다. 슬라이드나 OHP와 같은 전통적인 제시 도구와 유사한 기능을 하도록 고안되었으나, 정보를 보다 쉽게 입력하고, 편집할 수 있다. 컴퓨터 통신은 컴퓨터와 통신이 결합하여 컴퓨터 네트워크나 원격통신에 의해 원격지의 다른 컴퓨터와 정보를 교환하는 것을 말한다. 컴퓨터 통신은 개인이 필요한 정보를 빠르고 쉽게 얻을 수 있고, 원거리에 있는 다른 사람들과 신속하게 의사소통을 할 수 있다.

3. 원격교육

가. 원격교육의 개념

원격이라는 명칭은 1982년 국제통신교육협회(International Council for Correspondence Education)가 국제원격교육협회(International Council for Distance Learning)로 전환되면서 정식으로 사용되기 시작하였다(박숙희 외, 2005 : 301).

원격교육이란 교사와 학습자가 직접 대면하지 않고 인쇄교재, 방송교재, 오디오나 비디오 교재 등을 매개로 하여 교수 · 학습활동을 하는 하나의 교수전략이다. 지리적으로 산재해 있는 학습자들이 강의실에 오기 힘든 경우 교사와 학습자들은 지리적으로 떨어져 있지만 교수매체를 통해 상호작용을 하며 학습자료와 결과를 교환하여 교수 · 학습이 이루어진다.

원격교육의 정의는 학자에 따라서 다양하게 정의되어 왔으나 대체로 다음 세 가지 요소가 포함된다. 첫째, 원격교육은 교사와 학습자 간의 교육적 통신이 지리적 거리에 의해서 분리되며, 둘째, 교사와 학습자는 쌍방향적인 상호작용이 이루어져야 하며, 셋째, 학습과정을 촉진하기 위해서 일종의 교수매체가 사용된다. 원격교육은 교사가 교실이나 혹은 학교 내에서 지속적이고 직접적인 관리 감독을 하지 않고 개별지도 체제에 의해서 가르치고, 계획하고, 지도하는 모든 수준의 다양한 학습형태를 포함한다.

원격교육은 자율학습(self-study)이 아니며 교사와 학습자의 격리가 그들 사이의 통신의 단절을 의미하는 것이 아니다. 원격교육은 전통적인 교실 수업에서 제공되는 것과 동등한 교육의 기회를 제공해야 한다.

원격교육이 전통적인 교실 수업에 관계없이 교수적 통신이 이루어지려면 다음과 같은 기능이 수행되어야 한다.

첫째, 수업의 유형에 관계없이 수업의 기본적인 요소는 학습자에게 학습내용을 전달하는 것이다.

둘째, 교사와 학습자 간에 상호작용이 이루어져야 한다. 학습은 학습자가 학습내용에 적극적으로 참여할 때 가장 효과적으로 일어난다. 교사는 질의 · 응답, 피드백을 수반한 연습, 테스트나 과제물 등 다양한 방법으로 학습자가 적극적으로 수업에 참여하도록 유도해야 한다.

셋째, 학습자와 학습자 간의 상호작용이 이루어져야 한다. 학습자와 학습자 간의 상호작용은 소그룹 토의, 역할놀이나 게임과 같은 보다 구조화된 그룹 활동, 그룹 프로젝트 등을 통해 유도한다.

넷째, 학습자원을 활용한다. 학습자는 수업시간 외에도 개별적으로 과제물, 그룹 프로젝트 등을 위해 교재, 참고도서와 같은 인쇄자료, 오디오, 비디오, 멀티미디어, CD-ROM과 같은 시청각 자료를, 온라인 검색을 위한 데이터베이스, 실험기재나 실물모형 등의 학습자원을 활용할 수 있다.

따라서 원격교육이란 교사와 학습자들이 지리적으로 떨어져 있지만 교수매체를 사용하여 전통적인 교실수업에서 제공되는 것과 같이 교사와 학습자, 학습자와 학습자 간에 상호작용이 이루어지는 교수 · 학습 형태를 말한다.

나. 원격교육의 특성

원격교육이란 용어는 여러 학자들에 의해 다양하게 정의되어 왔다. 언제 어디서나 누구에게든지 교육의 기회를 제공하는 학습자 중심의 교수체제인 원격교육의 장점과 제한점은 다음과 같다(박숙희 외, 2005 : 302-303).

1) 장 점

첫째, 학습자들은 원하는 시간, 장소에서 자신들에게 편리한 방식으로 교육을 받을 수 있다.

둘째, 가격 · 효과 면에서 경제적이다. 시스템을 구축하는 데 초기 비용은 많이 들지만 일단 시스템이 구축되면 소요 경비가 저렴하다. 특히 재택수업이 가능하기 때문에 통학하는 시간과 노력이 감소된다.

셋째, 학습자들은 최신 정보를 필요한 순간에 입수할 수 있으며, 원거리에 있는 교사나 전문가와 접촉이 가능하다.

넷째, 네트워크로 연결된 여러 지역의 학습자들이 생동감 있고 상호작용적인 학습환경에서 협동학습을 할 수 있다.

다섯째, 각 지역에 흩어져 있는 학습자원을 공유할 수 있다.

2) 제 한 점

첫째, 원격교육이 가격이나 효과 면에서 경제적이라고는 하지만 원격교육 시스템을 구축하기 위해 초기 비용이 많이 든다.

둘째, 형식적인 학교교육과는 달리 각종 교재 개발과 학생 지원 서비스를 위한 지원조직이 필요하기 때문에 계속적인 투자가 필요하다.

시설투자, 지원 서비스를 위한 투자 외에도 학교와 같은 면 대 면 환경과는 달리 교수매체에 의존하는 원격교육은 의사소통 채널의 변경으로 인하여 개인 상호간의 거리감을 조성할 뿐만 아니라 상호작용의 양과 빈도의 감소, 피드백의 손실, 메시지 전이의 방해 등의 제한점을 갖는다.

셋째, 개인 상호간의 거리감을 조성한다. 개인 상호간의 거리감이란 참여자들 사이에서 인지되는 근접성을 말한다. 면 대 면과 같이 정보가 풍요한 환경에서 감각 채널이 감소하는 환경으로 바뀔 때 이러한 심리적인 근접성이 감소된다. 심리적인 근접성이 커지면 그들의 동료들을 확인하고 의사소통을 하는 데 어려움을 느끼게 된다. 특히 일부 학습자들이 수업 장소에 출석하여 교사와 수업을 할 경우, 다수의 떨어진 장소에 있는 학습자들은 거리감을 느끼거나 집단의 소속감이 결여될 수 있다.

넷째, 원격통신(telecommunication)공학을 통한 의사소통은 개인 상호간의 거리감은 자연발생적인 상호작용을 감소시키며 자유로운 대화를 방해한다. 공학을 사용하는 데 익숙하지 않으면 참여자는 겁을 내거나 소극적으로 반응하게 된다.

다섯째, 상호작용의 감소는 피드백의 감소를 동반한다. 전통적으로 교사들은 학습자들의 반응을 측정하기 위해 시선 접촉, 표정 등 신체적 몸짓과 같은 비언어적인 수단을 사용한다. 비언어적인 단서는 메시지 전달의 성공 정도를 측정함으로써 수업의 속도를 조절하도록 도와준다. 피드백 없이 의사소통은 일어나지 않는다. 학습자는 동료들이나 교사와 의견교환을 할 기회를 거의 갖지 못한다. 팩스나 e-mail 전송이 의사소통을 빠르게 할 수는 있지만 즉각적인 피드백을 제공하기는 어렵다.

여섯째, 메시지의 전이가 저해될 수 있다. 시각적 매체를 통해 80% 이상 학습된다는 점으로 인해 시각적 의사소통을 배제하거나 제한하는 학습은 학습자들에게 부담을 준다. 이와 같이 비언어적인 단서 없이 피드백이 감소될 경우 메시지는 잘못 해석될 가능성이 커진다. 더구나 공학을 기초로 한 수업은 창의적인 사고를 촉진시키는 데 적합하지 않을 수도 있다.

다. 가상수업

최근 정보통신공학의 발전은 인쇄매체와 대중전파 매체를 위주로 한 원격교육방법을 보완하는 데 크게 기여하였다. 컴퓨터, 컴퓨터 매개통신, 쌍방향 케이블 텔레비전, 통신 및 방송위성 등이 교육에 도입되면서 가상수업, 가상대학, 가상연수원 등이 출현하였다. 대학과 기업들은 정규수업이나 평생교육 프로그램의 일환으로 가상수업을 시작하고 있으며, 일부 대학이나 기업에서는 교육프로그램의 전체를 온라인으로 전환하려는 시도가 활발히 전개되고 있다. 가상수업은 교육에의 접근성을 높여주고, 교육효과를 의미 있게 증진시킨다.

가상수업이 교육에의 접근성을 높여주는 요인을 살펴보면 다음과 같다(박숙희 외, 2005 : 313-314).

첫째, 학습자들은 지리적 위치에 관계없이 세계 어느 교육기관에서 제공하는 가상수업이든지 원하는 수업을 택할 수 있다. 학습자들은 그들이 원하는 시간에 언제든지 수업에 참여할 수 있으며, 교사로부터의 피드백과 다른 학습자들과의 상호작용의 기회에도 제한을 받지 않는다.

둘째, 학교에 오기 어려운 학생들은 재택수업이 가능하며, 장애자는 물론 아이들이나 부양가족 때문에 집에 머물러야 하는 사람들도 강의를 들을 수 있으며, 여행 중에는 노트북 컴퓨터를 사용하여 수업에 참여할 수 있다.

셋째, 모든 학습자들에게 질문을 하거나 의견을 제시할 수 있는 기회를 제공한다. 특히 의견을 즉각적으로 제안하기 어려운 학습자들도 질문을 하거나 수업에 기여하기 위해 필요한 시간적 여유를 가질 수 있다.

그러나 컴퓨터를 유일한 전달방법으로 사용할 경우 다음과 같은 요인들은 오히려 교육에의 접근성을 저해한다.

첫째, 현재 소수의 교육기관들이 특정 과목에 한하여 강의를 개설하고 있기 때문에 온라인 프로그램에 의해서 학위를 취득하려는 사람들에게는 선택의 범위가 매우 제한된다.

둘째, 집이나 직장에 컴퓨터와 모뎀을 갖고 있지 않은 학습자들은 필요한 기재를 사용하기 위해 기재가 있는 장소로 이동을 해야 한다.

셋째, 전통적인 수업에서는 질문이 주어지면 즉시 피드백을 받을 수 있으나 비동조적인 매체를 사용하는 경우에는 피드백이 지연된다. 물론 지연적인 피드백은 교육적인 면에서 장점으로 활용될 수도 있다.

넷째, 의사소통이 컴퓨터에 의존하기 때문에 읽기나 쓰기 능력이 부족한 경우나 컴퓨터의 사용능력이 부족한 경우에도 효과적인 접근이 어렵다.

가상수업은 다음과 같은 이유로 교육의 효과성을 증진시킨다.

첫째, 학습자들이 같은 시간에 만나기가 어려운 경우에도 서로 협력하여 학습하게 하며, 교실수업에서 보다 능동적인 학습이 이루어진다.

둘째, 컴퓨터는 참여자에게 적극적인 반응을 요구할 뿐만 아니라 학습이 개인적인 학습속도에 의해 이루어지고, 학습자들의 능력에 맞게 교정학습이나 심화학습이 제공되기도 한다.

셋째, 학습자들은 학습에 필요한 모든 코스웨어를 구입하지 않고도 수업에 필요한 자원들은 공유할 수 있다.

반면 가상수업은 다음과 같은 요인에 의해서 교육의 효과성이 제한된다.

첫째, 예능이나 외국어 과목과 같이 시각 또는 청각적인 요소가 필요한 경우에 시청각적인 요소가 결여되는 점이다. 물론 초고속통신망과 멀티미디어 시스템이 구축되면 자동적으로 이러한 문제점이 해소되겠지만 이런 시스템이 제공되지 않는 경우 시청각적인 요소를 보완하는 교재가 필요하다.

둘째, 학습자들이 특정한 시간에 만나는 것이 아니기 때문에 학습자들이 정규적으로 가상수업에 접속하거나 자기주도적으로 학습하지 않는 경우에는 수업이 제대로 이루어질 수가 없다.

셋째, 많은 학습자들이 수업에 참여하는 메시지를 보내는 경우에 학습자들은 정보에 압도될 수 있다.

1. 교수 · 학습 · 수업의 개념을 비교해 보며, 바람직한 수업이란 무엇인지 토론해 보자.

2. 각각의 교수법을 살펴보고, 자신이 받는 수업에서 활용되는 교수법은 무엇인지, 또한 어떤 교수법이 바람직하다고 생각하는지 토론해 보자.

3. 교육공학의 발달과 교수 · 학습방법의 발달관계를 토론해 보자.

4. 컴퓨터가 교수매체로 활용되면서 변화된 교육환경이 무엇인지 토론해 보자.

CHAPTER

8

교육평가의 이해

1 교육평가의 의미
2 평가도구
3 평가결과의 해석 및 활용

학습목표

- ☞ 교육평가의 개념을 측정관, 평가관, 총평관의 입장에서 이해한다.
- ☞ 교육평가의 유형을 평가시기와 평가준거에 따라 구분할 수 있다.
- ☞ 좋은 문항의 조건과 유형을 이해한다.
- ☞ 평가도구의 양호도에 관해 이해한다.

미리보기

1. 교육평가(educational evaluation)는 교육목표의 달성 정도를 알아보고, 교육활동의 효율성을 가늠하여 그에 따른 가치를 판단하는 체계적인 과정을 의미한다.
2. 교육평가는 평가시기에 따라 진단평가와 형성평가, 총괄평가로 구분되며, 평가의 준거에 따라 상대기준평가와 절대기준평가로 구분된다.
3. 문항의 유형은 선택형 문항과 서답형 문항으로 나눌 수 있다.
4. 평가도구의 양호도를 살펴보기 위해서는 타당도와 신뢰도, 객관도, 실용도의 개념을 알아야 한다.

8

교육평가의 이해

제 1 절 교육평가의 의미

1. 교육평가의 개념

교육평가(educational evaluation)는 교육목표의 달성 정도를 알아보고, 교육활동의 효율성을 가늠하여 그에 따른 가치를 판단하는 체계적인 과정을 의미한다. 교육평가는 일반적으로 단지 학교현장에서 실시되는 중간고사나 기말고사 혹은 상급학교 입학을 위한 학습자 선발이나 분류를 위한 활동으로 국한해서 생각하는 경향이 있다. 그러나 이것은 교육평가의 극히 일부분이다.

교육평가라는 용어는 교육현장에서 널리 사용되어 아주 익숙한 개념이지만, 이것이 교육활동과 관련되어 어떻게 사용되는지를 살펴보면 측정, 평가, 총평이라는 용어들과 혼용되거나 심지어 같은 의미로 사용되고 있다. 여기서 이들 개념 간에 분명하게 구별되는 차이점과 특성을 살펴보면 다음과 같다(김대현 외, 2005 : 277-280).

가. 측 정

측정(measurement)이란 어떤 대상이나 사건에 대하여 체계적으로 숫자를 부여하는 것이다. 측정의 최대 장점은 주어진 어떤 준거를 확인할 때 손쉽고 간편하게 이용할 수 있다는 점이다. 이러한 측정은 다음과 같은 특징을 가지고 있다.

첫째, 측정은 그 대상이 되는 실재의 안정성을 가정한다. 세상의 실재는 인간이 관찰할 수 있는 객관적인 형태로 존재하며, 인간의 행동 특성도 고정적이고 불변하여 안정성이 있으므로 어떤 현상이든 정확하게 측정할 수 있다는 입장이다.

둘째, 측정은 실재의 안정성을 가정하여 어느 한 시점에서 개인 반응을 표본으로 하기 때문에 개인의 반응점수의 신뢰성 및 객관성이 유지되느냐에 관심을 기울인다. 따라서 측정에서는 신뢰도가 타당도에 우선한다고 본다.

셋째, 신뢰성과 객관성이 보장된 측정을 하기 위해서는 누가 언제 어디서 측정해도 같은 결과를 믿을 수 있도록 측정 절차나 방법에 있어 표준화를 요구한다.

넷째, 측정의 시각에서 실재의 안정성에 영향을 미치는 외부 요인은 안정성을 위협하는 존재이므로 환경을 측정의 정확성을 저해하는 오차변인으로 간주한다.

다섯째, 측정에서 결과는 주로 선발, 분류 예언, 실험 등의 목적으로 사용하며, 이러한 목적을 위하여 보다 유용하고 정확한 측정 단위를 요구한다. 그리고 가능하면 하나의 단일 점수나 지표로 표시함으로써 능률을 높이려고 한다.

나. 평　가

평가(evaluation)란 측정보다 더 폭넓은 개념으로 양적 기술의 측정뿐만 아니라 질적 기술을 포함하며, 더 나아가 이러한 양적 · 질적 기술에 대한 가치판단까지 포함한다. 특히, 교육학이나 심리학 분야에서 측정의 개념은 평가 단계까지 이르는 경우가 많으므로 두 용어는 상호 교환적으로 혹은 '측정 및 평가'의 형태로 쓰이는 경향이 있다. 이러한 평가의 특징은 다음과 같다.

첫째, 평가는 존재하는 모든 실재나 인간의 행동 특성은 '변한다'는 관점에서 출발한다. 교육이란 학습자에게 어떤 변화를 일으키려고 하는 것이 목적이다. 그러므로 교육평가란 학습자에게 일어난 다양한 변화를 판단하는 일련의 절차로 볼 수 있다.

둘째, 평가에서도 평가도구의 신뢰성 및 객관성을 중요하게 생각하지만 가장 핵심적인 것은 평가도구의 타당성이다. 즉, 평가도구가 교수과정에서 의도한 목표를 얼마나 잘 나타내고 있는지를 결정하기 위해서 특히 내용의 타당도에 관심을 둔다.

셋째, 평가에서는 학생의 행동변화에 주로 관심을 두며, 그 변화를 발생시키는 요인으로 투입된 교육과정, 교과목, 교사, 교수방법, 교수자료, 운영체제의 효과를 평가하는 것도 목적으로 삼는다.

넷째, 평가에서는 환경을 중요한 변화의 자원으로 본다. 즉 환경이란 변화를 일으킬 수 있는 것으로, 개인은 환경과 상호작용에 의해 변한다고 본다.

다섯째, 평가에서는 여러 증거를 합산한 단일 총점을 사용하지만 반응 유형, 오류의 유형과 질, 실패의 원인 등을 밝힐 수 있는 질적 증거도 유효한 증거로 활용한다.

여섯째, 평가의 주된 활용은 평점, 자격 판정, 배치, 진급 등을 위해 개인을 분류하고 판단하는 데 있다. 그러나 이에 못지 않게 교수방법, 교수프로그램, 수업과정, 교사, 교육과정의 효율성을 판단하기 위해 활용하기도 한다.

다. 총　평

총평(assessment)이란 개인의 행동특성을 특별한 환경, 과업, 상황과 관련하여 의사결정을 하려는 목적의 전인적 평가이다. 이는 개인과 환경에 관한 증거를 추구하는 데 있어 인간의 행동변화 이해에 중요한 역할을 한다. 이러한 총평의 특징은 다음과 같다.

첫째, 총평에서는 판단을 위해서 다양한 측정방법을 사용하는 동시에 측정에만 의존하지 않고 전체적, 직관적, 질적인 평가방법 등을 사용한다. 예를 들어 총평에서 사용하는 정보는 다양한 양적 · 질적 형태로서, 때로는 구조화된 객관식 검사를 사용할 수도 있고, 때로는 비구조화된 투사적 방법을 사용할 수도 있다.

둘째, 총평에서는 주로 개인과 환경의 상호작용에 관심을 갖는다. 따라서 총평의 분석방법은 개인이 달성해야 할 준거의 분석과 그 개인이 속한 환경의 분석에서 시작된다.

셋째, 총평에서는 환경을 행동변화를 강요하는 압력으로 간주한다. 따라서 환경이 요구하는 압력이나 역할을 먼저 분석하고 다음에 개인의 특징이 이에 적합한지를 분석하고 결정한다.

넷째, 총평에서는 개인과 환경 사이의 상호작용을 분석함에 있어서 주로 구인타당도를 활용한다. 구인타당도란 개인과 환경 간의 상호작용에 관한 수집된 증거가 설정된 구인으로 어느 정도 설명되어지는가를 따진다.

다섯째, 총평의 결과는 흔히 예언, 실험, 분류에 활용된다. 특히, 환경이 요구하는 준거나 역할에 비추어 개인을 진단하거나 예견한다.

2. 교육평가의 기능

교육평가의 기능은 다양하다. 교육평가가 지니고 있는 기능을 살펴보면 다음과 같다(김경배 외, 2005 : 257).

첫째, 학습자의 교육적 성취를 확인하는 일이다. 교육은 인간행동의 계획적인 변화로서 일종의 목적 지향적 활동이라 할 수 있다. 특히 전통적인 교육과정관에서는 교육과정을 개발하거나 학습지도를 계획할 때 목표 설정을 가장 중요하게 다룬다. 나머지의 모든 절차나 교육적 활동은 이를 달성하기 위한 수단에 불과하다. 따라서 이러한 경우에 평가는 원래 설정한 교육목표를 어느 정도 달성했는지 그 성취의 정도를 확인하기 위해서 실시한다. 즉, 평가는 교육적 성과나 최초에 설정한 교육목표의 달성 정도를 확인하기 위해 기능을 수행한다.

둘째, 분류 · 선발의 기능이다. 교수–학습이 이루어지고 나면 그것에 대한 성취 정도를 확인한다. 그리고 그 결과에 따라서 학습자에게 일정한 점수를 부과하고 석차나 등급을 매긴다. 이것은 바로 평가가 갖는 분류와 선발 기능이라고 할 수 있다. 즉 평가는 학생을 그의 성취도의 정도에 따라서 서열화하고 등급화 하는 기능을 한다. 또한 이러한 분류의 결과는 상급학교로의 진학이나 취업을 결정하는 데 중요한 자료로 활용된다.

셋째, 교육적 개선의 기능이다. 평가는 학습자를 능력에 따라서 분류 · 선발하는 기능 외에도 교육적 개선에 기여하는 역할을 한다. 평가를 통해서 우리는 사전에 계획한 교육목표를 어느 정도 달성했는지를 확인하고 그 결과에 비추어서 전체적인 교육과정과 학습지도의 적절성을 파악하여 교육적 문제점을 확인할 수 있다. 그리고 확인된 문제점은 다음의 교육계획이나 정책수립에 중요한 자료로 활용하여 교육적 개선을 기한다. 이와 같이 평가의 결과는 현재의 교육목표나 교육과정, 교수–학습방법 등의 적절성을 확인하고, 이것이 갖는 문제점을 지적하여 보다 나은 교육적 계획을 수립하는 데 중요한 자료를 제공하는 역할을 한다.

넷째, 학습자 이해의 기능이다. 교육평가를 통해서 우리는 학습자를 보다 잘 이해할 수 있다. 이는 평가의 결과가 학습자의 능력이나 적성, 소질, 잠재력 등과 같은 다양한 정보를 제공하기 때문에 가능하다. 따라서 교육평가는 학습자 이해를 위한 기능을 한다고 할 수 있다.

3. 교육평가의 유형

가. 평가시기에 따른 구분

1) 진단평가

학교현장에서 종종 과거 학습의 정도, 준비도, 흥미, 동기 상태 등 학습자들의 특성이 교수의 효율화와 학습의 능률을 향상시키는 데 중요한 역할을 하므로 학습자의 특성을 수업 전에 진단하는 일은 중요하다.

진단평가(diagnostic-evaluation)는 교수–학습이 시작되기 전에 학습자가 소유하고 있는 특성을 체계적으로 측정하는 행위로 학습자들의 능력과 특성을 사전에 파악하여 교육목표 및 계획을 수립하는 데 목적을 둔다. 다시 말해 진단평가란 교수활동이 시작되는 초기 단계에서 수업전략을 위한 기초 자료를 얻고, 어떤 교수–학습방법이 적절한지를 결정하기 위하여 학습자의 기초 능력을 진단하는 평가라 할 수 있다.

진단평가의 예로는 수업시간 전에 실시하는 쪽지 검사나 퀴즈, 수업을 실시하기 전에 복습 여부를 묻는 질문 등을 들 수 있다. 특히, 진단평가에서는 준비도 검사, 적성검사, 자기보고서, 관찰법 등의 다양한 평가도구를 사용할 수 있다.

진단평가의 기능은 예진적 기능과 학습실패의 교육외적인 원인을 알아보는 기능으로 구분할 수 있다. 이들 두 가지 기능을 구체적으로 살펴보면 다음과 같다.

첫째, 학습의 예진적 기능은 학습자들의 기본적인 학습능력, 학습동기 그리고 선수학습의 정도를 확인하는 것을 말한다. 다시 말해 학교교육현장에서 새로운 단원에 대한 수업을 진행할 때, 학급 내 학습자의 선수학습과 사전학습 정도를 정확하게 파악하여 이를 학습지도에 활용할 수 있다.

둘째, 학습실패의 교육외적 원인의 파악이란 수업과 직접적인 관련성이 없으면서도 학습실패의 원인이 되고 있는 여러가지 학습장애 요인을 밝히는 것을 말한다. 즉 학습자가 학습에서 나타내는 지속적인 학습장애의 원인과 학습자의 학습환경에 관한 정보를 수집하여 적절한 의사결정을 할 수 있다. 이런 요인은 대체로 신체적 · 정서적 · 환경적인 것들로 분류된다. 신체적 요인으로는 건강 상태의 이상, 운동 · 감각기능의 장애 등을 들 수 있으며, 정서적 요인으로는 심리적 갈등이 주가 된다. 그리고 환경적 요인으로는 물질적 · 경제적 빈곤에서 문화 실조에 이르기까지 다양한 요인이 있을 수 있다.

2) 형성평가

형성평가는 수업이 진행되는 상태에서 교육행위가 계획한 대로 진행되고 있는지를 확인하는 행위이다. 즉 교수–학습과정 중에 가르치고 배우는 내용을 학습자들이 얼마나 잘 이해하고 있는지를 수시로 점검하고, 학습자들의 수업능력, 태도, 학습방법 등을 확인함으로써 교육과정을 개선하고 교재의 적절성을 확인할 수 있다. 따라서 형성평가는 교수–학습이 진행되고 있는 도중에 학습의 진전 상황에 관한 정보를 수집 · 분석하여 그 수업 및 학습을 개선하기 위해 실시하는 활동이다. 이렇게 형성평가는 수업 중이나 단원을 학습 하는 중에 수시로 실시할 수 있으며, 교사가 제작한 자각 검사를 주로 이용하지만 교육전문기관에서 제작한 검사를 이용할 수도 있다.

스크리븐(M. Scriven)은 형성평가를 통해 교수–학습이 진행되는 도중에 학습자에게 송환효과(feedback)를 줄 수 있으며, 교육과정을 개선하고 수업방법을 개선할 수 있다고 보았다. 이러한 형성평가의 주된 기능은 다음 네 가지로 제시할 수 있다(김대현 외, 2005 : 288).

첫째, 학습자들의 학습진행 속도를 조절한다. 즉 교과내용의 분량이 많거나 학습내용이 일정한 선후 관계에 의하여 조직되어 있을 때, 적절한 빈도로 평가를 실시함으로써 학습진행 속도를 조절할 수 있다.

둘째, 학습자의 학습에 대한 강화의 역할을 한다. 형성평가를 통해서 설정된 학습목표를 거의 달성하였다는 사실을 학습자가 확인함으로써 그 뒤에 이어지는 학습을 용이하게 해 줄 뿐만 아니라 학습동기를 유발시켜 준다.

셋째, 학습곤란을 진단하고 교정한다. 형성평가는 학습자들에게 교수목표에 비추어 무엇을 성취하였고, 무엇을 더 학습해야 하는지를 구체적으로 알려주는 장점을 가지고 있기 때문에 학습자는 자신의 학습곤란을 스스로 발견하여 제거해 나가게 된다.

넷째, 학습지도 방법의 개선에 이바지 할 수 있다. 형성평가를 통하여 교사는 자신이 가르친 학습자에 대한 교수방법의 단점을 구체적으로 분석하고 개선할 수 있다.

3) 총괄평가

총괄평가(summative evaluation)란 교수–학습이 끝난 다음 교수목표의 달성, 성취 여부를 종합적으로 판정하는 평가 형태로 총합평가라고도 한다. 즉 총괄평가는 한 과목과 학기, 그리고 교육프로그램이 끝나는 시점에서 실시하는 평가로 성취 혹은 숙달 정도와 교육목표 달성 여부를 결정하는 활동으로 정의할 수 있다. 따라서 총합평가는 학습자가 도달하도록 설정된 교육목표를 어느 정도 성취하였는지에 주된 관심이 있다. 총괄평가를 위한 평가도구는 교육목표의 성격에 의해 결정되며, 교사 자작검사, 표준화 검사, 작품 평가방법 등이 사용된다. 총괄평가의 기능은 다음과 같다.

첫째, 학습자들의 성적을 결정한다. 즉 전체 과목이나 중요한 학습내용에 대한 교수효과가 어느 정도인지를 판단하고 그 결과에 의해 성적을 내고 평점을 주어 서열을 결정하는 일을 한다.

둘째, 학습자의 미래의 학업성적을 예측하는 데 도움을 준다. 일반적으로 현재의 학업정적은 미래의 학업성적과 높은 상관관계를 가지고 있기 때문에 현재의 성적을 평가함으로써 학습자 개개인의 미래의 성적을 쉽게 예측할 수 있다.

셋째, 집단 간의 성적을 비교할 수 있는 정보를 제공해 준다. 학습자 집단 간의 종합적인 학습성과를 교수방법의 유형이나 학습자료의 종류 등과 관련시켜 비교 · 분석함으로써 학습성과에 대한 정보를 수집할 수 있다.

넷째, 학습자의 자격을 인정하는 판단의 역할을 한다. 즉 학습자가 지닌 기능이나 능력, 지식이 요구하는 정도의 자격에 부합하는지를 인정하기 위한 판단에 총괄평가의 결과는 크게 도움을 준다.

나. 평가준거에 따른 구분

1) 상대기준평가

상대기준평가에서는 학습자의 평가결과를 그가 속한 집단에 비추어 상대적인 위치를 밝혀보는 평가방법이다. 즉 어떤 학습자의 성취 수준을 규준을 이용하여 그가 속한 집단에서의 상대적인 위치에 비추어 해석한다. 따라서 학습자의 상대적인 능력이나 기술을 비교해 보고, 그것에 대해 어떤 결정을 내리는 학습자 신발 기능이나 우열을 가리는 기능이 크게 강조되는 평가방법이다.

상대기준평가는 선발적 교육관에 바탕을 두고 있다. 이는 요구를 통하여 달성하고자 하는 목표나 수준에 도달할 수 있는 사람은 어떤 방법을 사용하든 소수에 지나지 않는다는 것이다. 이러한 평가관은 소수의 우수자 즉 목표나 수준에 도달한 학생을 가려내거나 학습 후에 학생집단 내에서의 학업성취 수준의 차이를 밝히려는 입장을 취한다. 따라서 상대기준평가에서는 학습자가 무엇을 얼마만큼 알고 있느냐에 대한 관심보다는 개인의 성취 수준을 비교 집단의 규준에 비추어 상대적 서열을 판단하는 것에 관심을 둔다. 이렇게 어떤 학습자의 성취가 상위에 있는지 하위에 있는지에 관심을 두므로 등위나 퍼센트를 표시하게 된다. 여기서 규준(norm)이란 원점수의 상대적 위치를 설명하기 위하여 쓰이는 척도로 모집단을 대표하기 위하여 추출된 표본에서 산출한 평균과 표준편차로 만들어진다. 이러한 상대기준평가의 특징은 다음과 같다.

첫째, 검사의 신뢰도를 강조한다. 즉 상대기준평가에서는 학습자들의 개인차를 얼마나 오차없이 정확하게 측정하였는가에 중점을 둔다.

둘째, 검사점수의 정상분포를 기대한다. 높은 점수나 낮은 점수 쪽에 편포되기보다는 좌우대칭적이고 중앙이 높은 정상분포곡선이 나타나기를 기대한다.

셋째, 학습자의 개인차를 극대화하는 선발적 기능을 강조한다.

이러한 상대기준평가는 다음과 같은 세 가지 장점을 지닌다.

첫째, 개인차의 변별이 가능하다. 여러 개인의 상대적인 비교를 기초로 하는 객관성을 강조하고 엄밀한 성적 표시방법을 채택함으로써 개인차를 변별할 수 있다.

둘째, 객관적인 검사의 제작 기술을 통해 성적을 표시하고 있기 때문에 교사의 편견을 배제할 수 있다.

셋째, 학습자들의 경쟁을 통하여 동기를 유발하는 데 유리하다. 특히 등급이나 당락을 결정할 경우의 평가는 보다 강력한 동기유발을 촉진할 수 있다.

반면에 상대기준평가는 다음과 같은 단점들도 가지고 있다.

첫째, 교수-학습이론에 부적절하다. 즉 무엇을 얼마만큼 알고 있는지에 관심을 두지 않기 때문에 교육목표, 교육과정, 교수방법, 학습효과 등을 경시하는 경향이 있다.

둘째, 상대기준평가에서는 참다운 의미의 학력평가가 불가능하다. 예컨대 학습자의 성취도가 집단 내에서의 상대적 비교로 판정되기 때문에 학습내용을 완전히 이해한 학습자라도 집단 전체가 우수하다면 학업 성취도가 낮은 것으로 분석될 수 있다.

셋째, 학습자 간에 학력의 상대적 위치나 순위를 결정하기 때문에 과다한 경쟁심리가 조장되며, 이로 인해 인성 교육을 방해할 우려가 있다.

2) 절대기준평가

절대기준평가는 학습자의 현재 성취 수준이나 행동목표의 도달 정도를 알아보기 위한 평가방법이다. 즉 다른 학습자와 상대적인 비교를 하는 것이 아니라 교육목표에 비추어 평가하는 것이다. 이런 면에서 절대기준평가를 목표지향평가라고도 하는데, 이는 교육목표 또는 학습목표를 설정해 놓고 그 목표에 비추어 학습자 개개인의 학업성취 정도를 따지려는 입장이다. 다시 말해 절대기준평가는 학습자가 무엇을 얼마만큼 알고 있는지, 학습자가 정해진 준거나 목표에 도달하였는지를 판단하는 평가로서 여기서 '무엇'이라 함은 학습자가 성취해야 할 과제나 행위의 영역이나 분야를 의미한다.

절대기준평가는 발달적 교육관에 바탕을 두고 있다. 이는 학습자의 선발이나 개인차에 관심을 가지는 것이 아니라 가능한 모든 학습자가 의도하는 대로 수업목표를 달성할 수 있도록 적절한 학습방법을 제공하고 배치를 위해 평가하는 것이다. 그리고 학습 후 학습결과에 대한 평가에서도 학습자 간의 개인차보다는 수업목표를 어느 정도 달성하였는지에 관심이 집중된다. 이러한 절대기준평가의 특징은 다음과 같다.

첫째, 검사의 타당도를 강조한다. 왜냐하면 원래 측정하려고 계획했던 수업목표를 얼마나 충실하게 측정하고 있느냐에 중점을 두기 때문이다.

둘째, 검사점수의 부적편포를 기대한다. 즉 모든 학습자가 설정된 교육목표를 달성해 주기를 바라므로 검사점수의 분포가 오른쪽으로 치우친 정상분포에서 벗어난 부적 편포를 기대한다.

셋째, 학습자 개개인에 적합한 교수-학습기회를 제공하면 주어진 학습목표에 도달할 수 있다는 발달적 교육관을 바탕으로 하고 있다.

절대기준평가의 장점은 다음과 같다.

첫째, 교수-학습이론에 적합하다. 즉 무엇을 알고 무엇을 모르는지를 직접적으로 제공하므로 무엇을 어떻게 가르쳐야 할 것인지에 대한 시사점을 제공한다.

둘째, 교육목표, 교육과정, 교수방법 등의 개선에 용이하다.

셋째, 상대평가에 치중하지 않으므로 이해, 비교, 분석, 종합 등의 고등정신능력을 배양할 수 있다.

이에 비해 절대기준평가의 단점으로는 다음과 같은 것들이 있다.

첫째, 개인차의 변별이 쉽지 않다. 즉 절대기준평가는 학습자 개인간의 비교 및 우열을 판정하기가 어렵다.

둘째, 준거의 설정 기준이 문제가 될 수 있다. 다시 말해 교육에서의 절대기준은 교수목표이지만 이러한 교수목표를 누가 정하느냐 혹은 어떻게 정하느냐는 고도의 전문성이 요구되는 문제이다.

셋째, 검사점수의 통계적 활용이 불가능하다. 절대기준평가에서는 검사점수의 정상분표를 부정하기 때문에 점수를 통계적으로 활용하기 어렵다.

제 2 절 평가도구

1. 문항의 제작

좋은 문항의 조건

평가가 그 기능을 제대로 수행하고 이를 위한 좋은 평가도구를 만들기 위해서는 좋은 문항들이 제작되어야 한다. 평가문항이 좋은 평가문항이기 위해서는 다음과 같은 조건을 갖추어야 한다(정종진, 1999 : 172-173).

첫째, 측정하고자 하는 내용과 목적에 일치하는 문항이어야 한다.

둘째, 단순한 기억을 묻는 문항보다는 이해, 적용, 분석, 종합, 평가와 같은 보다 고차원적인 고등정신 기능을 동원하여 해결할 수 있는 문항이어야 한다.

셋째, 내용이나 형식면에서 기존에 출제되었던 문항이 아닌 새로운 문항이어야 한다.

넷째, 질문의 내용이 모호하지 않고 명료하며 구체적이어야 한다. 예를 들면, '민주시민으로서의 자질에 대하여 논하라'보다는 '민주시민의 자질로서 합리적 사고와 사회참여에 관하여 논하라'는 문제가 보다 구체적이다. 그러나 때로는 학습배경이 다른 여러 수험자들을 위해서는 이들의 다양한 사고가 반영되도록, 구체적이기보다는 일반적인 질문이 더 좋을 수 있다. 직접 가르치지 않은 학습자를 평가하는 경우도 그렇다.

다섯째, 문항 전체가 지나치게 어렵거나 쉽지 않도록 난이도가 적절해야 한다. 문항의 난이도는 대단히 쉬운 것으로부터 대단히 어려운 것에 이르기까지 넓게 퍼져 있어야 한다.

여섯째, 윤리적, 도덕적으로 논란의 여지가 없는 문항이어야 한다.

일곱째, 특정인이나 특정 집단에 유리한 문항을 출제하지 말아야 한다. 문항은 보편적인 것이어야 한다.

또한 좋은 문항을 제작하기 위해서 출제자는 다음과 같은 자질을 소유하고 있어야 한다.

첫째, 교과와 수업목표에 대한 이해가 충분하여야 한다. 그리고 그것을 평가문항에 반영시켜야 한다.

둘째, 피험자 집단에 대한 충분한 이해가 필요하다. 그들의 학습발달 수준뿐만 아니라 사용하는 어휘수준이나 심리적 특성까지 파악해야만 적당한 문항을 제작할 수 있다.

셋째, 평가하고자 하는 내용을 문항으로 잘 진술할 수 있는 어휘력이나 문장력을 가지고 있어야 한다. 그렇지 못할 경우는 전혀 다른 내용을 평가하게 되거나 아니면 피험자가 문항 자체를 이해하지 못해서 평가에 응하기 어려울 수 있다.

넷째, 문항 제작에 대한 특별한 지식과 기술이 있어야 한다. 여러 가지 유형의 문항과 각각의 유형이 갖는 장점과 단점, 좋은 문항이 갖추어야 할 조건 등에 대한 이해가 있어야 하며, 문항을 평가하는 이론에도 해박해야 한다.

2. 문항의 유형

가. 선택형 문항

선택형 문항이란 문제와 답을 제시하고 나서 정답을 찾아내도록 하는 문항 형식이다. 선택형 문항은 각 문항당 배점이 적기 때문에 시험의 전 범위에 걸쳐서 출제가 가능하고 채점이 용이하며 객관적이라는 장점이 있다. 그러나 주로 단순한 기억력이나 이해력만 요구하기 때문에 보다 높은 수준의 지적인 능력을 활용할 수 없다는 제한점을 갖는다. 특히 선택형 문항의 경우는 문제와 답이 동시에 제시되기 때문에 문제나 답 중에서 정답을 추측할 수 있는 단서가 제공되지 않도록 문항을 제작할 때 유의해야 한다.

선택형 문항에는 기본적으로 정답과 오답을 가려내는 진위형과 주어진 여러 개의 답지 중에서 하나 또는 그 이상을 선택하는 선다형, 그리고 주어진 문제군과 답지군을 서로 짝짓는 배합형의 세 가지가 있다. 이들 세 가지를 기본으로 해서 변형된 다양한 문항을 제작할 수 있다.

나. 서답형 문항

서답형 문항은 선택형 문항과는 달리 문제만 제시하여 학생 스스로 자유롭게 답안을 쓰는 문항 형식이다. 서답형 문항은 선택형 문항 형식에서 생기는 단점을 보완할 수 있는 문항 형식이다. 선택형 문항의 경우는 답지가 문제와 함께 제시되기 때문에 정답을 추측으로 골라낼 수 있지만 서답형 문항은 정답을 직접 쓰도록 요구하기 때문에 추측으로는 답을 작성할 수 없다.

서답형 문항에는 단답형, 완성형, 논문형 등이 있다. 보통 서답형 문항은 선택형 문항에서 생기는 단점을 보완하기 위한 문항 형식으로 채택되지만 단답형이나 완성형의 서답형 문항은 선택형 문항이 갖는 특징을 그대로 갖는다. 즉 채점이 객관적이고 용이하며 전 범위에서 고루 출제할 수 있다는 장점을 갖는 반면에 단순한 회상이나 기억으로 문제 풀이가 가능하기 때문에 고차원적인 지적 기능을 발휘할 수 없다는 단점을 갖고 있다. 따라서 논문형 문항이 선택형 문항의 단점을 보완할 수 있는 가장 대표적인 서답형 문항 형식이라고 할 수 있다.

3. 평가도구의 양호도

가. 타 당 도

타당도란 검사도구가 본래 측정하고자 하였던 것을 얼마나 충실히 측정하고 있는가와 관련된다. 즉 지능을 측정하기 위하여 지능검사를, 적성을 측정하기 위하여 적성검사를, 인성을 측정하기 위하여 인성검사를 사용하는 것을 말한다. 타당도에는 내용타당도, 예언타당도, 공인타당도, 구인타당도가 있다.

1) 내용타당도

내용타당도는 논리적 사고에 입각하여 판단하는 주관적인 타당도를 의미한다. 즉 검사가 측정하고자 하는 속성을 제대로 측정하였는지를 검사 전문가가 주관적으로 판단한다. 그러므로 내용타당도에 의한 검사도구의 타당성 입증은 논란이 따르게 마련이다. 내용타당도란 검사의 문항들이 측정을 위하여 규정된 내용 영역이나 혹은 전체를 얼마나 잘 대표하느냐의 정도를 나타내는 것이다. 교육과정 측면에서의 내용타당도는 한 검사가 교육목표를 어느 정도 제대로 그리고 적절하게 측정하고 있느냐를 의미한다. 학업성취도 검사의 내용타당도는 검사문항들이 검사 제작 전에 작성된 이원분류표에 의하여 제작되었는지를 확인함으로써 검증할 수 있다.

2) 예언타당도

예언타당도란 어떤 평가도구가 목적하는 준거를 얼마나 정확하게 예언하고 있는지를 의미한다. 이때 준거는 미래의 행동 특성이 된다. 즉 검사점수가 미래의 행동을 얼마나 잘 예측하느냐의 문제이다. 예를 들면 대학수학능력 시험에서 높은 점수를 얻은 학습자가 대학에서 성공적으로 학업을 수행할 때, 대학수학능력시험의 예언타당도는 높다고 할 수 있다. 예언타당도의 추정방법은 검사점수와 준거 간의 상관계수로 나타내며, 이 상관계수가 클수록 예언의 정확성이 커지고 오차는 적어진다.

3) 공인타당도

공인타당도는 예언타당도와 달리 검사 그 자체와 준거가 동시에 측정되면서 검증되는 타당도이다. 즉 준거의 시간 차원에서 예언타당도와 차이가 나며, 준거의 성질 면에서 그 검사와 어느 정도로 일치하느냐 혹은 공통된 요인이 있느냐 하는 것이다.

첫째, 공인타당도는 검사 X와 검사 Y가 동시에 측정된다. 즉 한 행동 특성을 측정한 검사 X와 검사 밖에 존재하는 행동 준거 Y가 어느 정도로 잘 일치하고 있느냐로 판단된다. 예언타당도는 행동의 준거를 미래에 두지만 공인타당도는 현재에 둔다.

둘째, 공인타당도는 준거의 성질을 예언에 두지 않고 공통된 요인이 있느냐에 둔다. 즉 검사 X를 검사 Y로 대체할 수 있느냐고 할 때 공인타당도가 문제가 된다. 예컨대 작문 검사를 독후감 과제로 대체할 수 있을지를 알아보기 위해 그 둘 간의 상관관계를 알아보는 경우는 공인타당도에 해당한다.

4) 구인타당도

구인타당도란 그 검사가 측정하고자 하는 어떤 특성의 개념이나 이론과 관련된다. 구인이란 검사도구에 반영되어 있다고 가정하는 인간의 어떤 행동 특성을 의미한다. 이런 점에서 구인을 개념이라는 과학적 용어로 대체할 수 있다. 예를 들어 창의력 검사에서 창의력 구인을 측정할 때, 창의력이 민감성 · 이해성 · 도전성 · 개방성 · 자발성 · 자신감으로 구성되어 있다면, 검사도구가 이들 구인을 제대로 측정하고 있는지 밝히는 것이 구인타당도를 검증하는 것이다. 따라서 구인타당도는 측정하고자 하는 특성의 구성 요인을 얼마나 충실하게 이론적으로 설명하여 경험적으로 측정하느냐의 문제이다.

또한 구인타당도에서는 '이 특성을 가진 사람은 X의 상황에서 Y의 행동을 보일 것이다'라는 법칙의 성립이 매우 중요하다. 예를 들어 도덕성 발달 검사를 실시한다고 할 때 도덕성을 측정할 수 있는 구인은 한 개인의 도덕적 판단능력이라고 추정한다. 만일 이러한 추정이 옳다면 이 검사에서 점수가 높은 사람은 점수가 낮은 사람보다 실제로 더 많은 도덕적 행동을 보일 것이라는 추리가 가능하게 된다.

나. 신 뢰 도

타당도가 무엇(what)을 측정하느냐의 문제임에 반해, 신뢰도는 어떻게(How) 측정하느냐의 문제이다. 즉, 신뢰도란 측정하려는 것을 안정적이고 일관성 있게 그리고 오차 없이 측정하는가와 관련이 있다. 검사도구가 인간의 어떤 행동 특성을 측정할 때마다 같은 점수를 얻는다면 이는 신뢰할 만한 검사도구라 할 수 있다.

신뢰도를 검사하는 방법은 여러 가지가 있다. 그 중 대표적인 것으로는 재검사 신뢰도, 동형검사 신뢰도, 반분검사 신뢰도 등을 들 수 있다.

1) 재검사 신뢰도

재검사 신뢰도란 한 가지 평가도구를 동일집단에 두 번 실시한 다음, 그 전후의 결과에서 얻은 점수를 기초로 상관계수를 산출하여 얻는 신뢰도이다. 검사도구가 측정하고자 하는 특성을 얼마나 안정성 있게 측정하는가와 관계가 있기 때문에 안정성 계수라고도 한다. 그러나 이 방법을 사용할 경우 유의할 점이 있다. 우선 검사의 간격이 신뢰도에 영향을 줄 수 있다. 즉, 전후 검사의 실시 간격을 너무 짧게 잡으면 첫 번째 검사에서의 경험이 두 번째 실시에 영향을 미칠 가능성이 크므로 신뢰도는 높아지며, 반대로 전후 간격을 너무 길게 잡으면 측정하려는 행동 특성 자체가 그 동안에 변화되었을 가능성이 커지므로 신뢰도가 낮아진다. 따라서 실시 간격은 검사의 목적에 따라 달라야 하겠지만 대개 2~4주 내외가 적당하다. 또한 전후의 검사실시에서 여러 가지 조건, 예컨대 동기상태, 수험태도, 검사지시, 검사시간 등을 똑같이 통제하기 어렵기 때문에 오차가 가중될 수 있다.

따라서 재검사 신뢰도로 추정한 신뢰도는 진짜 신뢰도보다 과대 추정될 가능성이 많다는 것을 고려해야 한다.

2) 동형검사 신뢰도

동형검사 신뢰도는 미리 두 개의 동형검사를 제작하고, 동일집단을 대상으로 실시하여 얻은 두 점수 간의 상관을 산출하여 얻는 것으로 흔히 동형성 계수라고도 한다.

동형검사란 표면적인 내용은 다르지만 두 검사가 측정이론에서 보아 동질적이며 동일하다고 추정할 수 있는 문항들로 구성된 검사로, 문항의 난이도 및 변별도가 같거나 비슷하고 문항 내용도 같은 것으로 구성된 검사이다. 동형검사 신뢰도는 재검사 신뢰도의 연습효과 및 시험 간격 설정의 문제점을 해결할 수 있지만, 검사를 두 번 제작 · 시행해야 하는 어려움이 있고 더 큰 단점은 그 제작이 쉽지 않다는 것이다.

3) 반분검사 신뢰도

반분검사 신뢰도는 한 개의 평가도구를 한 피험자 집단에게 실시한 다음 적절한 방법에 의해 점수를 두 부분으로 분할하고 그 두 개의 검사점수를 서로 상관분석하여 얻는 신뢰도이며 이를 동질성 계수라고도 한다.

반분검사 신뢰도에서 두 부분으로 분할하는 방법은 여러 가지가 있다 첫째, 전후로 꼭 반이 되게 나누는 방법, 둘째, 기우법으로 나누는 방법, 셋째, 난수표에 의해 나누는 방법, 넷째, 의식적으로 문향의 난이도 및 내용에 따라 비슷한 것끼리 짝지어 반분하되 주로 앞뒤로 정확히 반이 되게 하거나 짝수 문항과 홀수 문항으로 나누는 방법을 많이 사용하고 있다. 그러나 검사의 문항 내용과 구성 면에서 양분된 두 부분이 서로 비슷하고 동질적이 되도록 계획하여야 한다.

다. 객 관 도

객관도란 측정결과에 대해 여러 검사자 혹은 채점자가 어느 정도로 일치된 평가를 하느냐의 정도를 말한다. 그래서 객관도를 평가자 신뢰도라고도 한다. 객관도 혹은 평가자 신뢰도는 채점자가 얼마나 신뢰롭고 일관성있게 채점을 하느냐로 규정할 수 있다. 신뢰도가 '측정도구의 변덕'으로 결정되는 것이라면, 객관도는 '채점자의 변덕'에 의하여 결정되는 신뢰도라 하겠다. 일반적으로 객관도가 낮은 이유는 검사도구 자체가 불완전하거나 평가자의 소양이 부족하기 때문이다. 따라서 객관도를 높이기 위해서 평가도구의 객관화가 이루어져야 하며, 평가기준을 명확히 해야 하고, 채점자는 자신의 감정 표현을 최대한 억제하는 등 평가에 대한 소양을 높여야 하며, 가능하면 다인수 평가제를 통해 그 결과를 종합하는 것이 좋다.

라. 실 용 도

실용도란 검사도구를 사용함에 있어 시간과 비용, 노력을 적게 들이고도 목적을 달성할 수 있는 정도 즉 실용성의 정도를 뜻한다. 어떤 검사가 타당도, 신뢰도, 객관도가 높아 필요한 결정을 내리는 데 아무리 좋은 정보를 제공해 준다고 해도 실제로 그 검사를 이용하는 데 비용이나 노력이 많이 든다면 활용하기 어렵다. 따라서 실용도는 실시의 용이성, 채점의 용이성, 해석의 용이성, 비용과 체제의 적절성 등이 고려되어야 한다.

제 3 절 평가결과의 해석 및 활용

문항분석

가. 의 미

문항분석(item analysis)이란 검사의 개별 문항이 원래 의도한 검사도구의 목적을 제대로 수행할 수 있도록 만들어졌는지를 다양한 측면에서 확인하는 작업을 말하며, 문항양호도라고도 한다. 어떤 검사의 좋고 나쁨은 결국 그 검사를 구성하는 문항의 질에 달려 있다. 왜냐하면 문항은 검사를 구성하는 가장 기본적 단위이기 때문이다. 따라서 문항분석은 피검사자의 문항에 대한 반응을 분석함으로 문항을 선별하고 수정하여 양질의 문항을 선택하기 위한 필수적인 과정이다.

문항분석을 실시하는 목적과 그에 따른 문항분석의 기능은 다음과 같다(강현석 외, 2005 : 375).

첫째, 문항분석은 문항을 개선하기 위해 실시한다. 문항분석은 문항개발 절차의 일부로서 일차적으로 개발한 문항을 특정 표본에 예비적으로 실시하여 보고 문제가 있다고 판명된 문항들을 수정 · 보완하거나 폐기함으로써 문항의 양호도를 높이고 궁극적으로 검사도구의 양호도를 높이는 데 기여할 수 있다.

둘째, 문항분석 결과는 교수–학습 및 평가과정에 환류(feedback)시킴으로써 교수–학습과정을 향상시키는 데 도움이 된다. 검사도구를 학생들에게 실시한 결과 어떤 문항에 대한 학생들의 성적이 기대 수준에 못 미치는 경우 이것이 학생들의 능력부족 때문인지, 교사의 수업방식에 문제가 있는지, 평가방법이 잘못되었는지 등을 파악하여 그 결과를 향후 수업 및 평가과정에 반영할 수 있다.

셋째, 문항분석은 교사와 학생들이 시험결과에 대해 토론하는 과정의 유용도와 효율성을 높여 준다. 시험지가 채점된 후 시험결과를 가지고 학생들과 토론할 때 교사는 미리 문항을 분석한 결과를 준비해 두고 있으면 정답이나 문제의 의미 해석 등에 관하여 생기는 논란을 효율적으로 해결하는 데 도움이 된다.

넷째, 문항분석 절차는 교사의 전문성을 키우는 데 도움이 된다. 문항분석을 통하여 교사는 자신의 판단착오나 기술적 결함 등을 알 수 있어서 자신이 문항개발 기술을 향상시키는 데 도움이 된다.

다섯째, 문항분석은 문항은행의 구축에 필요한 절차이다. 문항분석 결과 양호도가 좋은 문항은 문항은행에 보관하고 나쁜 양호도를 가진 문항은 수정 · 보완하여 문항은행에 보관해 두면 이후 필요할 때 이들 문항을 다시 쓸 수 있다.

나. 문항난이도

문항난이도(item difficulty)란 문항의 쉽고 어려운 정도를 나타내는 지수(P)로서 문항곤란도라 부르기도 한다. 문항난이도는 정답의 백분율이기 때문에 난이도도 지수가 높을수록 그 문항은 쉽다는 것을 의미한다. 문항난이도에 의하여 문항을 평가하는 절대적 기준은 없으나 .30 미만이면 매우 어려운 문항, .30 이상 .80 미만이면 적절한 문항, .80 이상이면 매우 쉬운 문항으로 평가한다.

다. 문항변별도

문항변별도(item discrimination)란 문항이 피검사자의 능력을 변별해 주는 정도를 나타내는 지수이다. 예를 들어, 문항의 변별력이 높다는 것은 총점이 높은 학생들(상위능력집단)은 대부분 맞게 답했고 총점이 낮은 학생들은(하위능력집단) 틀리게 답한 경우이다. 그러나 변별력이 낮다는 것은 문항이 너무 쉬워 총점이 높은 학생이나 낮은 학생 모두 정답을 한 경우와 문항이 너무 어려워 총점이 높은 학생과 낮은 학생 모두 오답을 한 경우이다.

문항변별도 지수에 의하여 문항을 평가하는 절대적인 기준은 없으나, 문항변별도 지수가 .40 이상이면 변별력이 좋은 문항이라 할 수 있으나 .20 미만인 문항은 변별력이 낮으므로 수정해야 한다. 특히 문항변별도 지수가 음수인 문항은 검사에서 반드시 제외시켜야 한다.

라. 오답 매력도

선택형 문항 중에서 선다형 문항과 결합형 문항의 문항분석을 할 때 사용되는 오답의 매력도(attractiveness of distractors: AD)란 오답지가 정답지처럼 보여 피검사자가 오답지를 정답으로 택할 가능성을 말한다.

각 오답지의 응답비율이 오답의 매력도보다 높으면 매력적인 답지이며, 그 미만일 경우에는 매력적이지 않은 답지로 판단하면 된다.

실제로 오답의 매력도를 구하기 위하여 문항반응분포(item response distribution)를 작성해야 한다. 문항반응분포란 문항마다 답지별 반응빈도와 백분율을 나타낸 것으로서, 문항의 각 답지에 학습자들이 어떻게 반응하는지를 기술하고, 그것을 기초로 분석하는 것을 의미한다. 문항반응분포에서 분석대상은 문항 그 자체가 아니라 문항 속에 포함되어 있는 각각의 답지에 대한 반응이다. 예를 들면, 350명을 대상으로 다음과 같은 사지 선다형 문항의 각 답지에 대한 응답결과를 얻었다고 하자. 오답매력도를 기준으로 삼고 각 답지의 반응비율과 비교하여 보면 ①번과 ②번의 답지는 매력적인 오답지로 판단되나, ④번 답지는 매력적이지 않은 오답지로 판단된다.

1. 교육평가의 개념들을 살펴보고, 교육평가가 추구해야 할 것이 무엇인지 토론해 보자.

2. 평가도구의 양호도와 관련된 개념들 중, 가장 중요한 것은 무엇인지 토론해 보자.

3. 평가문항의 유형 중 자신이 선호하는 것은 무엇이고, 왜 그러한지 토론해 보자.

4. 교육평가의 어려움은 무엇인지 토론해 보자.

CHAPTER

9

교육행정의 이해

1 교육행정의 개념과 이론의 발달
2 교육제도와 조직
3 교육법제

학습목표

☞ 교육행정의 개념에 대한 이해를 바탕으로 교육행정의 다양한 정의를 설명할 수 있다.

☞ 교육행정이론의 특징과 원리를 이해하고 설명할 수 있다.

☞ 우리나라의 교육행정조직에 관해 이해하고 비교 설명할 수 있다.

☞ 우리나라의 교육법제를 이해하고 교육주체의 교육권에 관해 설명할 수 있다.

미리보기

1. 교육행정의 원리는 크게 법제면의 원리와 운영면의 원리로 나누어진다.
2. 교육행정이론은 고전적 관리론, 인간관계론, 행동과학적 접근 등으로 발전되어 왔다.
3. 우리나라의 학제는 K-6-3-3-4제의 단선형 기간학제에 복선형적 요소도 가미되어 있다.
4. 우리나라의 교육행정조직은 중앙교육행정조직, 지방교육행정조직, 단위학교행정조직의 3층 구조로 되어있다.
5. 교육권의 주체는 학습자, 부모, 국가, 교원, 학교설립자로 구성된다.
6. 교육에 관한 직접적인 헌법 조항인 제31조에서는 교육의 권리와 의무, 의무교육 무상, 교육의 자주성·전문성·정치적 중립성 및 대학의 자율성 보장, 평생교육, 교육제도와 그 운영, 교육재정 및 교원의 지위에 관한 기본적인 사항 등을 규정하고 있다.

9

교육행정의 이해

제 1 절 교육행정의 개념과 이론의 발달

1. 교육행정의 개념

가. 교육행정의 정의

교육행정은 교육과 행정의 합성어이며, 행정은 영어의 'administration'으로 'ad(to)'와 'minister(serve)'의 합성어로 본질적으로 지원활동이나 봉사활동을 의미한다. 기존의 교육행정에 대한 정의는 다음과 같은 방식으로 다양하게 정의되어 왔다(안암교육행정학연구회, 2014, 6-7).

- 국가통치론: 국가통치과정의 일환으로 교육당국이 공공적인 교육활동을 법규에 따라 권위적으로 규율하고 집행해 나가는 것
- 조건정비론: 교육목표를 달성하기 위한 교육활동에 필요한 인적 및 물적 조건을 정비 조성하고 지원해 주는 봉사활동
- 행정행위설: 교육조직의 공동목표를 달성하기 위한 합리적인 협동행위
- 교육행정과정론: 교육에 관한 사무를 고도의 전문성에 따라 계획 · 실천 · 평가하는 순환적 과정

이러한 정의는 교육행정이 권력적 성격, 수단적 성격, 민주적 성격, 전문적 성격을 갖는 복합적 개념임을 알게 한다. 이러한 점을 고려하여 포괄적으로 교육행정은 교육목적을 효과적으로 달성하기 위해, 교육법규나 정책을 집행하고, 교수-학습에 필요한 제조건을 정비 확립하고, 교육조직 성원의 협동적 행위를 능률적으로 조성하는, 수단적 봉사활동의 과정(남정걸, 1995: 19)이라는 것이다.

한편, 교육행정의 재개념화를 시도하여 학교를 중심으로 교육행정을 "학교에서 이루어지는 교육의 목적을 달성하기 위하여 국가는 요구되는 인적 · 물적 자원을 조건적으로 정비하여 제공하고, 법적 제도적 뒷받침을 통해 학교구성원들이 그들의 일을 기획 · 결정 · 조정 · 평가해 나가는 과정"(안암교육행정학연구회, 2014: 8)으로 정의하기도 한다.

이밖에도 교육행정의 개념을 보다 명확히 하기 위해서는 교육행정과 유사한 용어인 학교행정 · 학교경영 · 학교관리 등의 개념과의 관계에 대한 구체적인 이해가 있어야 할 것이다.

나. 교육행정의 원리

교육목표달성을 위해서는 교육행정가의 행위와 교육행정의 여러 영역에서 발생하게 되는 문제를 해결하는 데 지침과 준거가 될 원리가 있어야 교육행정의 합리성과 일관성이 유지될 수 있을 것이다. 교육행정에서의 원리는 다른 사회과학에서의 원리와 마찬가지로 자연과학에서의 원리와 같이, 엄밀한 과학적 방법에 의해 도출된 높은 객관성 · 일관성 · 타당성을 가지는 것이라기보다는 실제의 경험과 상식에서 도출된 규범적 원리라고 할 수 있다(남정걸, 1995: 31-43; 이형행, 1992: 25-30; 김창걸, 1992: 34-42; 김종철, 1982: 56-62).

1) 법제면에서의 원리

첫째, 법치행정의 원리는 일반행정의 원리로서도 강조되고 있다. 법치행정이라 함은, 모든 행정이 법에 의거하고 법이 정하는 범위 내에서 이루어지는 것을 원칙으로 한다는 것이며, 본래 입법과 행정의 분리로 행정부의 독단적인 전횡을 막으려는 데서 출발된 것이었다. 교육행정은 헌법 제31조 ⑥의 규정에 근거한 교육기본법, 초 · 중등교육법, 고등교육법, 평생교육법, 사립학교법 등 제법률과 이를 기초로 하는 각종의 명령 · 규칙 등에 의거하여 집행되고 있다.

둘째, 자주성 존중의 원리는 말 그대로 교육의 자주성과 독자성을 존중해야 한다는 원리이다. 예컨대, 헌법 제31조 ④, 교육기본법 제5조 ①과 ② 및 지방교육자치에 관한 법률 등에서 교육의 자주성과 독자성을 존중해야 한다는 사항을 규정하고 있다.

셋째, 기회균등의 원리는 민주주의의 기본원리로서 특히 교육행정에 있어서 가장 뚜렷하게 실현되고 있는 원리이다. 헌법 제31조 ①, 제11조 그리고 교육기본법 제4조 등에서 민주성의 원리를 규정하고 있다. 그리고 우리 법에서는 장학제도(교육기본법 제28조)와 다양한 학교의 종류(초 · 중등교육법 제2조) 등을 규정하여 교육의 기회균등을 실현하려고 하고 있다. 오늘날 취학전 교육의 확대, 의무교육의 확충, 특수교육의 실시, 평생교육의 추진 등 제반 교육행정의 시책은 모두 기회균등의 원리를 구현하려는 조치이다.

넷째, 적도집권(適度集權)의 원리는 집권주의와 분권주의 사이에 적도의 균형점을 유지하여야 한다는 것을 말한다. 우리나라는 1991. 3. 8.에 '지방교육자치에 관한 법률'을 제정하고 이에 따라 과거와는 다른 교육자치제도를 실시하고 있다. 대체로 집권주의는 현대사회에서 행정의 능률을 올리는 데 기여하며, 분권주의는 민주적인 권한의 위양(委讓)과 참여의 기회를 보장하는 지표가 된다고 할 수 있다. 따라서 교육행정에서 중앙집권과 지방분권 사이의 적도집권을 취하는 것이 절실하게 요구된다.

2) 운영면의 원리

첫째, 타당성의 원리는 교육행정이 바람직한 계획을 세우고 그것을 운영해 나가는 데 있어서 타당하고 올바른 보조활동이 되어야 함을 의미한다. 목적과 수단의 괴리가 없어야 할 것임을 말하는 것이다. 교육행정은 항상 올바른 교육목표를 세우고, 그 목표달성에 필요하고 충분한 조건을 정비 · 확립하여야 한다는 것이 곧 타당성의 원리이며, 합목적성의 원리라고도 할 수 있다.

둘째, 민주성의 원리는 교육행정을 수행하는 데 있어서 독단과 편견을 배제하고, 교육정책을 수립하는 데 있어서 광범위한 참여를 통하여 공정한 민의를 반영하고, 결정된 정책의 집행과정에 있어서도 권한의 위임을 통하여 전횡과 독단을 막는 것을 의미한다. 예컨대, 각종 위원회나 심의회 같은 것을 두어 정책의 결정과정에서 중지를 모으는 것이나, 직원회 · 협의회 · 연구회 등을 통하여 의사소통의 길을 열고 일방적인 명령이나 지시보다도 협조와 이해를 기초로 하여 사무를 집행해 나가는 것은 곧 민주성의 원리를 실천하는 것이다.

셋째, 능률성의 원리는 모든 합리적인 활동에 있어서 공통적으로 강조되는 일종의 경제원리라고 할 수 있다. 교육행정에 있어서 능률성의 원리를 주장할 때는 단기적인 평가보다는 장기적인 평가에 의한 능률과 단순한 경제적 능률보다는 사회적 능률을 보다 더 강조하여야 한다. 능률성의 원리는 민주성의 원리와 균형이 유지되어야 한다.

넷째, 적응성의 원리는 새롭게 발전되어 가는 사태에 대하여 신축성있게 대응해 나감으로써 조화적인 관계와 능률적 성과를 계속 확보해 나가는 것을 의미한다. 이 원리를 교육행정에 적용하면 교육행정상 획일적인 통제의 폐단을 시정하고, 구체적인 환경에 적응하는 조치를 강구하는 것이 가능하게 될 것이다.

다섯째, 안정성의 원리는 적응성의 원리에 배치되는 개념으로, 교육활동에 대하여 지속성·안정성을 주기 위해서는 전통을 계승하고, 그 안에 있는 좋은 부분을 강화·발전시켜야 하는 좋은 의미의 보수주의가 필요하다. 민족문화유산의 보존과 발전을 게을리하거나 무분별하게 외래사조를 수용하고 또는 시행착오의 조령모개(朝令暮改)를 일삼는 교육정책은 안정성의 원리에 크게 벗어나는 것으로 경계하여야 할 것이다.

여섯째, 균형성의 원리는 균형적 판단의 원리라고 불리기도 한다. 교육행정에 있어서 중요한 것은 교육정책의 수립과 그 집행의 과정에 있어서 사물의 본말경중을 분별하여 선후의 순위를 밝히고, 노력과 경비의 공정한 분배를 기하여야 한다는 것이다. 위에서 논의한 능률성과 민주성의 원리 사이에 있어서나 적응성과 안정성의 원리 사이에 균형을 얻으려는 것을 말하기도 한다. 행정가의 건전한 상식과 경험에 입각한 판단으로 전체 원리간의 조화를 도모해야 한다는 것이 균형성의 원리이다. 교육행정이 고도의 지성과 숙련된 경험을 요하는 하나의 기예(art)임은 여기서 말하는 균형을 얻는 데 있어서 일정한 공식이 없다는 사실에 기인된 것이다.

다. 교육행정의 과업과 영역

교육행정의 영역이란 교육행정활동의 범위를 한정하여 말하는 것으로, 주로 법규상으로 정하는 것과 업무내용면으로 보는 것으로 나누어 생각할 수 있다(김창걸, 1992: 24-28). 법규상으로 볼 때는 교육부장관의 관할 하에 있는 것으로 교육부는 헌법 제96조의 행정각부의 설치·조직과 직무범위의 법정화 규정에 따라 정부조직법 제26조(행정각부)와 제28조(교육부)에 의하여 인적자원개발정책, 학교교육·평생교육, 학술에 관한 사무를 관장하는 실질적인 최고행정부서이다. 그러나 학술·문화 등에 관한 행정이 모두 교육부장관 밑에 있는 것이 아니고 타 부서에 분산되어 있는 경우도 있다. 군사교육기관, 보육시설, 문화재와 체육부문의 행정 등은 각각 국방부장관, 복건복지부장관, 그리고 문화체육관광부장관의 관할 하에 있다. 그리고 현행 헌법 제31조에는 평생교육에 관하여 규정하고 있고, 평생교육법(1999. 8. 31. 법률 제6003호)과 동시행령의 제정에 따라 이제는 교육행정이 평생교육관련 행정도 포함하여 취급하고 있다.

교육행정의 영역 및 과업을 업무내용, 행정과정, 행정기술 및 행정 수준 등에 따라 구분될 수 있다. 김종철(1982)은 교육행정 영역의 2원표를 제시하면서, 과정별 영역과 내용별 영역으로 구분하여 64개의 영역으로 세분하는데, 내용별 영역은 ① 교육내용, ② 학생인사, ③ 교직원 인사, ④ 시설행정, ⑤ 재정, ⑥ 사무관리, ⑦ 홍보, ⑧ 연구 등의 8개 영역이고, 과정별 영역은 ① 기획, ② 정책결정, ③ 조직, ④ 교신, ⑤ 지도, ⑥ 조정, ⑦ 통제, ⑧ 평가의 8개 영역으로 구분하여 설명하고 있다(강길수 외, 1973: 8-9).

한편 오토와 샌더즈(H. J. Otto & D. C. Sanders, 1964: 310)는 학교행정가의 직무를 주요과업영역, 행정과정 그리고 행정기술의 세 측면에서 설명하고 있다. 주요과업영역에는 교수, 학생인사, 지역사회관계, 교원인사, 학교시설, 조직구조, 재정관리를, 행정과정에는 의사결정, 계획, 의사소통, 조정, 평가를, 그리고 행정기술에는 전문적 기술, 인간적 기술, 통합적 기술을 포함시키고 있다.

2. 교육행정이론의 발달

교육행정이론은 교육조직에서 인간을 보는 관점과 강조하는 관심영역의 특성에 따라서 고전적 관리론, 인간관계론, 행동과학적 접근 등의 변화과정을 거쳐, 최근에는 현상학적 관점을 비롯하여 비판적 관점, 문화적 전망 등 다양한 관점이 등장하고 있다(김미환 외, 2008: 259-265).

가. 고전적 관리론

산업혁명 이후 급속한 자본주의의 발달로 생산현장이 규모가 확대되면서 산업현장에서는 최대한의 생산성을 높일 수 있는 방안을 강구하는 연구가 시도되었다. 1900년대 초에 등장한 고전적 관리론은 공장에서의 작업과 작업자의 관리에 초점을 두는 과학적 관리론과 조직을 어떻게 전체적으로 구조화 할 것인가에 관심을 둔 행정관리론으로 나눌 수 있다.

과학적 관리론의 창시자인 테일러(F. W. Taylor, 1911: 10-72)는 작업과정을 분석하고 과학화하면 작업의 능률과 생산성을 극대화 할 수 있다는 신념으로, 시간과 동작연구 등을 통해 모든 업무를 과학적으로 연구하고 표준화함으로써 하루의 과업을 정하고 그 과업을 기준으로 관리의 과학화를 도모하였다.

또한 페이욜(H. Fayol)은 관리과정의 과학적 접근방법을 제시하였다. 그는 행정이란 모든 조직구성원의 협력과 협조에 의해서 이루어지는 것으로 보고 행정의 과정을 관리자에 초점을 맞추어 계획(planning), 조직(organizing), 지휘(commanding), 조정(coordinating), 통제(controlling)의 다섯 가지 요소로 정리하였다. 또한 행정의 과학화에 크게 기여한 귤릭(Gulick)과 어윅(Urwick)은 1937년에 "관리학 논총"에서 최고행정가가 수행해야 할 일이 무엇인가에 대한 질문의 답으로 POSDCoRB라는 합성어를 고안하였다.

그리고 Weber(1947)는 합법성을 기초로 조직의 효율성과 합리성을 이루려는 이상적인 형태의 조직으로 관료제를 제안하였다. 관료제의 특징은 기능적 전문화에 기반을 둔 과업의 분담, 명확하게 정의된 권위의 위계구조, 조직구성원의 권리와 의무를 포함한 체계인 규칙과 규정, 업무를 처리하기 위한 체계적인 절차, 개인의 감정의 배제, 전문적 능력과 기술을 기반으로 한 선발과 승진 등이다.

학교에서도 학교교육의 능률제고와 학교의 비효율과 낭비를 제거하기 위해 과학적 관리론을 적용하기 시작하였다. 시카고 대학의 보비트(J. F. Bobbitt, 1912)는 "교육에서 낭비의 제거"라는 논문에서 교육에서 과학적 관리론을 적용하기 위한 구체적인 방안으로 ① 가능한 모든 시간에 교육시설을 동시에 활용하며, ② 교직원의 작업능률을 최대한으로 향상시켜 교직원의 수를 최소로 감소시키며, ③ 교육에서의 낭비를 최대한 제거하고, ④ 교직원은 학생을 가르치는 데 전념하도록 학교행정은 별도의 행정가가 하여야 한다고 하였다.

또한 스폴딩(F. E. Spaulding, 1910)은 교육행정의 비능률이 교육사업의 가장 큰 취약점이라고 비판하면서 교육행정도 기업처럼 단순하고 건전한 기업원칙에 입각하여 수행되어야 한다고 하였다.

그러나 이러한 관점은 교육사업의 특성을 고려할 때, 효율성과 능률만으로 그 결과를 평가할 수 없다는 점에서 비판을 받을 수 있다. 왜냐하면, 교육은 인간을 대상으로 하므로 교육과정을 상품의 생산과정처럼 공식화하는 것이 곤란하며, 과학적 관리론을 학교교육 상황에 적용하여 인간을 기계화함으로써 비인간화의 오류를 낳을 수도 있을 것이다. 그러나 과학적 관리론이 베버의 관료제 이론(M. Weber, 1964)과 함께 교육행정 전반에 걸쳐 능률성과 효율성의 제고에 일익을 담당하였다는 긍정적인 평가는 간과할 수 없는 사실이다.

나. 인간관계론

과학적 관리론이 인간을 합리적인 경제인으로 설정하고 인간의 사회적 · 정서적 · 심리적 측면을 무시한 채 기계의 한 부품처럼 다루었다는 비판과 함께 인간관계론이 등장하게 되었다.

이 이론은 메이요(E. Mayo)와 그의 동료들이 시카고 근처 서부전기회사의 호손 공장에서 행한 실험결과에서 시작되었다. "생산과정에서 인간의 사회 · 심리적 변인에 작용을 가하면 생산성이 증가될 것이다"라는 기본 가정을 가지고 조명도 실험을 비롯한 여러 실험을 통해 첫째, 경제적인 보상이 항상 인간의 동기를 유발시키는 것이 아니며, 둘째, 작업자들은 종종 비공식 집단의 구성원으로서 행동하며, 셋째, 업무의 전문화가 항상 효율적이지는 않았으며, 넷째, 비공식 조직의 지도자는 공식 조직의 지도자만큼 중요하고, 다섯째, 작업상황에서 인간은 톱니바퀴와 같은 수동적인 존재가 아니라 적극적으로 활동하는 인간이라는 결론을 이끌어 냈다(Hoy & Miskel, 1991: 15).

인간관계론은 교육행정의 민주화에 크게 기여하였다. 특히 1930년대 이후 진보주의 교육운동과 결합되면서 개성존중, 사기앙양, 학생과 교원의 상호신뢰감 등을 강조하고 민주적인 교육행정, 참여행정, 인간주의적 장학을 위한 방법의 원리로서 크게 부각되었다. 민주행정의 영향으로 학교에서 전제적인 교육행정가의 퇴출과 학교구성원들의 더 많은 자유의 향유, 상호간의 존중과 배려의 상황을 가져오게 되었다.

그러나 이 이론은 조직구성원의 심리적 측면을 지나치게 강조한 나머지 조직의 운영과 관련된 주요 문제점을 제대로 파악하지 못한 점에서 비판을 받고 있다. 또한 지나치게 인간적 가치만을 중시한 결과, 조직의 생산성이나 효과의 측면을 경시한 점과 구성원의 안정적인 균형을 우선으로 하면서 그들의 작업성취 욕구를 부수적으로 다룬 점 등은 비판을 받고 있다.

다. 행동과학적 접근

행동과학적 접근은 과학적 관리론과 인간관계론의 장점을 취하여 조직과 개인과의 관계를 규명하고 조직적인 측면과 인간적인 측면의 조화를 시도하려고 하였다.

행동과학적 접근을 행정에 처음 시도한 사람은 버나드(C. I. Barnard)이다. 그는 조직을 사회적 협동체로 보고 조직의 구성요소로서 의사소통, 협동, 공동의 목적 등을 제시하면서 조직내 비공식 조직의 중요성과 공식 조직과의 불가피한 상호작용을 설명하였다. 그는 "조직의 행정가는 조직의 공통적인 목적을 성취하는 것과 관련된 효과성(effectiveness)과 조직구성원 개인의 동기가 충족되는 것과 관련되는 효율성(efficiency)을 강조해야 한다"고 주장하면서, 조직이 최대한의 목표달성을 위해서는 조직과 개인의 목적이 조직을 위해 합치되고 균형이 이루어져야 한다고 주장하였다. 특히 모든 공식 조직에서 비공식 조직의 존재를 인정하고, 공식 조직 속에서 의사소통이 원활하게 이루어지고 조직을 결속하기 위해서는 비공식 조직을 적극 활용해야 한다고 하였다.

그리고 사이몬(H. A. Simon)은 행정을 조직구성원 개인에게 영향을 미치는 합리적인 의사결정과정으로 보았다. 그는 행정현상은 철저하게 사실인 만큼 행정을 연구하는 방법도 가치를 배제한 과학이어야 한다고 하였다. 조직과 개인간의 관계에 대해서도 사이몬은 비개인적인 조직의 전체적인 목적도 실현되어야 하지만, 개인의 욕구도 충족되어야 한다고 보았다.

또한 겟첼스와 구바(J. W. Getzels & E. G. Guba)는 학교를 사회체제로 파악하고 학교체제에서의 개인의 사회적 행동을 조직적 차원과 개인적 차원의 상호작용으로 설명하였다. 이 두 차원은 개념적으로는 서로 독립적이지만 실제로 밀접한 관계를 가지면서, 두 차원의 상호작용에 의해서 조직이 추구하는 궁극적인 목표인 사회적 행동이 이루어진다고 보았다.

이러한 행동과학적 접근은 교육의 실제와 교육행정이론에도 영향을 주었다. 행동과학자들은 인간행동의 변화가능성에 대한 신념을 바탕으로 인간행동을 연구하였고, 조직과 구성원간의 긴장과 갈등의 효율적인 관리, 협력체제로의 조정 등이 가능하도록 하였다. 교육행정의 연구방법에서도 이전의 규범적 형태의 연구가 체계적이고 분석적인 형태의 연구로 변화되면서 현장중심의 학문으로 발전하는 경향을 띠게 되었다. 그러나 이 접근은 행정의 과학화에 치중한 나머지 행정현상의 연구에서 가치를 배제시킨 점과 행정의 문제를 조직과 개인으로 대비시킨 이분법적 사고로 본 점 등은 비판을 받고 있다(오은경, 2001: 2).

라. 교육행정이론의 새로운 경향

1970년대 이후 교육행정에 관한 연구에서는 전통적인 이론과 과학적인 사회분석적 방법과 합리성에 대한 의문을 던지게 된다. 그리고 조직연구에서 주관성, 불확실성, 개인적 해석 등을 교육행정의 현상을 분석하는 주요 개념으로 설정하였다(김미환 외, 2008: 264-265).

교육행정에 현상학적 관점을 적용한 그린필드(T. B. Greenfield, 1978)는 조직은 객관적인 실체가 아니고 인간에 의해 만들어지고 의미가 부여된 사회문화적 인공물이라고 주장하였다. 따라서 교육현상도 인위적인 체계이므로 자연과학의 대상과는 달리 교육문제나 교육현상의 개별적인 상황과 그에 따른 특수성에 의해서 이해되고 파악되어야 한다고 하였다. 현상학적 관점에서는 외부로 표현된 행동자체를 중요하게 보기보다는, 그 행동이 나타나게 된 배후의 의미에 관심을 갖고, 그 의미의 해석을 상호주관적으로 어떻게 해석하는가에 초점을 맞춘다. 따라서 조직에 문제가 생겼을 때, 조직의 구조를 바꿔서 문제를 해결하는 방식보다는 누구의 뜻에 따라서 사람들이 무슨 일을 할 것인지가 결정되는지, 또 사람들의 의도를 어떻게 바꿀 것인지로 초점이 바뀌어야 한다고 생각한다(오은경, 2001).

한편 과학적이고 분석적인 행정에 반기를 든 호지킨슨(C. Hodgkinson, 1978)은 실증주의의 영향으로 교육행정에서 철학이 배제되어 왔다고 비판하면서 교육행정에서 가치에 관한 탐구는 본질적인 것이라고 주장한다. 그는 가치의 주관성을 강조하면서 특히 행정가가 의사결정을 하는 과정에서 행정가 자신이 갖고 있는 가치의 문제는 본질적인 것이므로 행정은 과학이 아니라 예술이라고 주장하였다(Hodgkinson, 1978; 주삼환 역, 1990).

그리고 사회학 분야의 마르크스주의를 배경으로 하는 비판론의 관점에서는 현대사회의 조직이 지배적인 경제 · 정치적인 세력에 어떻게 공헌해 왔는지를 분석하고 비판한다. 이들은 현 사회체제가 기존의 사회질서를 유지하고 권력을 확보하기 위해서 그들의 신념체계를 통해서 기득권을 계속 정당화하려 한다고 주장한다. 또한 1980년대 중반부터는 학교의 문화를 중심으로 연구하는 문화적 시각도 활발히 전개되기 시작하였다. 문화적 시각은 인류학자들이 사용해 온 개념과 방법들을 빌려와서 학교행정을 이해하고 이끌어 가려는 관점이다. 따라서 학교와 같이 다양한 사람들로 구성된 조직에서 행정가는 구성원의 다양한 가치나 정서, 신념 등이 어울릴 수 있도록 하는 문화적 시멘트의 역할을 담당하면서 구성원들을 묶어주는 공유된 의미나 가치를 이해하고 전파하고 창조하는 데 힘써야 한다고 주장한다(김미환 외, 2008: 264-265).

제 2 절 교육제도와 조직

1. 학교교육제도

가. 교육제도의 개념 및 원리

교육제도(educational system)와 학교제도(school system)라는 용어는 흔히 혼용하거나 같은 의미로 사용되기도 하는데 엄격히 구분하면 교육제도는 국민교육의 전반에 관한 법규, 조직, 기구 등 포괄적인 의미로 사용하고, 학교제도라 함은 각종 학교의 조직을 의미하므로 상대적으로 협의의 개념이다. 구체적으로 말하면 "교육제도는 널리 국민교육을 가장 유효적절하게 실시하기 위해서 마련된 교육행정 및 교육실시상의 법적 및 실제상의 기제, 즉 기구도의 일체"라고 할 수 있다. 그리고 학교제도는 교육제도 중에서 특히 학교에 관한 교육제도, 즉 법규에 의해서 공인된 학교에 관한 교육제도인 것이다(남억우 외, 1990: 191).

한 국가의 교육제도가 수립되는 데는 사회의 제 여건 예컨대, 경제수준, 사회구조, 국민의식, 정치적 특성, 문화적 요인 등이 복합적으로 작용되게 되어 있기 때문에 현대적인 교육제도는 첫째, 공교육의 원리, 둘째, 기회균등의 원리, 셋째, 의무교육의 원리 등 기본원리를 수용해야 한다(이형행, 1990: 323-324).

나. 교육제도의 유형

1) 단 선 형

계급적인 차별없이 국민이면 누구나 그 능력에 따라 초등교육, 중등교육, 고등교육을 받을 수 있도록 한 체제에 연결되어 있는 학제이다. 이러한 형태의 학교를 단선형 학교제도(single ladder system)이라고 한다. 단선형 학제는 모든 국민에게 개방된 단일체제 학교제도라는 점에서 민주적 학제라고 할 수 있으며, 우리나라의 기간학제도 단선형을 취하고 있다. 전형적인 단선형의 학교제도를 갖고 있는 국가는 미국이다. 미국의 학교제도란 밑에서부터 위로 향하는 체계를 갖추고 발전되었다. 미국의 공립학교제도는 신앙, 종족, 사회적 · 경제적 지위의 차별없이 똑같이 초등학교에 입학하여 중등학교까지 무상의 의무교육을 받도록 하는 체제이다.

2) 복 선 형

복선형 학교제도(dual ladder system)는 일반 서민계급을 위한 초등교육의 학교계통과 상류계급이나 지배계층을 위한 중등교육 및 고등교육의 학교계통으로 구분하여 둘 이상의 학교체계를 유지하고 있는 체제이다. 복선형 학제에서는 원칙적으로 학교체제간의 이동이 불가능하고, 양쪽 계통의 학교 사이에는 동급의 학교 및 학년 사이에도 교육과정상에 현저한 차이가 있다는 것이 특징이다. 이렇게 각 계급을 위한 학교 사이에 연결이 이루어지지 않고 또 전 국민에게 평등하게 개방되지도 않으며, 계급적인 성격을 띠고 있기 때문에 계급적 혹은 복선형 학제라 한다. 일제강점기의 우리나라의 학제나 유럽의 많은 나라들에서 볼 수 있는 학교제도이다.

2. 현행 우리나라 교육제도

우리나라의 현행 학교제도는 "모든 국민은 성별, 종교, 신념, 인종, 사회적 신분, 경제적 지위 또는 신체적 조건 등을 이유로 교육에서 차별을 받지 아니한다"는 교육기본법 제4조 및 법규를 통해 K−6−3−3−4제의 단선형의 기간학제를 채택하고 있으나 일부 복선형적 요소도 가미되어 있다.

현행 우리나라 학제의 특징은 대략 다음과 같다(최창섭 외, 1996: 404−407).

첫째, 기간학제로서 유치원 · 초등학교 · 중학교 · 고등학교 · 대학교로 연결되는 계통이 세워졌으며, 그것은 K−6−3−3−4의 연계를 가진 계제(階梯)를 이루고 있다. 이 계제에 있어서 예외가 되는 것으로 2−3년제의 대학과 예과 2년까지 합하여 6년간의 수업연한을 가진 의과대학과 치과대학이 있다. 그리고 초등학교는 기초학교이고 대학은 종국학교이며 중 · 고등학교는 중간학교의 성격을 가진다.

둘째, 교사양성교육기관으로서 교육대학교 · 사범대학 · 한국교원대학교가 있으며 수업연한은 4년제 대학과 동일하다.

셋째, 고등학교 중에는 농 · 상 · 공 · 수산 등 이른바 특성화 고등학교가 있으나 그것은 주로 교육과정 중 실업계통 과목의 비중에 의하여 결정되는 것이며, 단선형 기간학제의 테두리 안에 속한다. 특성화 고등학교와 일반계 고등학교의 교육과정을 동일학교에서 종합적으로 제공하는 종합고등학교도 있다.

넷째, 기간학제와 병립하여 일종의 사회교육기관으로서 공민학교(3년), 고등공민학교(1년 이상 3년)의 계통이 있고, 실용적인 기술교육기관으로 기술학교(1년 이상 3년), 고등기술학교(1년 이상 3년)의 계통이 있으며, 이와 같은 학교들은 우리 학제가 어느 정도 복선형적 요소를 내포하고 있음을 알게 한다.

다섯째, 우리나라 현행 학제에 포함되어 있는 학교 가운데 위에서 제시한 형태의 학교 외에 맹아 · 농아 · 정신박약아 등의 교육기관으로서 초등학교 · 중학교 · 고등학교에 준하는 교육을 실시하는 이른바 특수학교, 방송통신에 의하여 고등학교와 대학과정의 교육을 실시하는 방송통신 중 · 고등학교와 대학, 산업체 근로자들을 위한 중 · 고등학교 과정의 산업체 부설 중 · 고등학교 및 야간 특별학급, 취학전 교육기관으로서의 유치원 및 다른 제 형태의 학교와 유사한 교육기관이면서도 시설기준 미달 등으로 인하여 정식 학교의 이름을 사용하지 못하고 있는 이른바 각종학교가 있다.

3. 교육행정조직

가. 중앙교육행정조직

중앙교육행정조직이란 중앙정부의 교육행정을 위한 조직과 운영을 의미한다. 우리나라는 행정의 최고 수반이 대통령이므로 국정의 통수권자로서 교육 · 복지 등에 관해서 권한을 행사하기는 하나 실질적인 교육행정의 최고 책임자는 교육부장관이다. 하지만 국무총리와 국무회의도 주요 교육정책을 결정하는 정책결정기관으로서 교육에 관한 권한을 행사한다.

교육부는 헌법 제96조의 행정각부의 설치 · 조직과 직무범위의 법정화 규정에 따라 정부조직법 제26조(행정각부)와 제28조(교육부)에 의하여 인적자원개발정책, 학교교육 · 평생교육, 학술에 관한 사무를 관장하는 실질적인 최고행정부서이다. 교육부는 정권이 교체될 때 그 정권이 지향하는 교육시책과 그것을 가장 효과적으로 구현할 수 있는 방향으로 조직편제가 변하여 왔다. 그러나 그 기본 성격이나 기능은 변함없이 중앙집권형을 고수하여 오고 있으며, 2013. 3. 23.의 개정에서 이전의 교육과학기술부에서 교육부로 새 출발을 하게 되었다.

1) 대 통 령

우리 헌법(제66조 ④)에서는 대통령은 정부의 수반으로서 교육행정을 포함한 모든 국가 행정권의 정점에 위치하고 있다. 대통령의 행정에 관한 주요한 권한은 다음과 같다.

① **대통령령의 발포:** 대통령은 법률에서 구체적으로 범위를 위임받은 사항과 법률을 집행하기 위하여 필요한 사항에 관하여 대통령령을 발할 수 있다(헌법 제75조).

② **비상조치권:** 대통령은 내우 · 외환 · 천재 · 지변 또는 중대한 재정 · 경제상의 위기에 처하거나, 국가의 안전을 위협하는 교전상태나 그에 준하는 중대한 비상사태에 처하여 급속한 조치를 할 필요가 있다고 판단될 때 국정 전반에 걸쳐 비상조치를 발할 수 있다(헌법 제76조).

③ **주요 공무원의 임면권:** 대통령은 헌법과 법률이 정하는 바에 따라 공무원을 임면한다(헌법 제78조, 예컨대, 교육부장 · 차관, 부교육감, 국립대학의 총 · 학장, 국 · 공립학교의 교장의 임명).

④ **국무회의 의장권:** 대통령은 국무회의의 의장이 되어(헌법 제88조 ③) 주요 교육정책의 심의에 영향을 발휘한다.

⑤ **중앙교육행정기관의 지휘 · 감독권:** 대통령은 정부의 수반으로서 모든 중앙행정기관의 장을 지휘 · 감독한다(정부조직법 제10조).

2) 국무회의와 국무총리

헌법 제88조 ②에 의해 국무회의는 대통령 · 국무총리와 15인 이상 30인 이하의 국무위원으로 구성된다. 동조 ③에서 대통령은 국무회의의 의장이 되고 국무총리는 부의장이 된다고 규정하고 있다. 그러나 현실적으로 국무회의는 대부분 국무총리에 의해 주재되고 있다.

국무회의는 정부의 권한에 속하는 중요한 정책을 심의하는 기관으로(헌법 제88조 ①) 행정에 관한 최고 심의기관이다.

그리고 국무총리는 국무회의의 부의장으로서 국무회의를 통하여 교육부에 중대한 결정권과 영향력을 행사할 뿐만 아니라, 대통령을 보좌하고 행정에 관하여 대통령의 명을 받아 행정각부를 통할한다(헌법 제68조 ③ 및 제86조 ②).

국무회의는 각 부처 간 기능과 사무를 배분한 수평적 조정기관으로서의 역할을 통해 교육정책에 관한 다른 부서와의 이해와 협조를 촉진시키고 있다. 왜냐하면 교육에 관한 중요한 정책이나 기획은 국무회의에 상정되기에 앞서 관련 부처와 합의를 거쳐야 하기 때문이다.

3) 교 육 부

현행 교육부와 그 소속기관 직제에 따르면, 현행 교육부는 장관 밑에 차관을 두고 3실 3국 11관 49과(담당관)으로 조직되어 있다.

이 외에 교육부 소속하에 두는 기관으로 국사편찬위원회, 국립특수교육원, 중앙교육연수원, 교원소청심사위원회, 국립국제교육원 등이 있으나 이들은 중앙교육행정조직에 직접 포함된다고는 볼 수 없는 것들이다.

나. 지방교육행정조직

시 · 도 단위 교육행정조직과 관련하여 '지방교육행정기관의 기구와 정원기준 등에 관한 규정'(대통령령 제26112호 일부개정 2015. 2. 26.)에서는 지방교육행정기관을 특별시 · 광역시 및 도(이하 "시 · 도"라 함)의 교육 · 학예에 관한 사무를 담당하기 위하여 설치된 행정기관으로 그 관할권이 미치는 범위가 일정지역에 한정되는 기관을 말한다고 하고 있다. 그리고 시 · 도 교육청이라 함은 교육감을 보조하는 기관 및 교육감소속으로 설치된 기관을 말한다. 그리고 시 · 도 교육청의 기관 중 직속기관 등을 제외하고 교육감을 직접 보조하는 기관을 '본청'이라고 정의하였다. 시 · 도 교육청에 두는 실 · 국의 설치 및 사무분장은 시 · 도 조례로 정하도록 하고 있다.

그리고 1991년 3월 26일의 '지방교육자치에 관한 법률'에 의하여 1991년 9월 2일에 심의 · 의결기구로 교육위원회를 두었으나, 2006. 12. 지방교육자치에 관한 법률의 전부 개정에 의하여 지방교육자치제도는 교육의 자주성, 전문성, 정치적 중립성 보장이라는 헌법 제31조 ④의 규정과 달리 현재는 교육위원회를 없애고 지방의회의 상임위원회로 변경하고 교육위원을 교육의원으로 변경하였다. 현행의 지방교육자치제도의 주요 내용을 요약하면 다음과 같다.

첫째, 지방자치단체의 교육 · 학예에 관한 사무는 특별시 · 광역시 및 도의 사무로 하며, 교육자치제의 실시 단위는 광역단위로 한다.

둘째, 시 · 도의 교육 · 학예에 관한 주요 사항을 심사 · 의결하기 위하여 시 · 도 의회에 교육위원회라는 상임위원회를 둔다.

셋째, 시 · 도의 교육 · 학예에 관한 사무의 집행기관으로 임기 4년의 교육감을 둔다. 교육감은 주민의 보통 · 평등 · 직접 · 비밀 선거에 따라 선출하며, 3기에 걸쳐 계속 재임할 수 있으며, 당해 시 · 도 지사의 피선거권이 있는 자로서 1년간 정당의 당원이 아니어야 하며, 교육경력 또는 교육행정 경력이 3년 이상이거나 양경력을 합하여 3년 이상인 자이어야 한다.

넷째, 교육의원은 시 · 도 의원이 겸임하며 임기는 4년이다.

다섯째, 교육감 밑에 국가공무원으로 보하는 부교육감을 두되, 부교육감은 당해 시 · 도의 교육감이 추천한 자를 교육부장관의 제청으로 국무총리를 거쳐 대통령이 임명한다. 부교육감은 일반직 국가공무원이나 장학관 중에서 임명할 수 있는데, 서울특별시의 경우는 관리관 또는 장학관으로 그 외의 시 · 도는 이사관, 부이사관 또는 장학관으로 보하도록 하고 있다.

여섯째, 시 · 도의 교육 · 학예에 관한 사무를 분장하기 위하여 시 · 도의 하급 교육행정기관으로 1개 또는 2개 이상의 시 · 군 · 자치구를 관할 구역으로 하는 교육청을 두되, 교육장은 장학관으로 보한다. 현재 전국에 세 가지 규모 및 유형의 180개 교육청이 있으나, 국이나 과의 명칭은 조례로부터 위임을 받아 교육규칙으로 정하도록 하고 있다.

다. 단위학교의 행정조직

단위학교의 행정조직에 관한 사항은 교육제도의 근거를 이루는 것으로 헌법 제31조 ⑥의 교육제도 법정주의에 의하여 교육기본법, 초 · 중등교육법, 고등교육법 등에 규정되어 있다. 학교행정과 관련하여 볼 때 학교의 설립 · 경영자는 법령이 정하는 바에 의하여 교육을 위한 시설 · 설비 · 재정 및 교원 등을 확보하고 이를 운용 · 관리하도록 기본원칙을 정하고 있다(교육기본법 제16조). 따라서 학교조직의 근거 및 운용 · 관리원칙은 법령에 두고 있으며, 운용 · 관리의 주체는 학교의 설립경영자라고 할 수 있다.

이에 따라 초 · 중등교육법 제4장은 학교에 관하여 교육과정, 수업, 학생생활기록부, 학년제, 조기진급 및 조기졸업, 학습부진아 교육, 교과용 도서, 학교의 통합교육 등을 규정하고, 특히 학교운영위원회에 관한 절(제31–34조)을 두고 있는데, 이러한 규정 등이 학교조직의 기본 틀을 형성하게 된다. 그리고 고등교육과 관련된 사항은 고등교육법에서 따로 규정하고 있다.

1) 학교조직의 구성단위

학교조직을 구성하는 인적 단위요소는 학생과 교직원을 들 수 있고, 이를 기초로 한 학급조직, 학년조직, 교직원회 및 학생회를 포함하는 특별활동조직 등을 들 수 있다.

2) 학교운영조직

단위학교의 행정조직은 학교운영의 계선적 기구인 교무분장조직과 막료기구인 각종 위원회를 들 수 있다.

그 가운데 학교운영위원회는 지방교육자치에 관한 법률에 근거를 두고 1995년부터 시범 실시하여 오다가 법적 근거와 구성 및 운영에 관한 사항이 초 · 중등교육법으로 이관 제정됨으로써 단위학교 행정조직의 중요한 위치에 서게 되었다.

학교운영위원회는 학교운영의 자율성을 높이고 지역의 실정과 특성에 맞는 다양하고도 창의적인 교육을 할 수 있도록 하기 위하여 설치되었다. 국 · 공립 유치원, 초 · 중등학교 및 특수학교에서는 그 설치가 의무화되어 있고 사립의 경우는 임의기구로 되어 있다.

학교운영위원회의 성격은 초 · 중등교육법 제32조에서 심의 또는 자문기구로 규정하고 있으며 학교운영위원회에서 심의하는 사항은 ① 학교헌장 및 학칙의 제정 또는 개정, ② 학교의 예산안 및 결산, ③ 학교교육과정의 운영방법, ④ 교과용도서 및 교육자료의 선정, ⑤ 교복 · 체육복 · 졸업앨범 등 학부모 경비부담 사항, ⑥ 정규학습시간 종료 후 또는 방학기간 중의 교육활동 및 수련활동, ⑦ 공모교장의 공모방법, 임용, 평가 등, ⑧ 초빙교사의 추천에 관한 사항, ⑨ 학교운영지원비와 학교발전 기금의 조성 · 운영 및 사용, ⑩ 학교급식, ⑪ 대학입학 특별전형 중 학교장 추천, ⑫ 학교운동부의 구성 · 운영, ⑬ 학교운영에 대한 제안 및 건의사항, ⑭ 그 밖에 대통령령이나 시 · 도의 조례로 정하는 사항이다.

제 3 절 교육법제

1. 교육법의 개념 및 성격

교육이 개인차를 가진 인간을 대상으로 하는 사업이며, 교육의 기본적인 목표가 인간의 잠재능력을 계발하여 주는 데 있음을 비추어 볼 때, 교육이 이루어지는 학교조직은 다른 조직과는 달리 자주성과 전문성이 보장되어야 하며, 이를 조장하고 지원하기 위한 제도적 장치가 있어야 하고 이 장치로서 법률(규)이 반드시 필요하다. 왜냐하면 법률은 국민의 권리 의무를 규정함과 동시에 이를 보장해 주는 구속력을 가지기 때문이다.

실제로 교육법규라는 용어의 개념은 반드시 일정하지 않은데(윤종건 · 김용숙, 1983: 226), 그 이유는 교육법규라는 용어는 광의 · 협의의 의미가 있으며, 그것을 사용하는 사람에 따라서 그 의미와 내용이 다르기 때문이다. 일반적으로 교육법규는 ① 법규범으로서의 교육법규, ② 성문법으로서의 교육법규, ③ 법령으로서의 교육법규를 의미하고 있다(沖原豊編,

1970: 13-16).

교육법규란 "교육에 관한 법규 또는 교육행정에 관한 법규로서, 교육정책, 제도 및 그 운영에 관한 사항을 규정한 법을 통칭하는 것"(안규철, 1986: 24)으로 정의할 수 있다.

그리고 교육법규는 다른 법규와는 달리 조장적 성격, 수단적 성격, 공법적 성격, 특별법적 성격, 국내법적 성격 등을 갖는다.

2. 교육권 이론

가. 교육권의 법적 성격

교육권의 법적 성격과 내용에 관해서는 법적인 해석에 의하여 정해질 수 있는 데 교육권에 관한 학설은 몇 가지 상이한 학설이 있다(김철수, 1979: 440-441). 첫째, 교육의 자유권설에 의하면, 교육을 받을 권리는 교육에 있어서의 자유를 침해당하지 않을 자유권이라고 보는 학설이 있다. 이는 국민의 자녀에 대한 교육권을 강조하고 이 교육권에 대해 국가는 간섭하지 않고 국민의 자의에 의한다는 설이다. 둘째, 문화적 생존권설은 교육을 받을 권리는 생존권의 문화적 측면을 이루는 것으로서 '국가가 교육의 기회균등에 대하여 배려할 것을 국민의 측면에서 권리로서 파악한 것'이라고 보고, 주로 경제적 약자에게도 장학제도 등을 통하여 균등하게 교육의 기회를 주려는 데 있다. 그러나 이것은 프로그램적 규정이며 구체적인 내용을 갖는 청구권이 아니라고 한다. 셋째, 교육권을 입법 의무만을 구속하는 것으로 보지 않고 보다 적극적으로 이해하여, 국가에 대해 교육을 받을 수 있게끔 청구할 수 있는 법적 권리성을 가진 생존권이라고 하고 있다. 이는 국가가 국민의 교육권을 최대한 확보하는 데 책임을 진다는 의미에서 법적 권리성을 갖는다고 보고 국민은 의무교육의 무상, 교육시설의 확장, 장학제도의 확충 등을 요구할 권리를 가진다고 하는 설이다.

나. 학습자의 교육권

학습자의 교육권은 헌법에서 보장하고 있는 권리이다. 헌법이 "모든 국민은 능력에 따라 균등하게 교육을 받을 권리를 가진다"(헌법 제31조 ①)고 한 것에서 국민 전체가 교육을 받을 권리를 가지는 것이지만, 보다 구체적으로는 헌법이 계속하여 "모든 국민은 그 보호하는 자녀에게 적어도 초등교육과 법률이 정하는 교육을 받게 할 의무를 진다"(헌법 제31조 ②)고 한 것과 "의무교육은 무상으로 한다"(헌법 제31조 ③)고 한 것에서 의무교육에 해당하는 연령에 이른 국민, 즉 학습자가 그 권리를 가지는 것이다. 학습자의 교육권은 교육을 받는 것은 물론 이를 청구할 권리까지도 가진다는 것이 일반적인 생각이다.

이렇게 국민, 그 중에서도 학생이 갖는 교육권은 근본적으로는 인간의 기본권인 사회권으로서 중요한 의미를 갖는다. 인간 사이에 교양의 차이로 겪는 불평등이나 차별을 불식하고, 나아가 인간다운 삶을 누릴 수 있는 기본적인 지식과 기술을 익히지 못해 삶을 이어가지 못하거나 비참한 삶을 누리는 일이 없도록 교육은 이를 책임져야 한다. 즉, 학습자의 교육권은 국가권력에 의해 보장되어야 하는 생활권이자 동시에 생존권으로(안기성, 1992: 270) 다른 주체들이 향유하는 교육권보다 가장 우선하는 권리라고 할 수 있다.

다. 부모의 교육권

부모의 교육권은 아동의 교육권의 대리자로서의 부모가 가지는 권리이다. 부모는 자녀인 아동과는 혈연적 유대로 결합된 관계이므로 부모가 자녀의 교육에 대하여 배려하고 이에 대하여 표명된 부모의 의사를 존중해야 한다는 부모의 교육권은 사회의 통념에서 비롯된 것일 뿐만 아니라, 자연법상 또는 실정법상의 양육권에서 비롯된 것이라고 할 수 있다. 자연법은 이를 "신으로부터 양친에게 주어진 인간성으로부터 유래하는 불가침, 불가양의 교육권"으로 보았으며, 실정법인 민법은 "친권자는 자를 보호하고 교양할 의무가 있다"(민법 제913조)고 하고, 또 "친권자는 그 자를 보호 또는 교양하기 위하여 필요한 징계를 할 수 있고 법원의 허가를 얻어 감호 또는 교정기관에 위탁할 수 있다"(동법 제915조)고 규정함으로써 친권자인 부모의 교육권을 인정하고 있다. 그리나 오늘날의 공교육체제, 특히 권력에 의한 강제적인 형식으로 집행되는 의무교육제도하에서는 이러한 부모의 교육권은 국가에 대한 의무로 전환되었을 뿐만 아니라, 자녀의 취학에 있어서도 취학 여부의 결정, 의무학교의 선택, 교육내용에의 관여 등 종래의 부모의 교육권에 해당되어 오던 교육에 대한 요구권과 발언권의 부분이 고려되지 않는 경우가 있게 되었다.

한편 부모의 교육권과 교사의 교육권의 관계에서 보면, 민법(제913조)이 규정한 부모의 교육권에 학교 및 교사에 대한 교육요구권이 포함되는지 여부는 법규상으로는 불분명하다고 할지라도 교육법의 교육조리에서는 확실히 아동의 교육에 대해 부모가 교사와 학교에 요구할 권리가 인정된다고 봐야 할 것이다.

라. 국가의 교육권

학습자의 교육권을 보장해 주는 주체로서의 국가는 시설, 인원, 재정 등 이를 위해 필요한 모든 것을 마련하고 운영하는 책임을 져야만 하는 것이다. 이는 곧 국가의 교육권을 필연적으로 낳게 하는 것이다.

때로는 이러한 국가의 교육에 대한 관리 · 감독을 부정하고 혐오하기도 하는데 이를 인정할 수밖에 없는 이유는 국가를 대신하여 국민전체를 대상으로 하는 엄청난 규모의 교육을 감당할 수 있는 주체는 아직은 국가 밖에 없다고 보기 때문이다. 국민의 교육권 그 중에서도 특히 학생의 교육권을 보장하기 위해서 요구되는 인적 · 물적 자원을 염출하고 동원하는 일은 권위를 가진 국가의 공권력이 교육을 관리 · 운영할 때만이 가능하기 때문이다. 현대사회가 공권력에 의해 교육이 지배되는 '공교육'을 지지하고 이를 민주주의 교육이념의 기본으로 삼는 것은 바로 그 까닭이다(강인수, 1989: 39).

국가의 교육권의 구체적인 내용은 모든 국민에게 교육의 기회를 균등하게 보장하는 교육제도 확립권, 교육수준확보에 필요한 기준설정권, 감독권, 적절한 교육수준 유지를 위한 지도 · 조언 · 권고권, 균등한 기회 보장을 위한 재정원조권, 국가가 직접 교육을 제공하는 국립학교 설치권, 교육을 둘러싼 권리의 분쟁에 대해 재판하고 상호 조정하는 재정권(裁定權) 등이다.

마. 교원의 교육권

교원의 교육권은 학생을 교육하는 권리로서, 근본적으로는 사회적 관습과 실정법에 근거를 둔다고 해야 할 것이다. 우리는 '군사부일체(君師父一體)'의 유교적 윤리의 관행하에서 오랫동안 살아 왔다는 사실 때문에 교육에서 교원은 부모의 지위와 같은 것을 누려왔다. 그런 의미에서는 교원의 교육권은 부모의 교육권과 동등한 권리로 이해할 수 있으나, 다른 한편으로는 이 권리는 부모로부터 자녀를 위탁받아 교육하게 되었다는 사실에서 보면 부모에 속하는 자연법적 권리로부터 유래된 권리라고 할 수 있다. 그러나 오늘날에는 우리의 초 · 중등교육법 제20조 ③에서 "교사는 법령이 정하는 바에 따라 학생을 교육한다"는 등의 실정법상의 근거를 두고 있다.

교원의 교육권은 학자에 따라서 여러 가지 주장이 있으나, 구체적으로 수업을 실시하는 권리, 성적을 평가하는 권리, 교과서 및 교재를 결정하는 권리, 교육과정을 편성하는 권리, 교육 또는 연수를 받을 권리 등이 권리로서 거론되는 것이 일반적이다. 이러한 주장은 교직의 전문성을 전제로 전개되는 논리로서 널리 지지를 받고 있는 것이기는 하나, 실제에 있어서 이들 권리 중 일부는 국가의 교육권과 충돌되는 부분이 많아 어떤 때는 그 교육권을 양자가 서로 나누어 가지는 경우가 많다.

예컨대, 교육과정의 선택권이나 교과서의 선택권과 같은 것은 '교육과정령'이나 국정교과서 혹은 검정교과서의 경우에서 보듯이, 그 권리 중의 중요한 부분은 국가가 행사하고 있다. 이를 두고 이 권리가 어느 쪽의 고유한 권리냐 하는 논란은 지금도 끊임없으나, 이에 대해서는 아직 어떤 결말도 기대하기 어렵다. 그것은 사회통합이나 형식의 유지 혹은 공동목표의 달성 등 사회적 기능이 교육을 통하지 않고는 이루어질 수 없다는 것과 아동의 교육권이 국가의 힘이 아니고서는 보장될 수 없다는 현실 때문에, 이 몫은 언제나 국가와 교원이 서로 나누어 가질 수밖에 없다. 설사 이 교육권들이 교원의 고유한 권리라고 하더라도 이는 어디까지나 아동의 교육권 보장을 전제로 성립되는 것이므로 이 권리 또한 학습자의 권리위에 존재할 수는 없는 것이다.

바. 학교설립자의 권리

설립자의 교육권은 학교 그 밖에 교육시설을 설치한 자가 그가 설치한 시설 안에서 이루어지는 교육에 대하여 행사할 수 있는 응분의 관리권을 말하는 것이다. 우리나라는 설립자에 따라 국립, 공립, 사립 등과 같이 학교나 그 밖의 교육시설의 설립자를 구분하고 있으나, 설립자가 누구이든지 간에 법률에 따라 그들 설립자의 관리권을 인정하고 있을 뿐만 아니라, 사회통념으로도 이를 승인해 오고 있다.

이러한 학교설치자의 교육관리권의 구체적인 내용은 물적 시설을 설치하고, 시설사용규칙을 제정하고, 시설이용을 인가하는 권한이나 인적 시설 정비에 관한 인사권 등이다.

3. 헌법과 교육

우리 헌법은 1948. 7. 17. 제정된 이래 1987. 10. 29.까지 9차례의 개정을 거쳐 현재에 이르고 있는데 헌법상에 규정된 교육조항은 '직접조항'과 '간접조항'이 있다.

교육에 관하여 직접적으로 규정하고 있는 조항은 제31조에서 6개항으로 나누어 규정하고 있으며, '간접조항'은 교육에 관하여 직접적으로 규정하고 있지는 않으나 직 · 간접적으로 관계있는 조항을 일컫는다(조남두 외, 2006: 396-402).

가. 교육을 받을 권리

헌법 제31조 ①은 '모든 국민은 능력에 따라 균등하게 교육을 받을 권리를 가진다'고 규정하고 있다. 이는 국민이 균등하게 교육을 받을 권리로 무차별적인 균등이 아니라 각자의 능력에 따라 보장되는 권리이다. 그러나 능력에 따라 차별되는 이 권리는 동조 ②의 규정에 따라 의무교육의 범위 안에서는 차별할 수가 없다고 말할 수 있다. 의무교육의 범위는 '초등교육과 법률이 정하는 교육'이며, 이 범위 안에서는 학습기술상의 이유로 능력별 학급 분반조직을 통하여 효율적인 교육을 시도할 수 있을지라도 그 능력 때문에 차별될 수는 없는 것이다.

교육권의 주 내용이 자유권이 아니고 생존권이며, 모든 국민 특히 어린이의 학습권을 보장하기 위한 것이기 때문에 적극적 · 구체적 청구권을 수반하는 생활권적 기본권의 하나로 보는 것이 통설이다(권영성, 1981: 496).

이러한 교육을 받을 권리의 내용은 교육법규의 법률주의에 의해 교육기본법을 기본으로 하여 초 · 중등교육법, 유아교육법, 평생교육법 등 많은 법규에 규정되어 있는데 "능력에 따라", "균등하게", "교육"을 받을 권리로 3분하여 그 내용을 살펴볼 수 있다.

우선 "능력에 따라"에서 여기서 능력이란 선천적으로 개인이 타고난 재능과 같은 일신 전속적인 능력을 말하며, "균등하게"는 자유권적 측면에서 볼 때 능력 이외에, 성별, 신앙, 사회적 신분 등에 의해 교육을 받을 기회를 차별하지 않는 것을 의미하고, 사회권적 측면에서는 모든 국민이 균등하게 교육을 받을 수 있도록 교육시설을 설치 · 운영하고, 장학행정을 시행하는 등의 교육외적 조건의 정비를 요구할 수 있는 권리가 있음을 의미한다. 마지막으로 "교육"에서 교육을 받을 권리의 대상이 되는 교육은 학교교육은 물론 사회교육 및 가정교육을 포함하는 것으로 확대 해석하는 것이 타당할 것이다.

나. 교육을 받을 의무

우리 헌법 제31조 ②에서 교육의 의무와 관련하여 "모든 국민은 그 보호하는 자녀에게 적어도 초등교육과 법률이 정하는 교육을 받게 할 의무를 진다"고 규정하고 있다. 교육을 받을 의무의 주체는 교육을 받아야 할 자녀를 가진 국민, 즉 학령 아동의 친권자 또는 그 후견인이고, 자녀에게는 의무가 없다.

헌법에 국민의 교육을 받을 권리를 규정하고 있으나, 실제로 이와 같은 권리의 주체는 연소자가 대부분이기 때문에 만약 방임한다면 연소자는 스스로 이 권리를 행사하기 어렵다. 따라서 국가는 이를 보장하기 위하여 그 보호자에게 의무를 부과하여 이 의무를 이행하지 않는 보호자에 대한 벌칙규정을 두고 있다.

그리고 교육의 의무의 내용은 보호하는 자녀에게 일정한 학교에 취학시켜야 할 의무인데, 반드시 공립학교에 취학시켜야만 하는 의무는 아니다. 이 의무교육의 대상은 현행 교육기본법 제8조 ①에 의거 6년의 초등교육과 3년의 중등교육을 받게 할 의무이다.

다. 의무교육의 무상

헌법 제31조 ③에는 "의무교육은 무상으로 한다"고 규정하고 있다. 국가가 국민에게 교육의 의무를 부과한 이상 당연히 피교육자를 위하여 가능한 의무를 이행할 수 있는 조치를 취하여야 할 책임이 있는 것은 당연하다. 의무교육은 당사자인 아동의 보호자의 의사와 관계없이 공권력에 의하여 집행되는 것이므로 필연적으로 무상으로 하여야 한다는 원칙이 따른다. 경제력이 없는 보호자에게 그의 자녀를 강제로 취학시키게 하고 수업료 등 실제 교육비를 부담하라고 하면 이치에 맞지 않기 때문에 모든 나라가 의무교육은 '무상'을 전제로 하고 있다.

그러나 '무상의 범위'에 관해서는 그 나라의 실정에 따라 상이하다. 우리나라의 경우는 수업료와 국정의 교과서에 한징하고 있어 엄격한 의미의 완전무상이라고 보기는 어렵다. 국가에 따라서는 학용품비, 교통비, 급식비 등까지도 포함시키는 경우도 있다.

라. 교육의 자주성, 전문성, 정치적 중립성, 대학의 자율성의 보장

헌법 제31조 ④에서는 "교육의 자주성, 전문성, 정치적 중립성 및 대학의 자율성은 법률이 정하는 바에 의하여 보장된다"고 규정하고 있다.

여기서 우선, 자주성에 대한 해석은 '학문의 자유와 더불어 관권의 압박에 의한 학문의 기형화를 방지하려는 취지'(박일경, 1968: 159)에서 신설되었지만, 엄격한 의미에서 교육의 자주성은 어느 의미에서나 관권이나 정치권력뿐만 아니라 어떠한 집단의 폭력으로부터도 보호되어야 하는 것이다. 인간을 키우고 형성하는 일을 전담하는 교육은 그 자체의 고유한 원리와 방법에 의해서만 이루어져야지 정치권력이나 집단의 힘으로 좌지우지되어서도 안 되는 것이다.

정치적 중립성은 특히 교육에서의 당파성의 배격이라는 점에서 강조되는 항목이다. 우리의 교육은 어떤 개인의 편견이나 특정 정파의 당리당략에 의하여 영향을 받게 되는 것을 경계하여야 한다. 교육은 그 본래의 목적과 방법에 따라 국민 전체의 이익과 발전을 위하여 기여하지 않으면 안 되는 까닭이다. 그러나 정치적 중립은 교육에서의 정치의 배격이나 부재를 의미하는 것은 아니다.

전문성은 일반적으로 직무의 공공성, 전문기술성, 직업상의 자율성, 직업수단으로서의 자기규제력, 직업윤리, 높은 사회적 평가, 응분의 보수 등 이른바 해당 영역의 고도의 학문적 소양을 갖추고 인간정신의 내면에 깊이 관여하는 전문직 요건들을 교육에서 보호되도록 하여 달라는 요구를 수용한 것이라고 할 수 있다. 교육의 전문성의 추구는 교육의 민주주의가 상처받지 않도록 적절한 한계를 필요로 한다.

대학의 자율성은 대학의 자치와 연계되는 개념으로 대학의 임무를 달성하는 데 필요한 사항들을 외부의 간섭을 받지 않고 대학 스스로 결정 · 수행하는 것을 말한다. 일반적으로 대학의 자율의 내용으로 포함시킬 수 있는 것은 교원의 임용과 보직에 관한 사항들을 자주적으로 결정하는 인사에 관한 자율권, 학문의 자유와 관련하여 연구 · 교육에 대한 자율권, 그리고 대학의 시설 · 재정 · 관리에 있어서의 자율권 등을 들 수 있다(한국교육법학회편, 1986).

마. 평생교육의 진흥

헌법 제31조 ⑤에서 "국가는 평생교육을 진흥하여야 한다"고 규정하고 있다. 평생교육은 시대적 환경이 가속적으로 바뀌고 있고, 인구가 양적으로 증가하고 있는 사실, 과학기술의 발달, 정치적 영역에서 일어나고 있는 끊임없는 도전, 정보화 시대의 도래, 노동과 여가의 분리에 따른 여가의 활용문제, 생산양식과 인간관계의 위기, 학교교육의 한계에 대한 인식 등 수많은 이유로 출생에서 죽음에 이르기까지의 인간의 일생을 통하여 이루어져야 할 교육과정, 즉 전체로서 통합된 교육과정으로서의 필요성이 역설되어 오고 있다. 따라서 우리 헌법에서도 1980년의 헌법 개정에서 최초로 이를 헌법 조항에 삽입하여 국가가 평생교육을 진흥하는 데 힘써야 한다고 하였다.

바. 교육제도 · 운영 · 재정 및 교원의 지위 등의 법률주의

헌법 제31조 ⑥에서는 “학교교육 및 평생교육을 포함한 교육제도와 그 운영, 교육재정 및 교원의 지위에 관한 기본적인 사항은 법률로 정한다”고 규정하고 있다. 여기서의 법률은 헌법 제40조에서 규정한 대로 입법권을 가진 의회의 의결을 거쳐서 제정된 법률을 말한다. 이러한 교육제도 등의 법정주의를 규정한 것은 국정일반이 법률에 따라 이루어져야 한다는 시민법적 전통에 따라 법치주의에 근거하여 이루어진 것이기도 하지만, 교육제도와 그 운영 그리고 교육재정과 교원의 지위에 관련되는 사항은 ‘교육받을 권리’로서의 국민의 기본권인 교육권이 사회적 특성을 가지고 있기 때문에 공권력이 동원되어 강제적 방법으로 보장되어야 하는 영역에 속한다는 사실이 얽혀 있는 것이다(안기성, 1989: 110).

이 경우 교육권이 동원되는 공권력의 강제력에 의하여 자칫하면 교육영역에서의 국민의 자유권을 해칠 수 있다는 상처받기 쉬운 입장에 있는 까닭에 국민의 이름으로 합의된 국회 제정의 법률의 범위 내에서만 강제력이 작용되어야 한다는 원리가 고려된 것이라고 할 수 있다. 이러한 교육제도 법정주의에 의해 학교교육에 관한 ‘교육기본법’, ‘유아교육법’, ‘초 · 중등교육법’, ‘고등교육법’, 평생교육에 관한 ‘평생교육법’, 교육재정에 관한 ‘지방교육 교부금법’, 그리고 교원의 지위에 관한 ‘교육공무원법’ 등이 있다.

1. 교육행정에 대한 다양한 관점의 정의를 설명하고, 각각의 정의가 가지고 있는 장점과 단점에 관해 토론해 보자.

2. 교육행정이론의 발달과정에 관해 설명하고, 이들이 교육과 교육행정에 미친 긍정적인 영향과 부정적인 영향에 관해 토론해 보자.

3. 우리나라의 중앙교육행정조직과 지방교육행정조직 그리고 단위학교행정조직을 구성하고 있는 주요 요소는 무엇이며, 그 특징과 문제점 및 개선점은 무엇인지 토론해 보자.

4. 우리나라의 교육에 관련된 법규에는 어떤 것이 있는지를 설명하고, 특히 헌법에서 국민의 교육받을 권리를 보장하고 있는 구체적인 조항들이 함유하고 있는 교육권의 내용에 관해 토론해 보자.

CHAPTER

10

생활지도의 이해

1 생활지도의 기초
2 생활지도의 내용과 활동
3 상담의 이해
4 상담이론
5 문제행동과 지도

학습목표

☞ 생활지도의 기본적인 개념과 원리를 설명할 수 있다.

☞ 생활지도의 내용과 주요활동을 설명할 수 있다.

☞ 상담이론의 다양한 기법들을 학교현장에서 활용할 수 있다.

☞ 학교현장에서 부적응을 경험하는 학생들에게 도움을 줄 수 있는 방법을 안다.

미리보기

1. 학생들의 바람직한 성장과 발달을 위해 생활지도 및 상담의 필요성이 증대되고 있다.
2. 정신분석상담의 심리적 기제들을 이해하는 것은 학생들의 행동을 잘 이해할 수 있도록 돕는다.
3. 기본적 상담기법인 공감, 수용, 경청 등은 학생들과의 관계형성뿐 아니라 문제해결에 도움을 준다.
4. 현장에서 많이 활용되고 있는 행동수정기법에는 다양한 종류들이 있다.
5. 청소년 문제행동은 치료보다 예방차원에서 다루어져야 한다.

10

생활지도의 이해

현대사회는 지식위주의 교육이 팽배하고, 전인교육의 기회가 줄어들고, 학생들은 불건전한 환경과 가치관의 부재속에서 혼란스러워하고 있다. 따라서 학생들의 다양한 문제를 해결하도록 돕는 교육적 활동과 아울러 생활지도 및 상담에 관한 활동의 요구가 증가하고 있다.

제 1 절 생활지도의 기초

1. 생활지도의 개념

생활지도(guidance)는 안내, 인도, 지도 등의 의미를 가지고 있다. 또한 생활지도는 교육의 두 가지 면, 즉 가르치는 면(敎)과 기르는 면(育) 중 기르는 면에 해당하는 것으로 교(敎)가 모르던 것을 새로 알도록 도와주는 활동이라면 육(育)은 이미 기존에 가지고 있는 잠재된 능력을 최대한도로 발휘하게 하며 동시에 자신의 능력을 발견하도록 돕는 활동이다.

생활지도의 시작은 청소년들에게 직업을 구해 주는 것으로 시작하였으나 현재에 와서는 학습자를 대상으로 교육, 사회, 직업, 진로, 성격 등의 관계에서 개인의 잠재능력을 발견하고 당면한 여러 가지 문제를 스스로의 힘으로 해결하도록 지도하기 위한 조직적인 봉사활동이다. 생활지도란 '모든 개인의 문제해결과 신장을 위하여 스스로 세계를 이해하고 해결할 수 있도록 인지적 · 정의적 · 신체적 특성 등의 전인적 특성을 성장 발달케 하여, 개인으로 하여금 교육적 · 직업적 · 사회적 · 심리적 발달을 최대한으로 경험하도록 지원하는 봉사활동으로서의 이론적 실제적 체계'라 할 수 있다.

2. 생활지도의 발달

20세기로 들어오면서 날로 복잡해지는 사회변화와 개인차로 인하여 생활지도의 필요성이 증대되고, 학교교육에서도 조직적인 생활지도가 점차 발달하게 되었다. 역사적으로 볼 때 미국에서의 생활지도운동은 생활지도의 개념과 발전에 커다란 영향을 주었는데 이를 시기별로 살펴보면 다음과 같다(이현림 등, 2006: 306).

- 초기(직업지도시기): 조직적인 생활지도 운동은 파슨스(Parsons)가 1907년 미국의 보스턴시에서 직업지도 운동을 시작한 것이 시초였다. 당시에는 직업지도와 학업지도를 포함한 진로지도가 생활지도의 중심이었다. 보스턴 직업국은 나중에 하버드대학 직업국이 되었으며, 보스턴 직업국이 개설된 해에 비로소 직업지도와 직업상담자라는 용어가 처음으로 사용되었다.
- 전환기(정신위생의 도입): 1929년 경제공황 이래 생활지도는 큰 변혁을 일으켰다. 환경에 대한 적응문제를 중시하는 경향이었으며, 정신위생이나 사회적 적응의 문제가 생활지도에서 중요한 위치를 차지하게 되었다.
- 발전기(집단지도의 중시): 1930년대부터 생활지도는 종전의 개별지도나 상담방법에서 탈피하여 협동적인 인간상의 요구에 부응하기 위해 집단지도방법을 중시하기 시작했다.
- 상담심리의 분리: 제2차 세계대전 이후 상담심리학이 전문과학으로서 그 기초가 성립됨에 따라, 생활지도의 일반기능으로부터 상담심리가 분리되어 독자적인 영역으로 떨어져 나가고 생활지도가 전문화되었다.

3. 생활지도의 필요성

가. 직업세계의 변화

현대사회는 자동화 시대로 급격하게 직업구조가 변화되고 있다. 직업의 다양화, 전문화 현상속에서 학생들은 자신에게 적합한 직업을 선택하고, 그 직업을 위하여 준비해야 할 것들이 무엇인지에 대해 충분한 안목과 정보를 가지고 있지 못한 상태이다. 이에 학생들에게 미래사회에서 각광받을 수 있는 직업의 유형과 자신의 적성 등을 고려하여 현명한 선택을 할 수 있도록 하는 도움이 필요하다.

나. 사회양상의 변화

현재 우리나라는 급격한 경제성장과 산업의 현대화에 따른 물질문명의 발달로 생활의 질은 높아졌으나 전통문화와 가치관에 큰 혼란을 야기하여 세대간 격차와 갈등을 심화시키고 청소년들의 가치관 혼란을 유발하고 있다. 학교에서는 변화하는 사회와 새로운 가치관에 학생들이 적응해 나갈 수 있도록 지도해야 한다.

다. 개인차강조

현대사회는 개성과 창의성이 가치 있는 것으로 받아들여지고 있고, 교육도 개인의 흥미, 가치, 결정 등을 존중하는 방향으로 가고 있다. 생활지도는 개개인의 자아실현을 목표로 하는 개인의 소질, 적성, 흥미 등을 파악하도록 도와주어 자신만의 독특함을 잘 발휘할 수 있도록 격려하고 기회를 제공해야 한다.

라. 가정환경변화

산업화의 영향으로 가족의 형태가 바뀌면서 핵가족과 확대가족이 늘고 부모의 이혼, 별거 등의 가족결핍현상은 학생들에게 심리적 갈등과 혼란을 주며, 여성의 사회진출의 증가는 가정의 교육적 기회를 줄여 학생들에게 가정의 역할을 대리해 줄 수 있는 장치가 필요하게 되었으며 학교에서의 생활지도가 이를 보조해 줄 필요가 있다.

마. 정신건강의 문제

복잡하고 빠르게 변화하는 사회는 학생들에게 다양한 스트레스를 주고, 학생들은 이에 적응하기 위한 각종 정서적 · 심리적인 부조화와 갈등을 갖게 되었다. 이 같은 문제에 대처하기 위해서 학습자들의 정신건강을 위한 생활지도가 필요하다.

4. 생활지도의 원리

가. 생활지도는 모든 학생을 대상으로 한다.

생활지도는 개인의 자아실현을 목표로 하는 활동이다. 따라서 그 대상도 문제아나 부적응아뿐 아니라 성장과 적응을 위해서 도움을 필요로 하는 정상적인 생활을 하는 학생들도 함께 포함되어야 한다.

나. 생활지도는 처벌보다 예방과 선도에 중점을 둔다.

현대의학은 발생된 여러 가지 행동의 치료보다는 예방을 목적으로 하고 있다. 치료보다 예방적인 지도가 시간과 노력면에서 훨씬 경제적이다. 물론 현실적으로 학교현장에서 학생지도에 많은 교사나 카운슬러가 부족한 실정이긴 하지만 문제발생 후 처벌을 통하여 학생을 바로잡는다는 것은 매우 어려운 일이다. 그러므로 문제를 사전에 방지하는 것이 학생의 입장에서나 국가적인 입장에서도 필요한 일이며 이를 위해 문제발생 후 처벌보다는 문제를 미연에 방지하고 예방하는 차원에서 이루어져야 한다.

다. 생활지도는 학교교육계획의 통합된 일부이다.

흔히 학교교육과정은 교과교육만으로 생각되기 쉽다. 생활지도가 학교교육계획 속에 통합되지 못하고 특별활동이나 과외활동으로 인식될 때 생활지도는 학생들에게 특별한 과정으로 인식될 수밖에 없다. 생활지도활동은 학교교육계획 속에 통합되어 학교의 지원을 받으며 학교행정가나 교사의 협조 아래 생활지도교사의 전문성을 인정하고 대상에 따라 다양한 프로그램을 가지는 교육과정의 한 분야로 인정되어야 한다.

라. 생활지도는 과학적이고 객관적인 판단에 기초한다.

학생들은 각각 개성이 다르며 흥미, 가치관이 다르다. 이러한 개인차를 고려하여 학생지도를 하기 위해서는 상식적 판단보다는 과학적 방법으로 원인을 규명하고 진단을 내려야 한다. 검사방법으로는 각종 심리검사나 행동관찰기록, 환경조사서, 개인 성적기록표 등이 있고 심리측정도구로는 지능검사, 적성검사, 사회성숙도 검사, 가치관 검사, 흥미검사, 성격검사가 있다.

마. 생활지도는 개인의 인격을 존중하고 자율성을 인정한다.

생활지도는 개인의 존엄성과 가치, 자유와 평등을 존중하는 민주적인 원리에서 출발하여야 한다. 인간은 이 세상에 존재한다는 사실만으로도 존중받아야 하며, 어떠한 상황에서도 인격체로 인정되어야 한다. 또한 인간은 자기성장의 능력을 가지고 태어나며, 그러한 능력은 신장되고 개발되어야 한다. 그러므로 생활지도는 학생들을 존중하며 나아가 학생 자신을 이해하고 자기의 문제를 스스로 해결하도록 도와야 한다.

생활지도를 활성화시키고 정착시키려면 이러한 원리들을 적극적으로 홍보하고, 학교나 교사 모두 생활지도에 대한 인식을 바꾸며, 상담교사의 전문성을 높일 필요가 있다.

제 2 절 생활지도의 내용과 활동

1. 생활지도의 내용

가. 교육지도

학교생활에서 우선시되는 것 중의 하나가 교육과 관련된 활동이다. 교육지도는 학생들로 하여금 자신들의 흥미, 개성, 능력 등에 부합되는 학습활동을 전개하는 데 필요한 정보나 자료를 제공함으로써 학생 개개인의 가능성을 최대한도로 계발하도록 돕는 활동이다(주영흠, 2003: 320).

나. 직업지도

직업선택, 직업준비, 취업알선 등 장래직업에 관련된 영역에 대하여 학생의 적성, 능력, 가정환경, 사회적인 요청 등을 고려하여 현명하게 선택하는 것을 도와주는 것이 진로지도다. 발달단계별 지도내용은 초등학교에서는 진로인식단계, 중학교에서는 진로탐색단계, 고등학교에서는 진로준비단계, 대학교에서는 진로전문화단계로 구분되며, 직업의 성질, 작업조건 및 훈련, 보수, 승진체계 전망, 직업수행을 위한 정보자료 등을 제공하며, 교과목과 연계하여 직업적성교육을 실시한다.

다. 인성지도

인성지도란 인격지도 또는 성격지도를 뜻하며, 이는 개인의 인성적, 심리적 문제가 되는 불안, 욕구불만, 정신건강, 이성문제, 개인적 습성과 태도 등에 관한 지도를 뜻한다. 인성지도의 방향은 성격형성에 장애가 되는 기본적 욕구불만, 우월감, 열등감, 극단적인 수줍음,

공격적 태도, 이기주의, 자만심, 정서불안 등을 제거해 줌으로써 인간으로서 원만하고 조화로운 발달을 이루고 한 인격체로 완성하도록 도와주는 것이다.

라. 사회성 지도

사회성 지도는 개인 혹은 학습자의 교양, 도덕적인 윤리관, 인간존중의 습관형성, 의사전달의 합리적인 방법, 관용, 친구관계, 이성과의 교제, 부모-자녀관계, 집단에서의 대인관계 등에 있어서 원만한 인간관계를 유지하며 협동과 봉사의 정신으로 생활할 수 있는 성격개발에 대한 지도를 뜻하는데 이는 집단활동을 통해서 체험하는 것이 가장 효율적이다.

마. 건강지도

건강지도란 공중위생, 허약자 지도, 건강을 증진시킬 수 있는 생활습관을 형성하도록 지도하는 것이다. 개인의 건강은 오늘날 가장 중요한 교육목적의 하나다. 따라서 건강지도는 학생이 건강이나 신체적 발달에 관하여 그 중요성을 이해하고 자신의 건강을 위해서 각자가 적절한 대책을 세우도록 도와주며, 신체적 결함, 운동 부족, 영양실조, 위생관념 등 신체적 건강과 함께 각종 스트레스로부터 정신건강을 유지할 수 있도록 지도하고 조언한다.

바. 여가지도

여가(leisure)란 직접적 만족을 보상받지 않더라도 자유롭게 추구되는 것으로 주된 기능은 휴식, 즐거움 그리고 개인적 발달이다. 산업사회에서의 여가활동은 단순하게 시간을 보내거나 돈을 쓰는 소비적인 활동이 아니라 신체적, 정신적 활동을 증진시키고 능률을 올릴 수 있는 생산적이고 창조적인 것이어야 한다. 시간이 있어도 '어떻게 뜻깊게 보낼 수 있는가?, 충분한 휴식을 주는가?, 나의 진로와 관련이 있는가?' 하는 것은 개인은 물론 사회적으로 중요한 과제 중의 하나가 된다. 특히 최근 주 5일제 수업으로 인하여 학생들의 여가시간이 늘어난 만큼 시간적 여유를 가치 있게 활용할 수 있도록 레크리에이션 활동을 선택하고, 그런 활동을 통해서 고상한 취미와 심신의 건전한 발달을 이루도록 지도한다.

2. 생활지도의 주요활동

가. 학생조사활동(inventory service)

학생에 대한 올바른 이해의 기초 자료를 수집하는 활동으로 각종 조사 및 검사활동이 있다. 학생을 이해하기 위한 구체적 자료는 가정배경, 학교경험과 학교성적, 지적능력과 학업적성, 건강과 신체적 자료, 학교 밖의 생활경험, 특수능력(미술, 음악, 기술, 문학), 직업적 흥미, 인생, 장래의 계획 등이 있다.

학습자를 보다 올바르고 정확하게 이해하기 위하여 학습자 개인에 관한 심리적 특성을 진단하는 것으로 학습자의 지능, 학력, 적성, 흥미, 성격, 가치 등의 검사가 있다. 그리고 학습자의 내면적 세계를 파악하기 위해 심리검사와 관찰법 등이 이용되고 있다.

나. 정보제공활동(information service)

정보활동은 학생이 요구하는 교육적, 직업적 정보를 수집, 정리하여 학습자가 각종 문제를 해결하고 직업의 영역에 있어서나 직업준비를 고려함에 있어서 학생들에게 유용한 정보를 제공하는 것이다.

다. 상담활동(counseling service)

상담은 학습자의 교육적 · 정서적 · 직업적인 여러 가지 문제에 대하여 전문적인 자격을 갖춘 상담교사와 학습자가 일대일로 대면하여 충고, 권유, 정보 및 자료 제공, 이야기, 설득 등으로 학습자를 도와주는 활동이다. 학교에서 주로 활용되는 상담으로는 개인상담, 집단상담이 있고 최근에는 또래집단을 활용한 또래상담이 많이 행해지고 있다.

라. 정치활동(placement service)

학교나 학과의 선택, 진로의 선택 등 계속되는 인간의 생활에서 자신의 능력과 적성에 맞추어 가장 적절한 것을 선택하도록 도와주고 배치하는 활동을 정치활동(placement service)이라고 한다. 정치활동은 종류에 따라서 교직원 개개인의 책임 하에 이루어질 수도 있고, 또는 학교장이나 상담주임교사의 책임 하에 이루어질 수도 있다.

마. 추수활동(follow-up service)

추후활동이라고도 부르는 이 과정은 생활지도를 통해 정치가 끝난 학생들이 선택한 일을 효과적으로 수행하고 적응하도록 도와주는 것을 말한다. 추수활동의 목적은 학습자들의 발전상태를 지속적으로 점검하여 문제를 예방하고, 계속적인 성장발달을 촉진시키고 나아가 전체 학교교육 프로그램을 증진하는 데 있어서 유용한 정보를 얻기 위한 것이다.

제 3 절 상담의 이해

1. 상담의 개념

상담이란 내담자가 자신과 환경을 의미 있게 이해하는 과정을 통하여 자신의 성장과 발달을 촉진하는 것을 목표로 하고 있다. 따라서 상담은 상담자와 내담자 간에 수용적이고 구조화된 관계를 형성하고 이러한 관계 속에서 내담자가 자기 자신과 환경에 대해 의미 있는 이해를 증진하도록 함으로써 내담자가 효율적으로 의사결정을 하고 여러 심리적인 특징을 긍정적인 방향으로 변화시키도록 도움을 주어 결과적으로 내담자의 성장과 발전을 촉진하는 심리적 조력의 과정이라 할 수 있다.

2. 상담의 진행과정

학교환경 내에서 대부분의 상담은 어떤 의미에 있어서는 최초의 면담이다. 그러므로 학교상담자는 최초의 상담에 있어서 특별히 숙련되어야 한다. 학교상담의 기본 절차는 아래와 같다(공석영, 1998: 113).

가. 면담을 위한 준비

카운슬링은 카운슬러가 학생에 관한 자료를 준비하지 않는 한 효과를 거두기 어렵다.

그러므로 카운슬러는 학생에 대한 환경적 자료를 검토할 필요가 있다.

나. 상담의 구조화

상담과정에서 지켜야 할 책임과 의무, 비밀보장, 상담시간 등에 관하여 상담자와 내담자가 서로 의견교환을 하고 약속한다.

다. 목표설정

훈련과 경험의 산물로서 카운슬러는 상담의 목표를 인식하게 될 것이다. 이러한 목표는 자기의 전문적 가치체계와 인간발달을 개념 짓는 방법으로부터 온다.

라. 관계형성

카운슬러는 면담을 진행함으로써 설정해 놓은 관계를 계속적으로 형성해야 한다. 상담의 초기과정으로 수용과 공감을 적절히 사용한다.

마. 학생의 호소문제 돕기

카운슬러는 자발성과 감수성에 의존하면서 학생들이 자기의 감정을 표현하도록 돕고, 학생이 경험하고 있는 곤란성을 이해하고, 인식하지 못하고 있는 감정과 수락된 곤란성을 가진 감정을 돕는 데 자발성과 감수성을 활용하여야 한다.

바. 면담의 종료

다음 상담을 위한 계획을 세운다. '언제, 어디서, 다른 전문가에게 위촉(referral)할 것인가, 검사가 필요한가, 다른 정보가 부가되어야 하는가?' 등에 대한 검토를 한다.

사. 사후지도계획

카운슬러는 상담의 내용을 기록하고 상담 종결 이후에 대한 시도를 계획한다.

제 4 절 상담이론

1. 정신분석적 상담이론

정신분석이론은 프로이드에 의해 시작되었으며 그의 이론은 인간행동의 기초가 되는 성격형성을 설명하는 이론이다. 정신분석이론은 인간의 정신을 탐구하는 하나의 방법인 동시에 인간의 정신을 치료하는 치료기법이다.

가. 기본 철학

인간행동의 기본 동기를 성적 에너지에 두고 무의식, 어린 시절의 경험, 성, 공격성 등을 강조한다. 인간의 성격은 본능, 자아, 초자아로 구성되는 성격구조에 의해 적절히 균형을 이루게 되는데, 만일 이 세 가지 구조가 균형을 이루지 못하고 갈등이 일어날 때, 이를 억압하여 무의식 속에 저장하게 되면 이러한 갈등은 점점 증대되어 이후에 정서적 장애나 신경증적 질환으로 발전하게 된다. 정신분석에서는 유년기 및 아동기의 경험이 성격을 형성하며, 어린 시절의 미해결된 욕구와 억압받았던 경험 등이 무의식에 내재해 있다가 훗날 문제행동으로 나타난다고 보고, 정신분석 상담에서는 어릴 적 갈등과 욕구불만이 내재되어 있는 무의식을 의식화시킴으로써 내담자들이 자신의 무의식에 대해 통찰할 수 있도록 한다.

나. 치료목표

내담자로 하여금 자신의 행동의 동기를 각성, 통찰할 수 있어서 의식수준에서 행동할 수 있게 도우려는 것이다. 이를 위하여 첫째, 무의식을 의식화하고 둘째, 자아를 강하게 하여 행동이 본능의 요구보다는 현실에 바탕을 두도록 한다.

다. 상담자의 기능과 역할

상담자는 거의 자기노출을 하지 않고 중립성을 유지하며, 전이관계를 촉진시킨다. 상담자는 환자와 상담관계를 형성해야 하며, 많은 경청과 해석을 한다. 그들은 환자의 저항에 특히 주목한다. 내담자가 대부분의 말을 하고 그들은 경청하고 해석하고 적절한 해석을 할 시기를 결정한다. 해석의 주된 기능은 무의식적 자료를 파헤쳐 가는 과정을 촉진시키는 것이다. 그들은 내담자의 말의 차이나 불일치를 감지하고 보고된 꿈과 자유연상의 의미를 추론하고, 치료과정 동안 주의 깊게 관찰하고, 자신에 대한 내담자의 느낌의 단서에 민감해야 한다.

라. 치료기법

정신분석에서 사용되는 기법은 무의식을 의식화시킬 수 있는 것들이다. 무의식에의 접근은 자아가 통찰과 새로운 것을 동기화 할 수 있도록 해 준다.

- **자유연상**(free association): 자유연상은 무의식에 있는 생각과 갈등을 의식수준으로 표출시키기 위해 사용되는 기법이다. 내담자로 하여금 마음 속에 떠오르는 것이면 무엇이든지 말하도록 하는 것이다. 이러한 과정을 통하여 내담자는 과거의 충격적인 상황에서 느꼈던 감정을 발산하게 되고 상담자는 정서적 문제에 대한 무의식적 동기나 원인이 되는 단서를 찾을 수 있게 된다.
- **정화**(catharsis): 무의식 속 깊이 묻혀 있던 억압된 생각과 경험을 표현하게 되면, 억눌려 있던 감정이 발산되어 마음이 편안해지고 안정을 찾게 된다.
- **꿈의 해석**(dream analysis): 꿈이란 무의식에 이르는 지름길이다. 잠자는 동안 방어가 약해진 틈을 타 무의식에 억압된 욕구들이 왜곡되거나 상징화되어 위장된 모습으로 나타난다. 상담자는 꿈 분석을 통하여 내담자의 억압되고, 잠재된 무의식적 욕구를 통찰할 수 있게 돕는다.
- **통찰**(insight): 심리적 문제를 가진 사람은 대체로 무의식 속에 어떠한 갈등과 고통스런 동기를 가지고 있다. 통찰은 무의식 속에 숨겨진 것들의 의미를 정확하게 파악하여 내담자에게 그 의미를 이해하도록 하는 것이다. 통찰이란 자신의 부적응 행동의 원인을 이해함과 동시에 문제해결을 위해서는 여러 가지 방법이 있음을 이해시키는 정신분석 상담의 핵심이 된다.
- **전이**(transference): 전이란 개인이 과거에 주요한 타인에게서 경험했던 감정, 갈등, 욕망 등을 현재 상황에서 반복하려는 경향에서 발전된다. 이때 내담자는 상담 장면에서 과거에 자신과 관계를 맺었던 중요한 인물에게 느꼈던 감정을 상담자에게 옮겨서 느끼는 것이다.

상담자는 내담자가 느끼는 감정이 무엇이며, 그의 감정이 현재 상담자와의 관계에서 생긴 것이 아니라 전에 그에게 일어났던 어떤 것을 반복하여 재현시키고 있음을 인식시키고, 그 감정을 통찰하도록 돕는다.

마. 공 헌

어떤 체계보다도 많은 탐색과 논쟁을 일으켰으며, 치료의 발달이나 치료에 대한 생각을 자극했다. 성격의 구조나 기능에 대해서 자세하고 포괄적으로 기술했다. 행동결정인자로서 무의식과 생후 5년 동안의 외상경험을 강조한다. 무의식을 의식으로 끌어올리는 여러 기법들을 발달시켰으며, 전이와 역전이, 저항, 불안, 자아 방어기제 등에 초점을 둔다.

2. 인간중심적 상담이론

인간중심 상담이론은 1940년대에 로저스(Carl Rogers)에 의해 최초로 주창되었으며, 현재도 계속 발전되고 있는 이론이다. 로저스는 처음에는 자신의 이론을 비지시적 상담이라고 불렀다가 곧 내담자중심 상담이라고 고쳐 불렀으나 후기에는 자신의 이론을 인간중심 상담이라고 부르게 되었다. 인간중심 상담이란 인간은 자신의 문제를 해결할 수 있는 내재적 능력을 갖고 있다는 로저스의 견해를 강조한 것이다.

가. 기본 철학

인간에 대해 긍정적인 관점을 가진다. 인간은 건설적, 긍정적, 수용적, 현실적인 존재이며, 인간은 실제 경험과 지각되는 경험 사이의 불일치로 혼란과 갈등을 겪게 된다. 건강한 사람은 자아개념과 경험의 불일치 없이 있는 그대로 인식하고 받아들인다. 또한 로저스는 프로이드처럼 과거에 매여 있지 않고 인간의 존재의 의미는 '여기와 지금(here and now)'에 있다고 본다.

로저스는 자아실현 경향을 성취하기 위하여 인간은 항상 노력하고 도전하고 어려움을 극복함으로써 진정한 한 개인이 되어가며, 자아실현은 완전한 최종단계라기보다는 능력있는 사람이 되는 하나의 과정으로서 인간은 항상 발전하고 성장할 수 있는 창조성이 있으며 그럴 수 있는 가능성이 잠재되어 있다고 보았다(이숙, 2005: 70). 인간의 성장 잠재력의 실현은 진실되고 무비판적 이해와 수용을 경험하는 인간관계 속에서 발휘될 수 있다고 보았다.

나. 치료목표

인간중심이론은 인간에게 초점이 있지 인간의 문제에 초점이 있는 것이 아니다. 그러므로 치료목표는 단순히 문제를 해결하는 것에 있지 않고 그들이 현재 직면하고 있는 문제들과 앞으로의 문제들을 극복할 수 있도록 그들의 성장을 도와주는 것이다. 이러한 목표를 위해 상담자는 내담자가 자기 탐색을 할 수 있는 안전한 환경을 만들어 줌으로써, 그들이 이전에 부정하거나 왜곡했던 자기의 제 측면을 경험할 수 있도록 하고 자기개방, 자기신뢰, 발전의지, 자발성을 발전시킬 수 있게 한다.

다. 상담자의 기능과 역할

인간중심치료자의 역할은 내담자가 어떤 것을 하게 하기 위하여 계획된 기법보다는 치료자의 태도가 내담자의 변화를 촉진시킨다는 것을 염두에 두고, 과정이 계속되는 동안 내담자가 성장하도록 도울 수 있는 분위기를 조성한다. 그리하여 내담자들이 지금까지 인식하기를 거부하거나 또는 왜곡시켰던 그들의 생활영역을 탐색하는 데 필요한 자유를 경험하게 하는 조력관계를 창출하게 되며, 내담자는 덜 방어적이 되고 자신과 세계에 대해 더 개방적이 된다.

라. 치료기법

기법을 별로 사용하지 않으며, 치료자의 태도를 중시한다. 기본적 방법에는 진실함, 적극적 경청, 감정반영, 거기에 존재해 주는 것 등이다.

- 일치(진실성): 상담자가 내담자와의 관계에서 '순간' 경험하는 자신의 감정이나 태도를 있는 그대로 솔직하게 인정하고, 경우에 따라서는 솔직하게 표현하는 태도를 말한다. 상담자가 진실한 태도를 일관되게 유지하면 내담자도 자신의 경험에 대한 진실한 접촉을 통해 내담자의 자아와 경험간의 불일치를 줄일 수 있게 된다.
- 무조건적 긍정적 존중: 내담자를 아무런 전제나 조건을 달지 않고 한 인간으로서 있는 모습 그대로 수용하고 긍정적인 존재로 대하는 것이다. 이것은 "네가 ~하기 때문에 "가 아니라 "언제나 너를"이라는 태도이다. 상담자나 교사도 인간이기 때문에 문제를

일으키는 학생들을 무조건적으로 수용하기는 힘들다. 이럴 때 그 학생의 행동 중 먼저 수용할 만한 것이 없는지를 살핀다. 예를 들어 지각을 한 학생의 경우 지각을 하는 것은 수용하기 힘들지만 죄송해 하는 모습을 보인다면 그것부터 인정하고 받아들여 주면 학생들도 자신을 인정해 주고 존중해 준다는 것을 느끼게 되고 행동변화를 위해 노력하게 될 것이다.

- 공　감: 공감적 이해란 상담자가 내담자의 감정에 빠져들지 않으면서 내담자의 감정을 자신의 감정인 것처럼 느끼는 것이다. 현재 내담자의 내면적 감정을 마치 상담자 자신의 감정인 것처럼 느낀다. 몸은 둘이지만 감정은 하나인 것과 같다. 비록 자신의 감정이지만 그 의미가 제대로 이해되지 않았던 내담자가 자신에 대한 진정한 경험과 접촉을 확대시켜 나가도록 해 준다. 공감적 이해를 잘하기 위해서는 적극적 경청을 하는 것이 중요하다. 잘 들어야만 내담자의 감정을 정확히 짚어낼 수 있다.

마. 공　헌

내담자가 적극적 입장을 취하고, 치료의 방향에 대해 책임을 가지도록 하는 점이 독특한 공헌이다. 경험적 검증을 통해 이론이나 방법을 수정하였다. 즉 개방적 체제이다. 기본 개념이 단순하여 이해하거나 적용하기가 쉽다. 모든 치료에 적용되는 신뢰로운 관계형성의 기초가 된다.

정신분석적 아동상담처럼 인간중심 아동상담 또한 상담과정에 부모를 참여시킨다. 상담자는 부모도 아동에게 했던 것처럼 수용해 준다. 아동의 문제가 부모-자녀관계의 맥락에서 일어나기 때문에 부모들에게도 아동과 같은 도움이 필요하다고 본다. 거의 모든 부모가 자신의 아동의 문제와 관련이 있다는 인식을 하고 아이를 돕기를 원하고 있기 때문에 부모 참여는 상담에 많은 도움을 준다. 그러나 부모 참여의 정도는 아동의 연령, 아동의 문제에 따라 다양해질 수 있다.

3. 행동주의적 상담이론

행동주의 상담은 심리학의 학습이론에 근거를 두고 있다. 행동수정, 행동치료는 행동에 중점을 두는 상담자에 의해 활용되는 개입을 지칭하며 종종 혼용되어 사용된다. 하지만 엄밀히 말하면 행동수정은 조작적 조건화 과정을 말하며 행동치료는 전형적으로 고전적 조건화 과정을 말한다. 그러나 일반적으로 행동주의 아동상담이란 일상의 발달적 문제에 대처하는 아동의 능력을 향상시키기 위해 바람직한 행동은 계속 유지, 증진시키고, 바람직하지 않은 행동은 감소시켜 감으로써 아동의 행동을 변화시키고자 하는 행동주의 개념과 기법을 상담에 조직적으로 적용하는 것을 말한다.

가. 기본 철학

① **인간의 모든 행동은 학습된다:** 학습은 외부, 내부에서 오는 자극에 대한 반응이 서로 연합되거나 특정 반응이 강화되거나 혹은 타인의 행동을 모방하여 이루어진다.

② **학습된 모든 행동은 소거될 수 있다:** 행동은 연합, 강화, 모방을 통해 학습되었으므로 이것들을 사용하지 않거나 변화시킴으로써 소거될 수 있다.

③ **한 상황에서 학습된 효과는 다른 상황으로 전이된다:** 상황이 유사할수록 전이가 잘 일어나는데 전통적인 학습이론에서는 이를 일반화로 설명한다.

④ **운동반응뿐 아니라 사고도 학습된다:** 정서반응도 학습된 것이므로 학습원리에 따른다. 즉, 강화되고 다른 상황으로 일반화되거나 소거될 수 있다.

인간의 행동은 학습된 것이기 때문에 어느 행동을 버리고 대신 새로운 행동을 학습할 수 있다. 바람직한 행동을 학습시키고 학습된 바람직하지 못한 행동을 소거시키는 것이 행동주의 상담의 관심사이다.

나. 치료목표

일반적으로 부적응 행동을 없애고, 효과적인 행동을 가르치는 것. 행동에 영향을 미치는 요인에 초점을 두며, 문제행동을 없앨 수 있는 방법을 찾는 것. 치료목표의 설정이나 목표도달 평가에 내담자가 능동적 역할을 한다.

다. 상담자의 기능과 역할

내담자가 주는 단서에 주목하고 요약, 반영, 명료화, 개방형 질문을 사용한다. 그들은 구체적인 것에 초점을 두고, 체계적으로 문제행동이 일어난 상황, 문제행동, 문제의 결과에 대한 정보를 얻으려고 한다.

라. 치료기법

중요기법으로는 체계적 둔감화, 이완법, 강화기법, 모방, 인지 재구성, 자기표현훈련이나 사회적 기술훈련, 행동시연 등이 있다. 치료계획을 세우기 위해 초기에 진단이나 평가를 하고, 필요에 따라 계약이나 숙제를 제시하기도 한다.

① 체계적 둔감법

바람직하지 못한 행동과 마찬가지로 바람직하지 못한 정서반응도 변화시킬 수 있다. 두려움이나 공포증과 같은 정서반응을 변화시키려면 탈 조건화나 혐오자극에 대한 새로운 반응을 학습되도록 한다. 체계적 둔감법은 월페(Wolpe)에 의해 개발된 방법으로 탈 조건형성 수단으로 이론을 통하여 불안을 감소시키는 점진적으로 체계적으로 제시하면 불안이 제거되는 방법이다. 이 기법에는 근육이완법을 함께 사용한다.

- 이완훈련: 근육이 이완된 상태에서는 불안이 일어나지 않는다는 원리에 따라 주로 공포나 불안을 제거하기 위하여 사용된다. 근육이완 훈련은 손과 팔의 근육의 긴장을 이완시키는 것에서 시작하여, 머리, 어깨와 목, 가슴과 몸통, 다리의 순서로 진행된다. 근육이완을 시킨 후에는 이완상태에서 작성된 불안위계에 따라 불안을 가장 적게 유발하는 자극에서부터 차례대로 제시한다. 불안을 유발하는 자극은 실물이나 실제적인 상황으로 이루어질 수 있으나 보통 상상에 의한 자극을 약 20초 동안 연상시킨 후 불안을 느끼지 않게 되면 그 다음 순위의 불안장면을 연상하여 불안에 대해 점차적으로 둔감하게 하는 것이다.
- 불안위계표작성: 공포나 불안을 일으키는 장면들에 대해 주관적인 불안검사를 실시한 다음, 가장 불안한 상태를 0으로 하고 점차 이완된 상태로 점수를 주어 순서대로 표를 만든다. 위계순서는 내담자에 따라 달라질 수 있다.

시험불안에 대한 위계화 목록의 예

a. 시험 날짜와 시간이 발표되는 날

b. 시험 치기 사흘 전

c. 시험 치기 하루 전

d. 시험 치기 전날 밤
e. 시험지를 나누어 줄 때
f. 시험지를 받아 문제를 풀 때
g. 시험 치는 날 학교에 도착했을 때

② 탈 조건화

탈 조건화는 약한 혐오자극을 강하고 좋은 자극과 짝지어 혐오자극에 의해서 일어난 불안을 극복하는 과정이다. 우리가 알고 있는 Albert의 공포증 치료는 탈 조건화의 대표적인 예이다. 예를 들어 애완견을 싫어하는 아동에게 애완견과 좋아하는 아이스크림을 함께 주는 방법이다. 만약, 아이스크림으로 충분히 보상이 되면 애완견으로 인해 일어나는 불안이 줄어들게 된다.

③ 혐오치료

인간의 행동 중에는 장기적으로는 좋지 않은 결과를 가져오더라도 즉각적으로는 너무 큰 만족감 때문에 쉽게 제거되지 않는 특징이 있다.

알코올 중독, 지나친 흡연, 과식 등이 이러한 행동의 예이다. 따라서 이러한 행동을 변화시키기 위해서는 그 행동의 결과로 유발되었던 즉각적인 만족을 고통스런 혹은 혐오스런 성질의 것으로 바꾸는 것이다. 부정적인 속성과 반복적으로 연결시킨 행동은 점차 부정적인 속성을 띠게 되어 점차 멀리하게 된다. 예를 들어 금연 교실에서 폐암에 걸린 환자의 폐를 슬라이드로 보여주어 담배와 혐오스러운 폐를 연합시키는 것이다.

④ 행동수정

- 정적 강화: 바람직한 목표행동을 했을 때 긍정적인 사건을 출현시켜 목표행동의 빈도를 증가시키는 것으로 행동주의 상담에서 가장 빈번히 사용되는 방법이다. 유치원에서 친구들과 놀지 않고 교사에게만 관심을 끌려고 하는 아동을 한 예로 들어보자. 교사가 아이에게 보인 관심이 교사에게만 관심을 끌려는 아동의 행동을 강화시켰을 수 있다. 이 아동의 경우 혼자 놀거나 교사에게 관심을 끌려는 행동을 할 때는 어떠한 관심도 주지 않고, 그 아동이 어떠한 형태로든 친구에게 다가가는 사회적 행동을 보일 때만 관심을 보여 준다면 점차 친구에게 다가가는 행동이 증가할 것이다. 또래에게 다가가는 행

동에 대해 교사가 관심을 보이는 것이 바로 정적 강화이다.

- **부적 강화:** 정적 강화가 바람직한 행동을 했을 때 긍정적 사건을 출현시키는 것에 반해 부적 강화란 목표했던 바람직한 행동을 했을 때 아동이 싫어하는 자극을 제거해 주는 것이다. 부적 강화는 지속적인 정적 강화로 긍정적 보상물이 효과가 없을 때 활용할 수 있는 방법이다. 예를 들어 학교 등교 전에 방을 깨끗이 정리하면 아동이 싫어하는 수학 학습지의 분량을 줄여주는 것을 말한다.

마. 공 헌

평가기법을 강조하므로 치료 실제를 설명할 수 있다. 구체적 문제를 규명하고, 목표에 대한 진전을 계속 내담자에게 알려 준다. 인간기능의 다양한 영역에서 효과가 있음이 입증되었다. 치료자는 분명히 강화자, 모델, 교사, 조언자의 역할을 한다. 행동주의 상담은 어떤 면에서는 분명하고도 체계적인 상담과정을 제공하기 때문에 기법에 대한 경험이 별로 없는 사람들도 상담자에 의해 설계된 치료프로그램을 실행할 수 있다는 장점이 있다. 이러한 측면에서 아동상담 과정 중에 부모를 행동주의 상담자로 훈련시켜 부모를 통한 행동수정이 부모교육의 활동으로 이루어지는 경우가 있으며 효과도 긍정적이라는 평가를 받고 있다.

제 5 절 문제행동과 지도

1. 문제행동의 유형

- **청소년 비행:** 시대와 사회, 학자에 따라 다양하게 정의되고 있으나 대체로 사회의 규범이나 학교의 규칙을 위반하는 행동을 일컫는다.
- **일탈행동:** 일탈행동은 사회에서 일반적으로 승인되고 허용되는 한계를 벗어난 행동, 즉 사회의 바람직한 가치규범에서 이탈되거나 상반되는 행동이 된다. 일탈행동에는 아부, 무책임, 불성실, 무관심, 불안 신경증, 꾀병부리기, 새치기, 속임수, 학업부진, 무단결석, 학생폭력, 자살 등의 행동이 포함된다. 일탈행동은 일반적으로 기대하는 규범이 없는 상태, 즉 아노미로서 사회해체현상을 가져오는 역기능적인 측면을 가지고 있지만, 기존의 사회규범을 재확인하고 강화시켜 예방의 효과를 가져 오게 하는 기능적인

측면도 있다.

- **문제행동:** 문제행동은 다른 사람이나 사회에 나쁜 영향을 주는 바람직하지 못한 행동으로서 가정, 직장, 지역 등에서 금지되고 비난받는 행위를 말한다. 문제행동은 비사회적 행위와 반사회적 행위로 나눌 수 있다. 비사회적 행위에는 불안장애, 강박증, 사회공포증, 등교 거부증, 흡연, 음주, 가출, 약물남용, 자살 등이 있다. 비사회적 행위는 직접 사회에 영향을 미치지는 않지만 당사자의 건강을 비롯하여 정서 및 성격발달 그리고 생활상에 큰 문제를 일으킨다. 반사회적 행위에는 공갈, 협박, 불량서클가입, 기물 파손, 도박, 절도, 강도, 폭행, 살인 등의 여러 형태의 비행이 포함된다. 이러한 반사회적 행위는 법률이나 사회규범에 반대되는 행동으로 타인과 사회에 직접적인 해를 끼치는 행위를 말한다(한상철 등, 2004: 447).

2. 문제행동의 원인

청소년 문제행동의 원인을 정리하면 다음과 같다(임창재, 2005: 381).

첫째, 사회기능의 복잡화로 인해 올바른 인격형성을 할 수 없고 급격한 사회변동과정에서 사회의 가치체계가 혼란해졌으며, 문화의 단절현상이 빚어짐에 따라 가족, 친구, 학교, 청소년단체, 대중매체와 같은 사회화기관들이 제시하는 역할 모형이 서로 상치하여 자아정체감 형성에 혼란을 주고 있다.

또 핵가족화 경향이 두드러졌고, 여성의 직장진출, 부권의 상실, 모성애의 결핍, 부부간의 불화와 갈등, 별거와 이혼, 무관심과 불간섭, 자유방임적 태도는 결국 폭언, 폭행, 살인, 약물의 복용, 부녀자 성폭행 등의 행동을 유발하게 된다.

둘째, 경제적 성장과 함께 교육열이 지나치게 높아지고 고학력 현상이 나타났으며 경쟁에서 이기기 위해 수단과 방법을 가리지 않는 태도가 늘었다. 지나친 기대에 부응하지 못하고 실패할 경우 좌절감과 죄책감은 자기존재의 의미마저 잃어버리게 되어 삐뚤어진 성격으로 반사회적 범죄행위나 일탈행위를 하게 된다.

셋째, TV, 영화 등 각종 오락물의 범람은 현대인을 감각적이게 하고 이런 자극물들에 만성화되어 좀 더 강한 자극을 요구하게 된다. 영화도 웬만큼 잔인한 내용이 아니고는 흥미를 못 느낄 정도가 되었으며 만연된 음란 비디오물은 성적인 자극을 불러 성폭행, 미혼모 문제 등 심각한 양상으로 범죄가 잔인하며 포악해져 간다.

넷째, 1960년 이후의 급격한 산업화에 따른 지나친 경쟁사회의 전개는 많은 사람들을 사회의 응집성을 약화시킬 정도로 심한 경쟁 속으로 몰아넣었고 경쟁에 실패하는 사람에게 돌아갈 온전한 자리나 이를 극복할 마음의 여유가 없게 되었다.

사회가 전반적으로 어려울수록 이에 맞서 싸우며 살아 나가려는 의지가 강해지나 경제적으로 안락하고 잘 살수록 내적 갈등은 오히려 심해지고 상대적 박탈감도 더 강하게 작용하여 청소년들의 병리적 행동과 자살률은 갈수록 늘어난다.

3. 예방지도

청소년 문제행동에 대한 지도는 치료보다도 예방에 보다 중점을 두는 것이 중요하다. 여기서는 청소년 비행을 올바르게 예방지도하는 데 있어서 고려해야 할 몇 가지 사항에 대하여 살펴보고자 한다(한상철 등, 2004: 463-467; 박진규, 2004: 188-189).

첫째, 청소년들이 쉽게 저지르기 쉬운 청소년 비행에 대한 예방교육을 철저히 실시하여야 한다. 청소년들이 잘못된 의견을 가지고 있을 경우에 정확하게 수정해 주어야 하고 실제 그 전조를 가지고 있는지 잘 관찰하여 도움을 주어야 한다. 청소년 비행 예방교육은 학교교육과정 안에 포함되어 전문적이고 체계적으로 실시되어야 하고 관계전문가나 전문조직 등 지역사회 자원을 활용하여 학교와 일반사회가 함께 청소년 비행 문제를 풀어나가는 양면적 접근이 이루어져야 한다.

둘째, 청소년의 발달적 특성에 대한 정확한 지식과 이해를 가지고 청소년의 입장에서 지도하여야 한다. 청소년 개개인의 인격을 존중하고 그들의 자유, 개싱, 책임, 잠재능력 등을 인정하여 긍정적이고 건전한 삶의 가치관을 가지고 자신의 생활에 적극적으로 그리고 자율적으로 임할 수 있도록 지도하여야 한다.

셋째, 청소년과 서로 입장을 바꾸어서 서로 격의 없는 대화를 서슴없이 나눌 수 있는 분위기 조성이 필요하다. 대화는 청소년들의 갈등과 고민을 해소시켜 올바른 가치관을 정립시켜 줄 수 있는 가장 효과적인 지도방법이 된다. 청소년들은 자신을 충분히 이해해 주는 사람에게 자신의 성격, 학업문제, 이성문제 등의 고민이나 걱정거리를 이야기하는 것만으로도 자신의 욕구불만을 상당히 해소하여 심리적 안정감을 가질 수 있기 때문이다.

넷째, 청소년들의 다양한 욕구를 건전한 방향으로 발산시켜 줄 수 있는 기회를 마련해 주어야 한다. 특히 바람직한 여가선용을 통하여 청소년들의 긴장이나 불안을 해소하여 청소년들의 정신적 · 신체적 건강을 유지할 수 있도록 도와주어야 한다.

다섯째, 청소년 문제나 비행의 지도는 장기적인 계획 아래 청소년들의 반응을 잘 관찰하면서 단계적으로 꾸준히 이루어져야 한다. 특히 비행의 문제성은 결과보다는 행동을 일으키게 된 원인이 되는 상황적인 제 요인들을 고려하여 다각적으로 분석하고 판단하여야 한다. 청소년 비행은 그 유형뿐만 아니라 원인이나 대상이 매우 다양하기 때문에 어떤 획일적이고 고정된 방법이 아니라 각 사례별로 그 독특한 상황에 따라 적절한 지도방법이 융통성있게 적용되어야 한다.

토의주제

1. 학교현장에서 생활지도 및 상담의 중요성이 증대되고 점차 그 활용범위가 넓어지고 있다. 그런데 그 필요성에 비해 실질적인 도움을 주지 못하는 이유와 앞으로의 개선점에 관하여 토론해 보자.

2. 인본주의 상담이론의 상담기법을 구체적으로 설명하고 현장에서 어떻게 활용될 수 있는지 토론해 보자.

3. 학생들이 주로 많이 가지는 스트레스와 문제유형을 조사하고, 도움 방안에 관하여 토론해 보자.

4. 상담교사의 자질 및 윤리적 태도에 관하여 토론해 보자.

5. 인터넷에서 활용되는 상담사이트를 조사하고, 인터넷 상담의 유용성, 문제점, 활용방안에 관하여 토론해 보자.

CHAPTER

11

교직과 교사의 이해

1. 교직을 보는 관점
2. 교사의 역할과 직무
3. 교사의 자질과 교사발달

학습목표

☞ 교직관의 의미가 무엇인지 이해한다.

☞ 교직관의 종류와 각각의 특징은 무엇인지 이해한다.

☞ 교사의 역할에는 무엇이 있는지 이해한다.

☞ 미래 교사의 바람직한 자질은 무엇인지 이해한다.

☞ 교사의 전문성 발달을 위해서는 어떠한 노력이 필요한지 알고 실천한다.

미리보기

1. 교직을 바라보는 교직관에는 성직관, 노동직관, 전문직관으로 대별할 수 있다.
2. 교사의 역할은 규범적 역할과 실제적 역할로 이해할 수 있다.
3. 교사의 전문성은 현직연수, 장학, 자기주도적 노력 등을 통해 개발될 수 있다.
4. 바람직한 교사상은 주어진 것이 아니라 계속적인 자기수련 과정 속에서 구성되어야 한다.

11

교직과 교사의 이해

제 1 절 교직을 보는 관점

교직을 보는 관점은 성직관, 노동직관, 전문직관으로 논의되어 왔다. 이 세 가지 관점은 교직의 성격을 규정하는 독특한 방식들이라고 할 수 있는데 시대 변천에 따라 사회적 · 역사적 맥락과 궤를 같이 하고 있어 각각의 강조점이 다르다.

1. 성 직 관

일반적으로 카톨릭 교회의 신부, 기독교의 목사, 불교의 승려와 같은 종교적 직분을 성직(聖職)이라고 부른다. 그들의 직분은 세속적인 것과는 다르게 신성하거나 거룩한 것으로서 세속적 타락으로부터 인류를 구원하는 것이 본질적 임무이다.

서양 중세의 경우 교육이 교회를 중심으로 행해졌고 성직자들이 교직을 수행해 왔으며 공교육제도가 확립되기 전, 교육의 상당 부뷴을 교회가 수행해 오던 전통에서 교직을 성직으로 보는 것은 자연스런 관점이었다. 그래서 교육은 타락한 영혼을 구원하는 역할로 인식되었고 그 역할을 수행하는 사람은 신의 부르심 즉 소명(召命: calling)을 받은 사람이라고 여겨졌다. 오늘날 공교육체제 속에서도 미션스쿨(mission school)이 운영되고 있는데 대개 그 학교들의 책임자들은 신부, 목사, 승려가 맡고 교사들도 같은 종교적 신념을 갖는 사람들이다.

동양에서는 유교적 전통 속에서 교직관이 형성되어 왔다. 유교적 전통에서 교육은 공자가 말한 군자삼락(君子三樂) 중 하나였다. "천하의 영재를 얻어 가르치는 일"이야말로 군자가 누리는 기쁨 중 하나였던 것이다. 또 "군사부일체(君師父一體)"라는 말이 있는데 백성을 다스리는 군주와 나를 낳아 길러주신 부모와 나를 가르쳐 주시는 스승이 같은 반열에 위치하고 있다. 이러한 맥락에서 "스승의 그림자는 밟지도 않는다"는 말이 생겨났으며 가르치는 일이야말로 지고지순한 가치를 지닌 신성한 일이었다.

동서양을 막론하고 성직관으로서 교직관은 세속적인 욕망보다는 사랑, 희생, 봉사, 도덕 등의 윤리적 규범이 강조된다. 이 교직관은 인류와 사회의 건전한 발전을 위하여 국가와 사회의 가치를 유지하고 윤리적 타락으로부터 인류를 구원하는 것을 이상으로 삼는다. 따라서 이러한 숭고한 일을 하는 데 있어 물질적 보상이나 세속적 욕망은 이상적 가치를 실현하는 데에 비해 중요한 것이 못된다.

2. 노동직관

노동직관은 교직을 수행하는 사람들의 일을 하나의 노동(勞動)으로 보는 관점이다. 성직관이 교직의 가치와 사명에 강조점을 둔 반면에 노동직관은 교사의 권리와 근로조건에 관심을 일깨운다. 교사도 한 인간이기 때문에 세속적 욕망을 누릴 권리가 있다고 주장함으로써 다른 직업들과 구분할 명분이 없다는 관점이다. 즉 노동의 목적 중 하나는 삶을 영위하는 데 필요한 재화를 획득하는 것이고 교사도 하나의 노동자라고 보는 것이다.

교직을 노동직으로 보는 관점은 마르크스의 노동관과 관련 있다. 물질적 생산체제가 모든 사회체제를 지배한다는 관점은 더 이상 정신노동과 육체노동을 구분할 여지가 없게 만들었다. 정신노동으로서의 교직도 노동의 일종인 것이다. 인간과 인간의 관계 역시 생산과정 속의 물질적 요소들을 매개로 이루어지는 것임을 나타낸다. 이러한 시각에서 교사의 노동은 물질적 가치로 환산될 수 있고 그들의 노동조건은 교사의 권리 차원으로 이해될 수 있다.

교사의 권익과 노동조건에 대한 관심은 교원단체를 형성시켰다. 미국의 경우 NEA와 AFT가 주요 교원단체이고, 우리의 경우 한국교총(한국교원단체총연합회)과 전교조(전국교직원노동조합) 등이 조직 · 운영되고 있다. 한국교총은 교육기본법 제15조에 설립근거를 두고 있고, 노동조합이 아닌 전문적 단체이다. 한편 전교조는 1999년에 제정된 '교원의 노동조합 설립 및 운영 등에 관한 법률'에 근거를 두고 있는데, 이 법률에 따르면, 교원노조는 조합원의 임금, 근무조건, 후생복지 등 경제적 · 사회적 지위향상에 관한 사항에 대하여 교육과학기술부장관, 시 · 도교육감 또는 사립학교를 설립 · 운영하는 자와 교섭 및 단체협약 체결권한을 가진다. 단, 교원의 노동조합은 일체의 정치활동을 하여서는 아니 되며, 노동조합과 그 조합원은 파업 · 태업, 기타 업무의 정상적인 운영을 저해하는 일체의 쟁의행위를 하여서는 아니 된다고 규정하고 있다.

교직관으로서 노동직관은 교사의 현실적 관심사인 노동조건 향상에 이바지하였다. 교원노조의 합법화 과정에서 정부와의 마찰이 있었고 교직을 노동직화 하는 것에 대한 사회 일반의 비판도 있었지만, 노동자로서의 교사의 권리가 법적으로 구체화되었다는 점에서 긍정적 가치가 있다고 볼 수 있다.

3. 전문직관

오늘날 교직에 대한 관점은 대개 전문직관을 중심으로 논의된다. 이 관점은 교직을 전문성의 차원에서 바라보는 것이다. 일반적으로 전문직은 특정한 자격과 자질을 갖춰야 임할 수 있는 일을 말한다. 예를 들어, 의사 · 변호사 · 판사 등과 같이 특정 영역에 대한 전문적 식견이 뒷받침 될 때, 그리고 도덕적 책임감이 뒤따를 때 그 일을 원만히 수행할 수 있다고 보는 것이다.

교직을 전문직으로 볼 수 있는지에 대한 논의는 주로 리버만(Liberman, 1960: 25)이 제시한 전문직의 조건에 비추어 판단되고 있다. 그는 전문직의 조건으로 7가지 사항을 다음과 같이 들고 있다. ① 독자적이고 분명한 사회 봉사적 책임의 기능을 하는가, ② 직무수행에 있어서 고도의 지적 기능이 필요한가, ③ 장기간의 준비교육을 요하는가, ④ 개인적 · 집단적인 자율권이 광범위하게 행사되는가, ⑤ 자율권의 범위 내에서 행사한 행동과 판단에 대한 책임감을 갖는가, ⑥ 자율조직을 운영하는가, ⑦ 경제적 보수보다 봉사가 우선되는가이다.

위에 나열한 전문직 준거에 비추어 보면, 오늘날의 교사가 전문직으로 간주될 수 있는가는 논의의 여지가 있다. 우선 장기간의 준비교육이라는 측면에서, 장기간이라는 말은 상대적인 기준이다. 우리나라의 경우 대개 교육대학과 사범대학에서 4년간의 교사교육을 거쳐 교사자격을 획득하고 있으나 고등교육이 대중화된 사회에서 4년간의 교직 준비기간이 전문직의 준비기간으로 충분한지는 다른 전문직종의 준비과정과 비교하여 판단할 필요가 있을 것이다. 즉 지식기반사회에서 교직 전문성 확보를 위해 양성체제와 준비교육 기간에 대한 논의가 이루어져야 할 것으로 보인다.

자율권의 범위와 관련하여 교직이 전문직인지도 논의될 수 있다. 교사는 법적으로 정치행위와 관련된 일에 제한을 받고 있고, 교육과정 편성과 운영에도 법적 제한이 뒤따른다. 에찌오니(Etzioni, 1969; Ornstein & Levine, 2000: 39에서 재인용)는 법률과 의학과 같은 전문직에 비해 자율성과 사회적 위신 등에서 교직이 뒤쳐져 있다는 점을 들어 "준전문직(semiprofession)" 혹은 "떠오르는 전문직(emerging profession)"으로 간주하였다. 따라서 교직을 완전한 의미의 전문직으로 자리매김하기 위해 어떤 특성이 강화되어야 하는지에 대한 연구와 정책적 개발이 뒷받침되어야 할 것이다.

4. 교직관의 통합적 이해

교직관은 교직의 특성 중 어떤 측면을 강조하느냐에 따라 그 이름이 달라진다는 것을 보았다. 따라서 앞에서 살펴본 세 가지 교직관은 상호 배타적인 관점이라기보다는 강조점의 차이라고 보아야 할 것이다. 그리고 세 가지 관점은 시대적 흐름과 상황에 따라 강조점이 달라졌다는 것을 보여 주고 교직관에 대한 인식이 확장되는 과정을 드러내고 있다. 즉 성직관은 가장 전통적인 시각을 반영하는 것이고 노동직관은 노동에 대한 인식 변화와 함께 교사의 권리와 노동조건에 대한 새로운 인식에서 비롯된 것이며 전문직관은 노동의 전문직화에 따른 교직적 지식과 기술의 상대적 고도화에서 비롯된 것이라고 볼 수 있는 것이다.

지식기반사회로 일컬어지는 현대사회에서 교직관의 초점은 전문직관에 모아지고 있다는 점을 주목해 보자. 사회적 역할과 분업이 세분화될수록 직업의 종류 또한 다양해진다. 과학기술이 발전하고 사회현상이 복잡해짐에 따라 특정 영역에 대한 전문적 지식과 기술이 다른 영역과의 차별성을 갖게 한다. 교직은 인간의 신체뿐만 아니라 정신생활과 관련된 활동이기 때문에 보다 과학적인 지식과 기술의 체계적인 적용이 강조되었다. 심리학과 사회학에서 밝혀진 인간에 대한 바른 이해를 바탕으로 효과적인 교수방법을 적용하기 위해서는 전문적 교육을 통해 최소한의 자격 요건을 갖추어야 한다.

교육적 행위는 가치의 문제와 연관되기 때문에 윤리적 활동이다. 교사의 모든 행위는 윤리적인 판단을 전제하고 있고 그 판단은 사적인 행위가 아니라 공적으로 인정된 전문적 행위이다. 교사가 준수해야 할 윤리적 행동 기준을 교원윤리강령으로 제정하고 있다는 점을 보아도 교직은 윤리적 측면이 중요함을 알 수 있다. 이러한 윤리적 측면은 교직이 봉사직임을 강조한다. 사회적 공복으로서 국가와 사회, 나아가 인류의 이상 실현을 위해 봉사하고 있는 것이다. 이러한 측면에서 볼 때 교직은 성직자들의 사회봉사와 헌신만큼이나 성직적 성격을 띤다. 인간에 대한 사랑과 인류 발전에 공헌하려는 자세 없이는 교직을 윤리적 직업으로 삼을 수 없을 것이다. 이런 점에서 성직관에서 강조하는 직업적 소명의식은 여전히 중요한 교직관의 요소가 되어야 한다.

전문직으로서 교직이 발전하기 위해서는 교사들의 전문성을 바탕으로 그들이 진정으로 노력해야 할 일에 전념할 수 있도록 교직활동에 필요한 제반 여건을 갖추어야 한다. 이런 점에서 교사들의 정당한 권익을 확보하는 일도 중요하겠다. 전통적 관례에 얽매여 교사가 누리는 권익이 주어진 것으로 생각하는 것은 옳지 않다. 교직의 사회적 공헌도에 비추어 교사 자신들의 정당한 권익을 보호하고 개선하려는 노력은 자신들의 권위와 생활조건에 대한 마땅한 주장으로 보는 것이 타당하다. 교사들의 근무조건과 삶의 조건 증진을 위해서는 건전한 교직단체가 육성되어야 하고 그들의 힘을 활용하여야 한다. 한편 교사 권익에 대한 주장은 사회적 협상의 결과로 나타날 것이기 때문에 교직의 사회적 공헌도가 더욱 중요해진다. 그러므로 교원들의 자율 규제를 통해 교직의 도덕성과 전문성을 고양시키는 일이 교사의 사회적 위신을 담보하는 원천이 될 것이다.

제 2 절 교사의 역할과 직무

1. 교사의 역할

사회적 지위나 위치에 따라 기대되는 역할이 있다. 교사라는 지위와 위치에 사회 일반이 기대하는 역할을 교사 역할이라고 한다. 교육을 실천하는 교사의 역할은 교육활동을 수행하는 과정에서 필요로 하는 자질, 능력, 지식, 기술, 태도, 가치관 등을 포괄하는 것이다(김이경, 2006). 그런데 교사 역할은 고정되어 있는 것이 아니라 사회변화에 따라 달라지며 교육개혁과 관련된 활동에서 중요한 관심 대상이 되어 왔다.

세계화, 다원화 사회로 지칭되는 지식기반사회에서 교육은 과거 어느 시대보다 더 중요한 역할과 책임을 부여받고 있다. 산업사회에서 교사는 학교라는 비교적 폐쇄적이고 고립된 환경에서 교과서라는 매체를 통해 자신들이 소유한 지식과 기능을 학생들에게 전수해 주고, 전수된 지식의 양으로 그들의 능력을 평가받아 왔다. 그러나 오늘날 교육 수요자들의 요구는 전통적 교사의 역할과 자질의 한계를 뛰어넘었고, 교사의 역할과 자질에 대한 논의가 활발하게 전개되었다.

교사의 역할과 자질에 대한 논의는 교육에 대한 관점, 교직에 대한 관점 등 철학적 입장에 따라 기대되는 바가 달라질 수 있다. 학교에서 교사가 하는 본질적 과업은 학생에 대한 교육활동이지만 교육철학, 교직관에 따라 교육방법이나 교육내용에 대한 강조에는 차이가 있다.

가. 교사의 규범적 역할

교사의 역할이 무엇이냐고 물으면 대부분의 사람들은 '학생을 가르치는 일'과 연관지어 말할 것이다. 교사라면 마땅히 해야 한다고 간주하는 역할이 교사의 규범적 역할인 것이다. 파케이와 하드캐슬(F. Parkay & B. Hardcastle, 1990)은 교사의 역할을 학생과의 관계를 중심으로 가르치는 역할, 그룹지도자로서의 역할, 학급교사로서의 역할, 상담자로서의 역할, 학교문화의 참여자로서의 역할, 평가자로서의 역할로 구분하였다. 그는 교사 역할을 "가르친다는 것"이 교사의 가장 보편적이고 본질적인 역할이라는 점을 강조하고 있다. 교사 역할에 대한 이러한 접근은 가장 전통적인 해석이면서 동시에 교사의 역할이 무엇인가에 대한 이상적인 설명이라 할 수 있다. 이러한 맥락에서 리들과 바텐버그(F. Reedle & W. Watenberg, 1974)는 학생과의 관계에서 심리적 역할, 예를 들어 학습 조력자, 훈육자, 불안 제거자, 집단 지도자, 부모 대리자 등에 초점을 두어 교사의 역할을 제시하였다. 또 풀리아스와 영(E. Pullias & J. Young, 1973)은 교사의 규범적 역할을 안내자, 교수자, 혁신자, 표본자, 탐색자, 상담자, 창조자, 권위자, 과업의 반복 수행자, 깨우쳐 주는 자, 조언자, 평가자 등으로 제시하였다.

규범적 측면에서 교사의 역할은 학생과의 상호작용 과정으로 좁혀지지만 교육현장에서 실제로 수행하는 역할은 보다 다양하다. 실제로 학교에서 교사들이 하고 있는 과업들을 조사해 보면 교사의 본질적 역할을 수행하는 것 이상으로 행정적 문서 처리, 학교행사의 주관, 학부모와 지역사회와의 관계 유지 등의 일들에 많은 시간을 보내고 있음을 알 수 있다(김경이 외, 2001).

나. 교사의 실제적 역할

교사는 학생에 대한 교육활동을 중심으로 다양한 역할을 수행한다. 인간관계를 중심으로 과업의 영역을 구분하면 학생과의 관계, 학교조직 구성원으로서의 관계, 지역사회와의 관계로 나눌 수 있다(김경이 외, 2001). 학교에서 교사 역할에 대한 연구에 의하면, 교사는 다음과 같은 영역에서 역할을 수행하고 있다(심진구, 1990).

- 교과학습지도
- 생활지도: 교내생활 및 안전지도, 문제 학생지도, 교도상담 진로지도
- 특활지도: 학생의 활동지도, 학급활동지도, 클럽활동지도
- 학급경영: 학적부, 생활기록부, 학급관리
- 학교경영: 학교경영, 법적장부의 정리, 학교시설 및 재정 관리, 직원연수, 교육행사 및 기타 자원의 관리활동(졸업식, 입학식, 각종 교내 외 학생지도 및 감독)
- 학교와 지역사회의 연계자적 측면의 역할과 직무

위와 같이 교사는 다양한 영역에서 역할을 수행하고 있으나 이러한 교사 역할 수행에 장애가 되는 요인이 있다. 2012년 기준 OECD 교육지표에 따르면 한국 교사들의 1인당 평균 학생 수는 초등학교 18.4명, 중학교 18.1명, 고등학교 15.4명으로 OECD 국가 평균보다 초등학교 3.1명, 중학교 4.6명, 고등학교 1.6명이 더 많다. 그리고 학급당 학생 수는 초등학교 25.2명, 중학교 33.4명으로 OECD 평균(초 21.3명, 중 23.5명)과 비교해 초등학교는 3.9명, 중학교는 9.9명이 많다. 2005년에 비해 초등학교 7.4명, 중학교 2.3명이 줄었으나 여전히 OECD 국가 평균에 미치지 못하고 있다.

한편 교사의 본질적인 역할 수행을 방해하는 잡무가 있다. 교육과정 운영과 생활지도 및 학교 학급경영 등의 교육활동을 제외한 업무를 잡무로 일컫는데 한국의 교사들은 각종 잡무에 영향을 받고 있는 실정이다.

교사의 역할에 대한 고찰을 통해 교사로 하여금 수업활동에 몰두할 수 있게 하기 위해서는 학교에서 교사들이 수행하는 업무를 보다 구체적으로 조사할 필요가 있고, 어느 정도의 시간이 어떤 역할에 할애되고 있는가도 파악되어야 할 것이다. 그리고 학교행정을 담당하는 인원의 보충을 통해 교사의 잡무를 경감시킬 수 있어야 교사는 수업활동 역할에 몰두하게 되고 이를 통해 교사의 전문성도 강화될 것이다(김경이 외, 2001: 32).

교사의 행정업무를 대폭 간소화하기 위하여 강원도교육청이 최초로 도입한 교무행정사 제도는 교원의 역할 수행에 고무적이다. 교육활동과 직접 관련이 없는 교무행정 업무를 교

무행정사가 전담하고 교사들의 교육활동을 지원하게 함으로써 교사들이 수업과 학생지도에 전념할 수 있도록 하고 있어 교원의 전문성 강화와 학교혁신의 발판을 마련한 것으로 평가되고 있다.

다. 미래 교사의 역할

지식기반사회에서 교사의 역할은 기존의 산업사회에서의 역할과는 달라야 할 것이다. 이런 측면에서 굿래드(J. Goodlad)는 21세기 교사의 역할을 10가지로 제시하였는데 간추려 요약하면 다음과 같다(황기우 역, 2002).

- 인간으로서의 교사: 보호하는 역할
- 동료로서의 교사: 지원하는 역할
- 동역자로서의 교사: 상호 보완적인 역할
- 학습자의 이해자로서의 교사: 양육하는 역할
- 학습의 촉진자로서의 교사: 상호작용의 역할
- 연구자로서의 교사: 실험하는 역할
- 프로그램 개발자로서의 교사: 창조하는 역할
- 관리자로서의 교사: 계획하는 역할
- 의사결정자로서의 교사: 문제해결의 역할
- 전문적인 지도자로서의 교사: 도전하는 역할

한국교육개발원은 교직 환경 변화와 미래 사회로의 발전을 전망하면서 교사에게 요구되는 역할을 다음과 같이 일곱 가지로 제시하였다(박영숙 외, 1999).

- 정보화에의 대응
- 세계화에의 대응 능력
- 다원화에의 대응 능력
- 평생학습사회 구축에의 대응 능력
- 교직 전문화에의 대응
- 교직 자율화에의 대응

• 새학교 문화 창조에의 대응

정보화 사회, 세계화 · 다원화 사회에서 교사가 갖추어야 할 역할은 주로 직무행능력과 관련되고 있다. 정보를 활용할 수 있는 능력 그리고 정보를 바탕으로 한 창조적 능력이 중요해진다. 이를 위해 교사는 학습자가 되어야 습득한 지식을 삶에 연관시켜 삶을 풍요롭게 하고자 노력할 필요가 있다.

자율권을 토대로 교사는 교육활동에서 스스로 판단하고 결정할 수 있는 재량 범위가 넓어질 것으로 기대되는 한편 자율적 사고에 수반하는 책임도 부가될 전망이다. 따라서 자율적으로 판단하는 데는 그에 필요한 다양한 정보를 수집하고 합리적으로 선택할 수 있는 나름대로의 소신 있는 교육철학이 있어야 하고 합리적 판단을 위해서는 지식네트워크와 열린 관계를 유지할 필요가 있다. 자율적 행동에는 책임이 수반되므로 자신의 행동에 대한 반성적 사고를 토대로 미래 발전으로 연결시켜야 한다. 무엇보다도 긍정적이고 미래지향적인 자세를 갖고 주어진 여건에서 교사로서의 소신과 긍지를 갖고 교직 전체의 발전을 도모하는 긍정적 자세가 필요하다.

2. 교사의 직무

직무란 각 직책 담당자가 해당 직책과 관련하여 담당해야 할 직 · 간접적인 업무활동으로서 그 직을 이루는 과업이라고 할 수 있다. 하지만 교사 직무에 대한 표준화 작업이 이루어지지 않아서 교사가 수행해야 할 직무를 명확히 정의하기는 쉽지 않고, 선행연구를 살펴보면 연구자에 따라서 직무의 영역에 다소 차이가 있음을 알 수 있다. 학교조직의 목적을 달성하기 위해서 교사가 수행해야 할 직무에 대하여 주삼환(1996)은 교사의 직무수행 영역을 학습지도, 생활지도, 학급경영 및 특별활동, 행정관리, 대외관계, 연구 및 연수, 기타로 구분하고 이러한 분류에 의거하여 교사의 직무를 세분화하였다. 그리고 박영숙 등(1999)은 학교급별, 지역별, 교과별, 학교규모별, 보직 여부 등의 변인을 고려하여 교사가 스스로 수행한 직무를 정리하여 분석하였는데 교사들이 공통적으로 수행하고 있는 직무영역과 내용은 수업 및 평가, 학생지도, 학급경영, 연수활동, 학교운영, 행정사무 등이었다.

교사 직무의 법적 내용

현행 교사 직무 관련 규정은 헌법 제31조 제6항에 의거하여 법률로 정하여져 있으며, '교육기본법', '초등교육법 및 시행령', '교육공무원법', '국가공무원법', '학교보건법' 등에 제시되고 있다. 법률로 규정되어 있는 교사 직무 관련 내용을 살펴보면, 교육공무원으로서의 신분을 지니고 교육을 담당하는 자질과 품성을 함양할 수 있어야 한다는 내용과 초 · 중등학교교육과 관련하여 교사가 기본적으로 수행해야 할 역할과 업무내용이 무엇인지를 제시해 주고 있다.

한국교육개발원은 현행 법 규정에 제시된 내용을 종합하여 직무영역으로 구분하여 〈표 11-1〉과 같이 제시하였다.

표 11-1 교사 직무 관련 규정 분석

영역	하위영역	내 용	관련근거
학생교육 및 관리	교육과정 및 수업	· 교사는 법령이 정하는 바에 따라 학생을 교육한다. · 교육과정을 운영하며, 방송프로그램, 정보통신매체, 교외 체험학습 등을 활용하여 학생에게 수업할 수 있다.	· 초 · 중등교육법 제20조 제3항 · 초 · 중등교육법 제23조 제1항 및 동법시행령 제48조
	학생평가	학생의 학업성취도 및 인성 등을 종합적으로 관찰 · 평가하여 학생지도 및 상급학교의 학생선발에 활용할 수 있는 자료를 작성 · 관리한다.	초 · 중등교육법 제25조
	학생생활지도	학생의 인격이 존중되는 교육적 방법으로, 훈육과 훈계 등의 방법으로 지도할 수 있다.	초 · 중등교육법 제18조 및 동법 시행령 제31조
	학생자치활동 지도	학생의 자치활동을 권장 · 보호하기 위하여 필요한 사항을 지원해야 한다.	초 · 중등교육법 시행령 제30조
	건강증진지도	학생의 체위향상 · 영양관리 · 질병의 치료와 예방 등을 위한 필요한 지도를 하여야 하며, 체력향상을 도모하기 위하여 신체검사(체격검사, 체질검사 및 체력검사 등을) 실시한다.	· 학교보건법 제7조, 제9조 · 학교신체검사규칙 제2조

<table>
<tr><td rowspan="3">전문성 신장</td><td>자질함양</td><td>교원은 교육자로서 갖추어야 할 품성과 자질을 향상시키기 위하여 노력해야 한다.</td><td>교육기본법
제14조 제2항</td></tr>
<tr><td>연구개발</td><td>교육공무원은 그 직책을 수행하기 위하여 연구와 수양에 노력하여야 한다.</td><td>교육공무원법
제38조 제1항</td></tr>
<tr><td>연 수</td><td>교원은 수업에 지장이 없는 한 소속기관의 장의 승인을 얻어 연수기관 또는 근무 장소 이외의 시설 또는 장소에서 연수할 수 있다.</td><td>교육공무원법
제41조 제1항</td></tr>
<tr><td rowspan="2">복무</td><td>이행의무</td><td>공무원은 성실의 의무, 복종의 의무, 친절 공정의 의무, 비밀 엄수의 의무, 청렴의 의무, 품위 유지의 의무 등을 수행해야 한다.</td><td rowspan="2">교육공무원법
제56조–61조,
제63조–66조</td></tr>
<tr><td>금지의무</td><td>직장 이탈 금지의 의무, 정치 운동의 금지의 의무, 영리 업무 및 겸직 금지의 의무, 집단 행위의 금지의 의무 등을 수행해야 한다.</td></tr>
<tr><td>대외
관계</td><td>전문/교원
단체참여</td><td>교원은 상호 협동하여 교육의 진흥과 문화의 창달에 노력하며, 교원의 경제적 · 사회적 지위를 향상시키기 위하여 각 지방자치단체 및 중앙에 교원단체를 조직할 수 있다.</td><td>교육기본법
제15조 제1항</td></tr>
</table>

출처: 박영숙 외(1999). 능력중심의 교사 직무 개발 연구. 한국교육개발원. p. 53.

이에 따르면, 직무영역은 (1) 학생교육 및 관리 영역, (2) 전문성 신장 영역, (3) 복무 영역, (4) 대외 관계 영역의 네 가지로 구분되고 각각 하위 영역으로 분류된다.

(1) 학생교육 및 관리 영역은 다시 ① 교육과정 및 수업 관련 업무, ② 학생평가 업무, ③ 학생지도 업무, ④ 학생자치활동지도 업무, ⑤ 건강증진지도 업무로 세분되고, (2) 전문성 신장 영역은 ① 자질함양 업무, ② 연구개발 업무, ③ 연수 업무로 세분하였다. (3) 복무 영역은 ① 이행 의무와 ② 금지 의무로 세분된다.

교사의 직무 중 핵심직무는 교육과정과 관련된다. 1997년에 고시된 '제7차 교육과정의 지침'에 제시된 내용을 중심으로 교사에게 기대되는 역할과 능력을 범주화하면 교육과정 편성 측면과 교육과정 운영 측면으로 구분하여 정리할 수 있다(박영숙 외, 1999).

- **교육과정 편성 측면**
  - 학교교육과정 편성
  - 학교교육과정운영위원회 참여
  - 학년, 학급, 교과목별 교육과정을 편성

- 교육과정 운영 측면
  - 수준별 교육과정 운영 계획의 수립
  - 기본교육 및 심화 · 보충학습 실시
  - 적절한 교재 · 자료 활용
  - 특별활동 및 적성 · 진로교육 실시
  - 교육정보망, 멀티미디어 활용
  - 특별학생에 대한 배려
  - 교육활동 개선 노력
  - 다양한 평가 도구와 방법 활용을 통한 적절한 평가 실시

1990년대 이후 세계 각국의 교육개혁은 단위학교의 자율성을 확대하는 대신 학교의 책무성과 더불어 교사의 직무수행 결과를 확인할 수 있는 평가를 강조하고 있다. 국내 연구들도 교사의 전문성과 책무성을 강조하고 있으며, 대부분의 연구에서 제시하고 있는 교사의 직무는 교과지도, 생활 및 특별활동 지도, 학급경영, 연구 및 연수 등으로 집약된다.

한편 교사의 직무를 그들이 실제로 행하고 있는 일들을 직무라고 볼 수 있다. 어떤 법이나 규정으로 제시된 내용일 수도 있고, 규정된 직무의 내용은 아닐지라도 학교 현장에서 실제로 수행하는 일도 직무의 개념 속에 포함될 수 있을 것이다. 즉 광의의 직무 개념은 교사들이 실제로 행하고 있는 일이라고 할 수 있다. 또한 교사 본래의 직무는 학생들의 교육활동에 초점이 있다고 볼 때, 이러한 활동과 직접적으로 관련된 직무활동이 있을 것이고, 이와는 거리가 먼 준잡무 또는 잡무가 있을 것이다.

교사의 직무 실제를 파악한다면, 교사들이 보는 관점에서 본무와 잡무로 구분 지을 수 있을 것이고 잡무를 교사의 손에서 떠나도록 행정적 뒷받침이 마련될 때 교사가 해야 할 일에 전념할 수 있을 것이다.

제 3 절 교사의 자질과 교사발달

1. 교사의 자질

교육기관의 현관에서 흔히 볼 수 있는 경구 중의 하나로 '교육의 질은 교사의 질을 능가하지 못한다'는 말이 있다. 교육의 질이 교사의 질에 의해 판가름 난다는 말이다. 교사의 품성이 어떠한지 교사의 사고의 깊이와 방향이 어떠한지에 따라 학생의 인격, 가치, 그리고 능력 형성에 중대한 영향을 끼친다는 것을 의미한다.

교사의 질은 다양한 측면에서 논의될 수 있지만 대개 교사의 역할 측면에서 다루어지고 있다. OECD 연구에서는 교육현장에서 교사의 질을 크게 다섯 가지 측면으로 분류하였다. 첫째, 교과교육 측면, 둘째, 도덕적인 모범 측면, 셋째, 효과적인 학급경영 측면, 넷째, 다양한 교수학습 모형의 습득 측면, 다섯째, 교수 전문직적 신장 측면에서 평가되는 것으로 제시하고 있다(교육부 중앙교육연수원, 1995: pp. 222-228). 다섯 가지 측면에서 요구되는 능력을 모두 종합해 보면, 우수한 교사에 대한 기대 요건은 다음과 같이 정리할 수 있다.

첫째, 우수한 교사란 자기가 가르칠 교과목에 관한 지식과 가르치는 방법을 잘 알고 있어야 한다.

둘째, 우수한 교사는 학생들의 도덕적인 인격 형성에 지대한 관심을 가져야 한다.

셋째, 우수한 교사는 학급운영을 집단 간의 다양한 접촉이 가능한 방향으로 활력 있게 운영하는 과정으로서 파악하여야 한다.

넷째, 우수한 교사는 여러 가지 형태의 교수모형이나 교육철학에 관하여 이론과 실제를 잘 이해하고 있어야 한다.

다섯째, 우수한 교사는 교직의 전문성을 향상시키기 위한 부단한 노력을 기울여야 한다.

이들 다섯 가지 요건을 요약하면, 좋은 교사란 학생들을 위한 교과적 지식은 물론 학생들의 사회적, 도덕적 측면의 인성교육에 대한 관심이 높아야 하며, 교수방법과 교육철학에 대한 관심 그리고 전문성 향상을 위한 부단한 노력을 경주해야 한다. 한편, 이스턴스(David Istance)에 의하면 새로운 교직 전문성 개념은 훌륭한 교사에 대한 기존의 모델과 새로운 모델로부터 동시에 도출된다. 그가 제시한 교사의 새로운 능력은 일곱 가지로 다음과 같다.

- 전문적 능력: 전문적 능력은 훌륭한 교사의 전통적 특성으로서 과소평가 될 수 없는 것이다. 훌륭한 교사는 지식과 이해의 중요한 원천이지만, 교사들이 지식에 접근하는 방법으로서 계속적인 재교육을 더 많이 활용해야 한다.
- 교수법상의 방법: 교수방법면에서 교사들은 정보의 기억, 시험성적 등에 중점을 두기보다는 평생학습의 맥락에서 학습의 동기화, 창의성, 협동을 포함한 고도의 기술을 적용하는 능력을 가져야 한다.
- 새로운 교수기술의 이해: 교사 전문성의 새로운 핵심적 특성으로서 정보통신기술 등 새로운 기술을 학생이 별개로 이용하도록 방치하기보다 이를 교수전략으로 통합하는 능력이 필요하다.
- 조직에서의 능력과 협력: 교사의 전문성은 개별적 능력으로 이해되어서는 안 되며 학습조직의 일부로서 기능하도록 개인별 능력을 통합하여야 한다. 교사 상호간에 학습하고자 하는 마음과 할 수 있는 능력이 가장 중요하다.
- 탄력성: 교사의 전문성에 관한 전통적인 개념과 가장 상충될 수 있는 속성으로서, 교사에게 요구되는 전문적 능력은 재직 기간 중 몇 차례 바뀔 수 있다는 점을 수용하여야 하며, 전문성이 변화에 저항하는 변명으로 이해되어서는 안 된다.
- 이동성: 교사로서의 능력을 풍부하게 할 수 있도록 다른 직업과 경험 세계로의 전출과 전입 이 전체 교사는 아니더라도 일부 교사에게는 바람직한 것이다.
- 개방성: 개방성은 많은 교사들이 학습해야 할 기술로서, 교사가 학부모 또는 다른 성인과 교사의 전문적 역할을 보완하는 방향으로 협동하는 속성으로서 가장 도전적인 과제이다.

교사를 전문가로 보아야 한다는 견지에서 랭글리(Langley)의 전문가로서의 교사 자질에 대한 제안은 주목할 만하다. 그에 의하면 전문가 집단의 성원은 그 직업을 통하여 생계를 유지하고는 있지만 그 이상의 숭고한 정신을 갖고 있는데, 이 숭고한 정신이 바로 타인의 삶을 풍요롭게 하는 데 기여한다고 한다. 다시 말해서, 전문가들이 성취 수준을 향상시키고자 노력하는 것은 계약에 얽매여서가 아니라, 자신의 전문성으로 인하여 사람들에게 보다 양질의 서비스를 제공할 수 있고 그 서비스는 수혜자들에게 매우 중요하다는 점을 인식하고 있기 때문이라는 것이다. 이러한 관점에 기초하여 그는 전문가로서의 교사의 자질에 대해서 다음

다섯 가지로 정리하고 있다(박영숙 외, 1999: 171-172).

- **학습을 가능하게 할 수 있는 지식과 기술 보유**: 교사들은 학습을 가능하게 할 수 있는 지식과 기술을 보유하고 있어야 한다. 요즘 교사들은 사회 사업가, 상담가, 응급 처치자, 대리 부모 등 다양한 역할을 동시에 수행하고 있음이 사실이다. 그럼에도 불구하고, 교사가 학습 관련 업무를 제대로 수행하지 못한다면, 이는 가장 근본적이고 중요한 역할을 수행하지 못하는 셈이다.
- **아동들의 한계에 대한 도전**: 교사들은 아동들의 한계에 도전할 필요가 있다. 교사들은 너무도 흔히 평범함을 기대하고 묵인한다. 교육이 경제적 번영과 사회정의의 수단이 되려면 현상을 묵인하는 자세로는 결코 소기의 목적을 달성할 수 없다. 모든 교사들은 어린이들이 진취적으로 스스로를 독려하고, 목표를 정하며, 새로운 문제에 도전하고, 틀을 벗어난 사고를 할 수 있도록 가르칠 수 있어야 한다. 불행하게도, 교사들은 교육과정을 따라가는 것만으로도 너무 벅차서 거의 기계적으로 아동을 가르치고 있으며, 따라서 연습하고 반추하며 실험할 시간이 거의 없다고 보고되고 있다.
- **평생학습자로의 성장 유도**: 교사들의 전문가적 자질은 아동들이 평생학습자가 될 수 있도록 가르치는 것이다. 배움에 대한 열정은 유전되는 것이 아니며, 화학적으로 유발되는 것도 아니고 학습되는 것이다. 교사들은 아동이 배우고자 하는 욕구를 강화하고 더 많이 배울 수 있도록 격려하며 그러한 과정에서 약간의 위험을 무릅쓸 수 있도록 해야 한다.
- **애정과 섬세함으로 아동 지도**: 애정과 섬세한 기술을 동원하여 아동을 다룰 필요가 있다. 사람들이 간직하고 있는 중요한 기억들 가운데 하나는 그들이 학창 시절의 중요한 순간순간에 어떻게 대접받았나에 관한 것이다. 교실에서 종종 발생하는 위기는 조용하고 섬세하게 다루어져야 한다.
- **지속적인 전문성 향상**: 전문가 교사들은 지속적으로 지식을 추구하며, 자신의 성취도를 계속해서 향상시키고자 한다. 이는 누가 시켜서 그렇게 하는 것도 아니고, 어떤 이득을 바라고 하는 것도 아니다. 단지 교사들이 보유하고 있는 가치에 근거하여 자신이 가르치는 아동들과 그 가족들에게 보다 나은 서비스를 제공하고자 끊임없이 노력하는 것이다.

21세기 한국 교사의 모습은 그 어느 시대보다 새로운 모습으로 달라져야 한다. 그것은 바로 당당한 교육전문가로서의 모습이다. 학교와 교사에 대한 사회의 요구는 그 어느 때보다 훨씬 더 광범위하고 다양하며 심지어 도전적이라 할 수 있다. 교사는 학생들의 개별적 능력을 최대한으로 발휘하도록 안내해야 한다는 교사에 대한 기대는 앞으로 더욱 강하게 주장될 것이다. 즉 교사의 학생에 대한 강한 책무성이 강조될 것이다. 개방성은 많은 교사들이 학습해야 하는 기술로서, 교사가 학부모 또는 다른 성인과 교사의 전문적 역할을 보완하는 방향으로 협동하는 속성으로서 가장 도전적인 과제가 된다. 교사는 가르치는 내용뿐만 아니라 직무상 실천과 관련된 지식이 너무 빨리 확장되고 변화하고 있어서 새로운 아이디어를 이해하여 그것을 실천에 옮기는 능력이 더욱 필요할 것이다. 따라서 여러 학자들의 견해들과 같이, 앞으로의 교사의 자질은 전문성에 기반해야 할 것이다.

2. 교사의 발달

가. 교사발달의 개념

교사발달은 교사가 교직에 입문하여 교직을 떠날 때까지의 전 기간을 통하여 교사로서의 가치관과 신념, 지식과 기능, 행동 등이 변화되어 가는 일련의 과정이라 할 수 있다(강경석 · 김영만, 2006). 교직의 입문자들이 교사발달의 일반적 과정을 이해하고 자신의 교직발달에 응용한다면 교직에 보다 용이하게 적응할 수 있고 자신의 발달을 촉진할 수 있을 것이다. 교사의 발달단계들을 이해하는 것은 교직생활에서, 수업환경에서 보다 효과적이도록 교사들을 적절하게 지원하기 위하여 중요하다.

나. 교사발달 단계이론

교사발달 단계이론은 교사들이 경험하는 단계들이 독특한 국면들이고 본질적으로 위계적이라고 가정한다. 교사발달 연구의 접근법은 교직의 경력이나 연령을 중심으로 단계를 구분하는 접근법과 교사발달을 성인발달 이론에 따른 인지발달적 연구로 발달단계를 고찰하는 접근법이 주로 사용되고 있다. 최상근(1990)은 외국과 국내 연구자들이 개발한 교사발달 모형들을 〈표 11-2〉와 같이 체계적으로 분류하였다. 그 분류에 따르면 단순 · 직선적 단계모형과 복합 · 순환적 단계모형으로 대별된다.

표 11-2 교사발달 모형

모형특성		연구자	사회화 단계
단순 · 직선적 단계모형	교직이전 시기 포함모형 (Ⅰ)	Fuller(1969)	교직이전 단계→초기교직 단계→후기경력 단계
		Fuller와 Bown(1975)	교직이전관심 단계→교직초기 생존 관심단계→교수상황 관심단계 →학생에 대한 관심단계
		Unruh와 Tunrner(1970)	교직이전단계→초기교수단계→안전구축단계→성숙단계 (대학) (1–5 or 6년) (6–15년)
		권낙원(1970)	직전교사→초임교사→발전교사→실천교사→숙련교사
	교직 첫해 시작 · 단계모형 (Ⅱ)	Katz(1972)	생존단계→공고화단계→쇄신단계→성숙단계 (1년) (1년말–3년) (3 or 4년) (4년 or 5년)
		Gregorc(1973)	형성단계→성장단계→성숙단계→원숙전문단계
		Burden (1979, 1983)	생존단계→적응단계→성숙단계
	연령접근 장기모형 (Ⅲ)	Newman(1978)	0–10년단계→11→20년단계→21–30년단계
		Peterson(1984)	20–40세단계→40–55세단계→정년퇴직시 단계
		Webb와 Sikes(1989)	입직과 사회화단계→30대전환기→정착단계→50대전환기 (21–28세) (28–33세) (33–44세) (44–50 혹은 55세) →자기수용단계 (50혹은 55세–은퇴시)
		신인숙(1991)	교직적응→능력개발→갈등 및 좌절→승진지향→보람 · 긍지
복합 · 순환적 단계모형	순환적 모형(Ⅳ)	Burke(1984)	교직이전단계→교직입문단계→능력구축단계→열중 · 성장단계 →직업적 좌절단계→안정 · 침체단계→쇠퇴단계→퇴직단계
	복합적 모형(Ⅴ)	Huberman(1989)	생존과 발전단계→안정화단계→실험주의단계 → 평정단계 → 이탈 ↘ ↓ ↗ ↓ (1–3년) (4–6년) 재평가 단계→ 보수주의 단계↗ (31–40년) (7–18년) (19–30년)

출처: 최상근(1990). 교직사회화. 교육학대백과사전. 하우동설. p. 860.

단순 · 직선적 발달모형은 교사의 전문적 발달을 한 가지 방향을 따라 한 단계에서 다음 단계로 이행하는 직선적 과정으로 보고 있다. 모형(Ⅰ)은 교직 이전시기를 교사발달 과정에 포함시키는 것이 특징이고, 모형(Ⅱ)는 교사발달 과정의 시작점을 교직에 입문한 시점부터 보며, 모형(Ⅲ)은 교사발달 과정을 교사의 연령으로 접근하는 것이 특징이다.

복합 · 순환적 발달모형은 발달과정이 순차적이지 않고 순환적 · 역동적 혹은 복합주기적으로 발전한다고 본다. 즉 교사의 발달이 누구에게나 일정한 유형으로 발달하기보다는 경력과 연령이 비슷한 교사라 하더라도 교사 개개인의 성장 배경이나 자질, 환경에 따라 발달단계의 유형이 다르게 나타날 수 있다는 입장이다.

순환적 모형(Ⅳ)을 보면 교사들이 교직 이전 단계, 교직 입문 단계, 능력 구축 단계, 열중 · 성장 단계, 직업적 좌절 단계, 안정 · 침체 단계, 직업적 쇠퇴 단계, 퇴직 단계로 발달과정을 설명하였다. 이 모형은 개인적 요인과 조직적 요인이 교사발달에 영향을 미치는 것으로 보고 있고 교사발달 과정의 다양성을 시사한다.

다. 교사발달 이론의 함의

교사발달 단계이론들은 교사발달이 나이와 교직경력에 따라 순차적으로 혹은 역동적으로 발달한다는 점을 시사한다. 각 발달단계에 있는 교사들은 한 단계에서 다음 단계로 이행하면서 자신들의 전문성을 개발시켜 나가는 것이다. 그러므로 교사들은 자신들의 발달적 위치를 확인할 필요가 있고 건전한 전문성 발달을 이루도록 지속적인 노력을 기울일 때 성공적인 교직생활을 할 수 있다는 것을 인식해야 한다.

한편 교사발달을 촉진하는 위치에 있는 사람들은 교사들의 발달 단계적 특성을 충분히 이해함으로써 전문성 발달의 효과를 높이는 정책과 체제를 수립해야 할 것이다. 이러한 관점에서 교사발달 이론의 시사점을 요약하면 다음과 같다.

첫째, 교사발달 단계는 학급에서 교사들의 수업행동을 이해하고 설명하는 데 도움이 되고 수업 안에서 발생하는 문제들에 대하여 교사들의 반성을 안내한다. 교사발달이 대개 구체적인 것에서 추상적인 것으로 발전한다는 관점에서 보면, 교사발달 단계와 학급 경영 스타일이 연관될 수 있다. 예를 들면, 보다 구체적인 단계에 있는 교사는 자기방어적일 가능성이 있어서 엄격한 규칙체제를 통해 권위적으로 학급을 운영하기 쉽다. 그 학급은 교사중심적으로 운영될지도 모르고 학생들이 권력구조의 밑바닥에 존재할 가능성이 많은 것이다. 반면에 추상적 발달 단계에 있는 교사들은 융통성이 있고 창의적이며 민주적이고 자율적인 학급경영 방식을 내보인다.

둘째, 교사발달 단계는 교사들에게 가장 유익한 상호작용의 유형을 결정하는 데에 도움이 될 수 있다. 교사발달이 위계적 패턴 속에서 단계적으로 진행된다는 점을 고려하면, 초기 발달 단계에 있는 교사들은 생존적 필요 혹은 실제적 필요에 관심을 갖기 마련이며, 후기 발달 단계에 있는 교사들은 학생들의 학습을 개별화하는 데에 관심이 높고 자신의 전문적 발달을 추구하는 데 더 큰 욕구를 가질 것이다. 그러므로 장학 담당자들과 자문적 역할의 지위에 있는 교사들은 교사들의 구체적 필요에 부응하고 적절한 도움을 제공하기 위해서는 특정 교사의 발달단계를 확인하는 전략들을 갖고 있어야 할 것이다.

셋째, 동료장학과 관찰 프로그램은 개별 교사의 발달적 맥락에 기초하여 전문적 성장을 촉진해야 한다. 개별 교사들은 발달단계들을 다양한 속도로 이행하기 때문에 교사의 경력이 교사의 발달단계에 직접적으로 관련된다고 볼 수 없다. 교사발달은 삶의 여러 조건들과 독립적으로 이행하지 않는다는 것을 이해하는 것이 매우 중요하다. 개인적 요소와 전문적 요소들이 상호의존하면서 발달적 변화가 이루어지기 때문에 발달과정의 추이는 교사마다 다르다는 점을 알아야 한다. 예를 들면, 어떤 교사가 부모의 죽음과 같은 중요한 삶의 위기를 겪었다면, 이러한 정신적 충격과 사건을 치료하는 동안 낮은 단계의 발달단계로 추락할 수도 있을 것이다. 또한 어떤 경력교사가 새로운 지역으로 이동한다든가 농촌지역에서 도시환경으로 이동하는 것은 경력교사가 더 낮은 발달단계로 이동하게 할지도 모른다. 따라서 그들이 새로운 환경에서 성공하도록 돕는 전략적 지원이 필요할 것이다.

넷째, 교사발달이 직전교육에서부터 시작한다는 점을 수용하면 교사교육 프로그램이 전반적 교사발달 과정에 대한 이해로부터 재구조화되어야 한다. 만약 현존하는 교사교육 프로그램이 행동주의적, 설교적인 교사교육 접근법이라면 예비교사들은 똑같은 접근법으로 교육현장에 적용하려 할 것이다. 예비교사들은 가르치려는 욕망 이상의 것을 가지고 교사교육에 입문한다. 그들은 적어도 12년 이상의 학교생활의 경험에서 함축된 교육 이미지를 가지고 와서 학생의 세계, 학교의 구조, 교육과정에 대한 지식을 학습한다. 교사교육이 교사신념을 위한 변화 대행자로서 기여하고 전통적 재생의 순환 고리를 깨야 한다고 볼 때, 예비교사들의 신념에 대한 기원과 맥락을 음미하도록 학생들을 일깨워야 할 것이다.

3. 교사의 전문성 개발

지식기반사회와 평생학습사회에서 교사는 지속적인 학습을 필요로 한다. 교사를 전문가로 간주하는 것은 교사로서의 탁월한 능력을 요구하는 것이나 다름없다. 따라서 교사는 자기개발에 끊임없는 노력을 기울임으로써 건전한 발달과정을 이행하고 전문적 성장을 거듭

해야 한다.

가. 교사 전문성 개발의 특성

교사는 경험으로부터 배우고 수업을 체제적으로 연구하고 성찰하면서 전문적으로 성장한다. 전문성 개발은 워크숍, 전문적 모임, 멘토링 등과 형식적 경험과 전문서적 읽기, 학술적 다큐멘터리 시청 등 비형식적 경험이 포함된다.

전문성 개발의 과정과 맥락은 다음과 같은 특성이 있다.

첫째, 구성주의에 토대한다. 단편적인 사실이나 지식을 전수하는 것으로는 교사의 실제적인 능력을 개발하기 어렵기 때문에 교사가 능동적인 학습자로서 인식되어야 하고 교수, 평가, 관찰 등 구체적인 과제에 몰두함으로써 전문성을 개발할 수 있다.

둘째, 전문성 개발은 장기적 과정이다. 즉 오랜 시간을 두고 공부해야 한다는 것으로, 선행 지식을 새로운 학습 경험에 관련시킬 때 전문성 발달이 가장 효과적이다.

셋째, 전문성 발달은 특정 맥락 안에서 생기는 하나의 과정이다. 학교 안에 기반할 때, 교사와 학생들의 일상적 교육활동에 관련될 때 전문성 발달이 효과적이다.

넷째, 교사는 반성적 실천가이다. 교사는 뚜렷한 지식기반을 가지고 교직에 들어서고, 그러한 선행지식에 기반하여 새로운 지식과 경험을 획득하게 된다.

다섯째, 전문성 발달은 협동과정이다. 가장 효과적인 전문성 발달은 교사들 간에서 의미 있는 상호작용이 있을 때, 그리고 행정가, 부모, 공동체 구성원들과의 상호작용을 통해서 일어난다.

교사의 전문성은 교사가 지속적으로 변화를 추구하려는 의지가 있어야 하고 자신의 경험을 학습의 과정으로 인식하는 것이 무엇보다 중요하다. 한편 전문성 개발은 교사의 교수방법을 변화시키는 데 중요한 역할을 하고 이러한 변화들이 학생들의 학습결과에 긍정적 영향을 주기 때문에 교사 전문성 개발은 교육혁신의 핵심으로 삼아야 할 것이다.

나. 교사의 전문성 개발

교사의 전문적 발달을 유도하고 촉진하기 위해 전통적으로 현직 연수와 장학 활동이 있어왔다. 이러한 제도적인 연수 외에 교사들은 자기주도적인 학습으로 개인적 발달 욕구를 충족한다.

1) 현직연수

현직연수(in-service training)란 교직에 있는 교사들을 대상으로 개발할 필요가 있는 아이디어, 기능 그리고 방법 등을 발전시키기 위해 마련된 프로그램을 말한다. 대체로 교원의 현직연수는 "현직에 임용된 교육직원을 대상으로, 그들의 전문적 능력과 일반적 자질을 배양하기 위해, 다양한 장소에서 다양한 방법을 통해, 공식적 또는 비공식적으로, 의무적으로 또는 자발적으로 이루어지는 각종 교육훈련 활동"이다(이윤식 외, 1993: 27).

현직연수는 교사의 전문성이 지속적으로 유지 · 발전되도록 하는 역할을 한다는 점에서 의미가 있고, 새로운 지식과 기술이 팽창하고 사회변화가 급격한 오늘날에 현직연수의 중요성은 더 커지고 있다고 볼 수 있다.

현직연수의 종류는 크게 자격연수와 직무연수로 나눌 수 있다. 자격연수에는 1급 정교사 자격연수, 교감자격 연수, 교장자격 연수가 있는데 일정한 자격 요건을 갖춘 사람들을 대상으로 일정 기간 동안 연수를 한 후 새로운 자격을 부여하는 공식적인 연수이다.

직무연수는 교원의 직무수행에 필요한 지식과 기술 등을 중심으로 전문성 개발을 목적으로 하는 연수로서 주로 교과교육 관련 연수와 각종 업무 관련 연수가 있다. 한편 기관이 중심이 되는 공식적 또는 의무적인 직무연수 외에 교사 개인이 자율적으로 선택하여 실시하는 자율연수가 있다. 자율연수는 15시간을 1학점으로 인정하고 연간 4학점 이상을 수료하도록 권장하고 있으며 승진 가산점에도 반영되고 있다.

2) 장　학

장학(supervision)은 교사의 교수기술 향상과 전문직적 성장을 위하여 누군가가 지도 · 조언하는 활동을 말한다. 전통적인 의미에서 장학은 우월한 지식과 기능을 가진 사람이 교사의 활동을 "내려다 본다"는 뜻을 갖고 있어 권위주의적인 성격이 짙었다. 흔히 교육청의 장학사나 장학관이 현장 교사들을 지도한다는 뜻으로 사용되었다. 그러나 장학의 의미는 상하관계를 전제하는 전통적 관점에서 벗어나 장학 활동에 참여하는 사람들 간의 협동적 관계로 인식함으로써 장학의 방법과 과정 등이 다양해졌다.

와일즈와 본디(J. Wiles & J. Bondi, 2000: 7)는 시대에 따라 장학의 역할이 변화함에 따라 장학의 정의가 발전되었다고 보았다. 그는 적어도 여섯 가지의 장학 개념이 발견된다고 하였다. 즉, 교육행정, 교육과정, 수업, 인간관계, 경영, 지도성에 초점을 두는 정의가 있다.

이와 같이 장학의 범위는 상당히 넓으며 어떤 영역 또는 차원에 초점을 두느냐에 따라 장학의 정의는 달라진다고 할 수 있다. 한편 주삼환(1995)은 장학의 궁극적 목적을 수업개선이라고 보고 수업개선의 목적 달성을 위해서는 수업의 요소인 교사, 교육과정, 학습환경과 교재, 학생에 변화를 일으켜야 한다고 주장한다.

장학의 종류는 다양하게 분류될 수 있으나, 요즘 강조되는 장학의 형태로서 임상장학, 교내자율장학, 동료장학을 중심으로 살펴보면 다음과 같다.

① 임상장학

전통적인 장학 방식은 권위주의적이고 비효과적이어서 교사들의 호응을 얻지 못하였다. 점차 장학은 교사들의 욕구를 충족시키고 교수행동의 실제적 변화를 추구하는 임상장학(clinical supervision)으로 변형되어 왔다. 임상장학은 토론, 수업 관찰과 분석을 통해 교사의 발달을 조장하는 수단으로 인식되고 있다. 장학자의 구체적인 개입을 통해 교사들의 활동에 대한 관찰과 평가를 성장 발달을 위한 기회로 삼는 것이다. 일반적인 절차는 사전관찰회의, 교실수업관찰, 관찰자료의 분석, 관찰후 협의 과정을 거친다. 따라서 임상장학은 장학을 제공하는 사람과 받는 사람 간의 신뢰를 바탕으로 특정한 문제 또는 관심 주제에 초점을 두고 문제를 해결해 나가는 과정이다.

② 교내자율장학

교내자율장학이란 학교의 계획 하에 교사의 교수기술 향상과 전문직적 발달과 성장을 위하여 학교 자체 또는 교육청과의 협동적 노력으로 학교수준에서 실시하는 장학이라고 할 수 있다(주삼환 외, 2006: 303). 교내자율장학은 연초에 학교교육계획을 수립할 때 교내자율장학 계획이 수립되고 연중 지속적으로 실행하는 것이 일반적이다.

③ 동료장학

동료장학은 교수활동에서 생기는 실제적 문제들을 협동적으로 탐구하기 위한 행동 연구라 할 수 있다. 공식적, 위계적인 장학과는 달리 수평적 관계 속에서 신뢰와 협동의 정신 아래에서 이루어지는 자발적인 장학이라 할 수 있다. 따라서 교내에서 동료장학이 활성화되려면 동료들이 상호 신뢰하는 학교분위기가 무엇보다도 중요하며 협동적인 학교환경이 전제되어야 한다. 그리고 행정가들의 지원이 동료장학을 활성화시키는 중요한 조건이 된다. 교사들이 상호 협력할 수 있도록 물질적, 심리적 지원뿐만 아니라 그들이 활동할 수 있는 충분한 시간을 제공할 때 협동적 발달을 추구하려는 학교문화가 만들어질 수 있다.

3) 자기주도적 노력

교사 개인이 전문성을 개발하려는 노력은 교사발달을 촉진하는 본질적 행위이다. 학습은 자기주도적일 때 가장 효과적이기 때문이다. 스스로 학습계획을 수립하고 학습내용을 선정하여 공부하는 교사의 노력은 평생학습사회의 맥락에 비추어 볼 때 매우 바람직하며 강조되어야 할 부분이다.

교사의 자기개발의 영역은 거의 모든 분야에 걸쳐 산재한다고 볼 수 있으며 방법도 매우 다양하다. 예를 들면, 자신의 수업을 녹음하거나 녹화하여 분석함으로써 수업기술을 개선하거나 자신의 교육 경험을 바탕으로 현장연구를 수행할 수 있고, 사이버 연수 · 대학원 진학 등의 방법으로 전문적 지식과 기술을 익힐 수 있으며, 독서 · 취미 · 활동 · 동아리활동 등의 방법을 통해 건전한 자아발달을 가져올 수 있을 것이다. 따라서 교사의 모든 학습활동은 궁극적으로 자아의 발달이며 전문성의 발달로 연계된다는 점에서 평생학습에 대한 관심과 의지를 유지하는 것이 중요하다고 볼 수 있다.

4. 바람직한 교사상

시대 변화에 따라 사회가 요구하는 바람직한 교사상은 달라지기 마련이다. 우리의 전통적 교사상은 사람을 사람답게 만들어 주는 정신적 아버지로서 교사를 추앙하였다. 그렇기에 스승의 존재는 그림자도 밟아서는 안 될 만큼 깊은 존경의 대상이었고 사회의 가치와 규범을 보존하고 실천하는 가치의 보루로 여겨졌다. 그러나 가치 다원화가 가속화되면서 교사에 대한 전통적 가치체계가 큰 혼란을 겪고 있다.

학교와 교사에 대한 불만은 "교사는 있어도 스승은 없다"는 말처럼 노골화 된 지 오래다. 또 교사는 교육개혁이 외쳐질 때마다 개혁의 주체가 되지 못하고 언제나 개혁 대상이 되어 왔다. "교직은 철밥통이다", "방학 중에 월급은 왜 주냐"는 등 교사를 바라보는 시각은 곱지 않은 형편이다. 특히 근래에는 교사를 학원 강사와 비교하여 교사의 효율성에 의문을 품는 분위기가 팽배하여 공교육보다는 사교육에 목매는 학부모가 얼마나 많은가. 학원숙제는 꼬박꼬박해야 되고 학교숙제는 안 해도 된다고 생각하는 학생들이 얼마나 많은가. 이것이 우리 교육현실이다. 그럼에도 불구하고 교사가 지향해야 할 가치는 여전히 남는다.

대체 바람직한 교사상은 무엇인가. 이 물음에 대하여 오랜 연구가 다각도로 이루어져 왔으나 명확한 해답은 찾기 어렵다. 먼저 우수한 교사들을 관찰하고 그들의 행동 특성을 밝힘으로써 바람직한 모델을 찾고자 하였다. 그러나 우수한 교사들의 특성을 일반화하는 데는 문제가 많은 것으로 드러났다. 우수한 교사가 나타내는 특성들이 바람직한 교사의 보편적 특성으로 일반화하기에는 너무 많은 특성들이 있기 때문이다. 우리가 우수한 교사들의 특성을 나열하고 하나하나 따라 배운다는 것은 불가능한 일에 가깝다. 또 어떤 연구는 우수한 교사가 선천적으로 태어난다고 보는 입장도 있었다. 그러나 완전한 사람이 존재하지 않듯 완전한 교사는 존재하지 않는다.

사람은 각자 독특한 개성을 지니고 있고 그 개성이 한 인간의 참모습이듯 교사는 각자의 개성을 최대로 활용할 때 바람직한 교사가 될 가능성이 오히려 많다. 즉 바람직한 교사상은 각자의 개성 속에서 찾아야 한다. 개성은 한 인간의 독특한 인격이다. 그러므로 개성은 다른 사람의 개성과 비교해서 가치를 비교할 수 있는 성질이 못된다. 각자의 개성 자체가 가치 있고 의미 있는 것이기 때문이다. 그렇다고 해서 개성이 방치되어도 무방한 것은 결코 아니다. 개성은 인품으로 거듭날 때 진정한 개성이 될 수 있다. 따라서 개성이 고귀한 인품으로 녹아들도록 우리는 끊임없는 자기반성과 자기갱신의 노력을 기울이는 자기수련의 과정을 필요로 한다. 진지하고 지속적인 자기수련 과정이 바로 바람직한 교사상을 수립하는 노력이 될 것이다.

고정되어 있거나 정체되어 있는 개성은 외고집이 되기 쉽다. 개성이라고 해서 멈춰있거나 변하지 않는 것이 아니다. 우리가 같은 강물에 두 번 발을 담글 수 없듯 우주의 삼라만상은 시시각각 변한다. 마찬가지로 교사도 정체되어 있는 존재가 아니다. 주변 환경과 인류의 사상과 상호교섭하면서 바람직한 교사로 "되어가는" 것이다. 이런 점에서 교직과정에서 공부는 구성주의적인 학습과정이 되어야 할 것이다. 책 속에 있는 내용을 주어진 것으로 생각하거나 명제적 지식을 수동적으로 답습해서는 안 된다. 지식을 구성한다는 의미는 지식을 주어진 것으로 받아들이는 것이 아니라 자신의 경험과 사고에 비추어 숙고하고 자신의 사고를 재구조화하며 자신에게 의미가 있는 지식으로 만드는 것을 말한다. 비판적 구성 과정을 통해 지식을 자기 것으로 만들어야 한다. 지식을 자기 것으로 만든다는 의미는 곧 지식을 인격화시키는 것이다.

인격화된 지식은 누구를 향하는가. 바로 학생이다. 비로소 교사는 학생의 모델이 될 수 있는 것이다. 학생들의 모델로서 교사의 가장 큰 영향력은 학생들의 정신을 움직이게 만드는 것이다. 지렛대로 바위를 쉽게 움직일 수 있듯이 교사는 자신의 인격을 지렛대로 삼아 학생들의 마음에 학습에 대한 열정을 심어주는 것이다. 이 얼마나 위대한 일인가. 바로 학생들에게 영감을 주어 살아 꿈틀대는 정신으로 일깨우는 일, 바로 이것이 교직을 세상에서 가장 숭고한 직업이라고 말하는 까닭이다.

토의주제

1. 교사가 되고자 하는 동기를 각자 말해 보고 동료들의 관점을 기준을 정하여 분류하여 보시오.

2. 전통사회와 현대사회에서의 교사 역할을 비교하고 미래의 바람직한 교사 역할은 무엇인지 토론해 보시오.

3. 교사가 갖추어야 할 자질은 무엇인지 생각해 보고 그러한 자질을 구성하는 요소는 무엇인지 토론해 보시오.

4. 교직 전문성을 다른 직종의 전문성과 비교해 보고 교직 전문성의 특성을 토론해 보시오.

찾아보기

사항색인

ㅊ

ㅋ

ㅌ

인명색인

참고문헌

본 QR코드를 스캔하시면, '교육학개론'의
참고문헌을 참고하실 수 있습니다.

저자 약력

박선영
이화여자대학교(문학석사)
강원대학교(교육학박사)
현) 강릉영동대학교 유아교육과 교수
[저서]
교육심리학(공저)
실기교육방법론(공저)

박종국
한국교원대학교(교육학석사)
한국교원대학교(교육학박사)
현) 강원도태백교육지원청 장학사
[저서]
교육학개론(공저)

박주연
가톨릭관동대학교(교육학석사)
가톨릭관동대학교(교육학박사)
현) 가톨릭관동대학교 조교수
[저서]
교육학개론(공저)

최옥련
강원대학교(교육학석사)
가톨릭관동대학교(교육학박사)
현) 가톨릭관동대학교 겸임교수
[저서]
교육의 역사와 철학(공저)
교육학개론(공저)

최창섭
고려대학교(문학석사)
고려대학교(교육학박사)
현) 강릉원주대학교 교직과정부 교수
[저서]
교육행정론(공저)
학교법-학부모, 학생과 뉴질랜드 학교-(역)

교육학개론

초판인쇄 2015년 8월 20일
초판발행 2015년 8월 30일

지은이 박선영 · 박종국 · 박주연 · 최옥련 · 최창섭
펴낸이 안상준

편　집 김선민 · 배우리
기획/마케팅 서원주
표지디자인 김문정
제　작 우인도 · 고철민

펴낸곳 (주) 박영story
서울특별시 마포구 월드컵북로 400, 5층 2호(상암동, 문화콘텐츠센터)
등록 2014. 2. 12. 제2014-000009호
전　화 02)733-6771
f a x 02)736-4818
e-mail pys@pybook.co.kr
homepage www.pybook.co.kr
ISBN 979-11-85754-18-5 93370

정　가 19,000원